重庆综合经济研究文库
分析宏观形势·预测区域发展·提供决策服务·建设一流智库

丁　瑶
易小光
邓兰燕
李　林
等著

构建嘉陵江流域生态经济走廊思路研究

Construct Jialing River Basin Ecological Economic Corridor Thinking Research

中国经济出版社
CHINA ECONOMIC PUBLISHING HOUSE
北京

图书在版编目（CIP）数据

构建嘉陵江流域生态经济走廊思路研究 / 丁瑶等著 .
北京：中国经济出版社，2024. 11. -- ISBN 978-7
-5136-7992-3

Ⅰ. F127

中国国家版本馆 CIP 数据核字第 2024UA4129 号

审图号：GS 京（2024）2515 号

策划编辑　姜　静
责任编辑　郑　潇
责任印制　马小宾
封面设计　任燕飞工作室

出版发行　中国经济出版社
印 刷 者　北京富泰印刷有限责任公司
经 销 者　各地新华书店
开　　本　710mm × 1000mm　1/16
印　　张　15.75
字　　数　235 千字
版　　次　2024 年 12 月第 1 版
印　　次　2024 年 12 月第 1 次
定　　价　98.00 元
广告经营许可证　京西工商广字第 8179 号

中国经济出版社　**网址**　http://epc.sinopec.com/epc/　**社址**　北京市东城区安定门外大街 58 号　**邮编**　100011
本版图书如存在印装质量问题，请与本社发行中心联系调换（联系电话：010-57512564）

课题组成员名单

顾　问

易小光　重庆市综合经济研究院原院长、研究员

组　长

丁　瑶　重庆市综合经济研究院院长、研究员

副组长

邓兰燕　重庆市综合经济研究院副院长、研究员

技术负责人

李　林　重庆市综合经济研究院副处长、研究员

主　研

苏　凡　重庆市综合经济研究院副处长、高级工程师

汪　婧　重庆市综合经济研究院副研究员

贾静涛　重庆市综合经济研究院助理研究员

王志军　重庆市综合经济研究院助理研究员

郑秋霞　重庆市综合经济研究院助理研究员

邱　婧　重庆市综合经济研究院助理研究员

赵　燕　重庆市综合经济研究院博士后

序　言

深入实施区域协调发展战略，优化重大生产力布局，构建优势互补、高质量发展的区域集聚布局和国土空间体系，是党的二十大提出的重大战略任务，是加快构建新发展格局、建设社会主义现代化强国的迫切要求。

2024年4月23日，在重庆召开的新时代推动西部大开发座谈会上，习近平总书记指出：西部地区在全国改革发展稳定大局中举足轻重。要一以贯之抓好党中央推动西部大开发政策举措的贯彻落实，进一步形成大保护、大开放、高质量发展新格局，提升区域整体实力和可持续发展能力，在中国式现代化建设中奋力谱写西部大开发新篇章。新的发展形势下，我国西部地区处于更加突出的战略地位，需要进一步提升高质量发展的能力，成为构建新发展格局的重要支撑。

《中华人民共和国国民经济和社会发展第十四个五年规划和2035年远景目标纲要》在“推进西部大开发形成新格局”中强调：推进成渝地区双城经济圈建设，打造具有全国影响力的重要经济中心、科技创新中心、改革开放新高地、高品质生活宜居地，提升关中平原城市群建设水平，促进西北地区和西南地区合作互动。这就要求，西部地区要抢抓新一轮新时代西部大开发、长江经济带、黄河流域生态保护和高质量发展、推动共同富裕等一系列重大政策机遇，强化西南和西北地区经济联系和互动，形成整体发展合力，进一步缩小与东中部地区的差距，在中国式现代化新征程上实现新的跨越。

流域经济作为促进区域协调发展、联动发展和融合发展的重要举措，一直是世界各国经济发展关注的重点和着力的方向。嘉陵江位于中国西部，连接西南与西北地区，是长江流域面积最大的支流，发源于秦岭北麓，流经陕西、甘肃、四川和重庆4个省市，在重庆朝天门汇入长江，自古以来就是联系黄河流域和长江流域、沟通我国南北的大动脉，是长江水系的水运主通道和国家重要战备航道。

2022年初，重庆市综合经济研究院成立课题组，针对嘉陵江流域开展专项研究。研究团队先后赴陕西省汉中市，四川省广元市、南充市、广安市等地开展实地调研，在掌握翔实数据资料的基础上，广泛征求国家级智库专家和陕西、四川、重庆等地专家意见，数易其稿，终成此书。本书以习近平新时代中国特色社会主义思想为指导，以区域经济理论、流域经济理论、产业经济理论、可持续发展理论等为支撑，深入探析嘉陵江流域生态经济走廊建设的重要意义，在划定嘉陵江流域生态经济走廊范围的基础上，系统分析了嘉陵江流域生态经济发展的基础条件和短板，结合外部发展机遇与挑战，设计了目标定位、发展思路、实现路径和战略举措，以期在流域经济带动区域经济高质量发展中开展研究探索，为国家及嘉陵江流域各省市发展提供决策参考。

本书付梓面世凝聚了各方面的心血。在成书过程中，得到了中国宏观经济研究院原院长白和金研究员、院长黄汉权研究员，习近平经济思想研究中心主任史育龙研究员，国家发展改革委城市和小城镇改革发展中心主任高国力研究员，国家行政学院经济学部原副主任王小广研究员，国家发展改革委国土开发与地区经济研究所所长周毅仁研究员，国家发展改革委市场与价格研究所原所长臧跃茹研究员，中国宏观经济研究院社会发展研究所所长刘旭研究员，国家发展改革委综合运输研究所副所长李连成研究员等专家的指导，也得到了陕西省汉中市，四川省广元市、南充市、广安市等地相关领导的帮助，在此一并致谢。参与本书撰写的课题组全体同志，始终以勇于创新、坚韧执着、严谨务实的研究精神和合作精神，开展了大量的调研和深入分析，力求展现嘉陵江流域发展全貌，在此谨向大家的辛勤付出致以衷心的感谢。此外，本书还得到重庆市社会科学规划社会组织项目（2021SZ17）的支持。

期待本书能为促进新时代区域协调发展提供有益的帮助，同时也能为从事区域经济工作的理论研究者、政策制定者和实践探索者提供良好的借鉴。

2024年3月于重庆

目　录

引　言……………………………………………………………………1

第一篇　构建嘉陵江流域生态经济走廊的必要性……………………3

一、发挥“一带一路”与长江经济带及西部陆海新通道结合部独特区位优势的必然选择　……………………………………5

二、推动长江上游和黄河上游生态系统一体化治理的重要抓手　………6

三、做优做强我国西北地区和西南地区经济联系主轴的必由路径　……7

四、充分发挥成渝地区双城经济圈及关中平原城市群在西部地区引领带动作用的现实要求　……………………………………8

第二篇　理论研究探析和案例借鉴……………………………………9

一、理论研究探析　……………………………………………… 11

二、相关案例　…………………………………………………… 16

三、经验启示　…………………………………………………… 19

第三篇　加快构建嘉陵江生态经济走廊的可行性……………………23

一、对嘉陵江流域的范围界定　………………………………… 25

二、基础条件　…………………………………………………… 30

三、机遇挑战　…………………………………………………… 52

第四篇　嘉陵江流域生态经济走廊建设的思路设计…………………57

一、建设思路　…………………………………………………… 59

二、基本原则　…………………………………………………… 60

三、发展定位 …… 60
四、空间格局 …… 63
五、发展目标预期 …… 66
第五篇　积极探索建设路径 …… 67
一、强化设施建设，夯实生态经济走廊之基 …… 69
二、突出城镇引领，打造嘉陵江绿色高品质城镇走廊 …… 77
三、加强产业带动，打造嘉陵江绿色产业走廊 …… 87
四、促进文旅融合，协同打造嘉陵江国际旅游目的地 …… 101
五、坚持生态优先，共筑长江上游重要生态安全屏障 …… 112
六、深化改革开放，释放流域高质量发展活力 …… 116
第六篇　措施建议 …… 125
一、加强组织领导保障 …… 127
二、分类分时有序推进 …… 128
三、加强项目储备实施 …… 129
四、强化规划政策保障 …… 129
五、强化发展要素支撑 …… 130
附　录　调研报告 …… 133
附录一　嘉陵江流域生态经济走廊（甘肃省）调研分析报告 …… 147
附录二　嘉陵江流域生态经济走廊（陕西省）调研分析报告 …… 170
附录三　嘉陵江流域生态经济走廊（四川省）调研分析报告 …… 196
附件四　嘉陵江流域生态经济走廊（重庆市）调研分析报告 …… 221
参考文献 …… 238

引　言

党的二十大报告提出，要深入实施区域协调发展战略，构建优势互补、高质量发展的区域集聚布局和国土空间体系。当前，我国区域经济发展分化态势明显、全国经济重心进一步南移，推动南北联动、东中西协同，成为促进区域协调发展的核心抓手。随着高速铁路、高速公路、运河等基础设施网络进一步完善，我国东部和中部已构筑形成多条南北向大通道和经济廊道，而西部特别是西北和西南地区之间沟通南北的通道依然较为缺乏，经济交流和人员往来甚少，对促进西北地区和西南地区合作互动形成较大制约。

嘉陵江位于中国西部，自古以来就是沟通西北与长江的主要水道，广元昭化以下河段可常年通航，是四川省内河航运动脉之一，营运里程占四川省通航里程的1/3，年运量占四川省内河航运量的1/4。历代用兵陕甘南部均以嘉陵江为漕运路线，抗战时期对西北、西南之间的物资往来运输也起到重要作用。以流域经济理论为支撑，科学划定嘉陵江流域生态经济走廊的范围，系统分析嘉陵江流域生态经济发展的基础条件和短板，精准判断这一流域面临的发展机遇与挑战，科学设计其目标定位、发展思路、实现路径和战略举措，对于提高西部地区区域协调发展质量和对外开放水平，以中国式现代化的西部实践助推中华民族伟大复兴进程，意义重大，势在必行。

第一篇

构建嘉陵江流域生态经济走廊的必要性

在构建国内国际双循环新发展格局、推动新时代西部大开发、推进西部陆海新通道建设和推动成渝地区双城经济圈建设背景下，加强嘉陵江流域开放发展、区域合作、流域共建，是打破“一亩三分地”行政区思维定式、打开一体化发展战略视野、打通区域互动协同“经络血脉”的必然选择，是依托嘉陵江流域水系培育新的增长空间、畅通区域经济要素流动、加强区域联动发展的重要途径。嘉陵江流域在全国的区位见图 1–1。

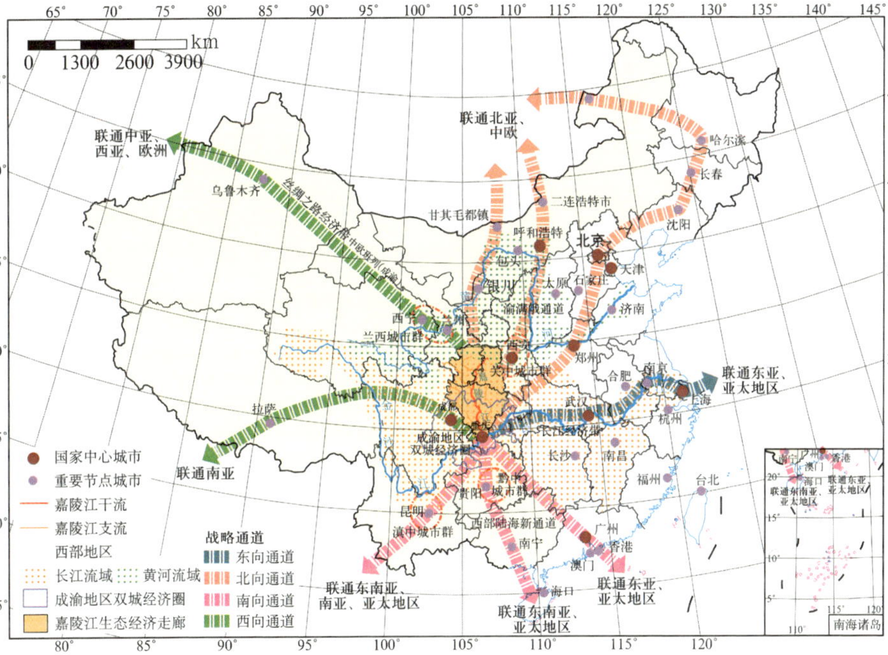

图 1–1　嘉陵江流域在全国的区位

一、发挥“一带一路”与长江经济带及西部陆海新通道结合部独特区位优势的必然选择

共建“一带一路”、推动长江经济带绿色发展和西部陆海新通道建设，是新时代我国推动区域协调发展、加快构建新发展格局的机制和重大战略举措，是深化新时代西部开发开放新的机遇。从我国东中西部横向看，东

部地区自古以来南北互通畅联，通道上既有航海优势，也有隋唐时期就已形成的大运河，更有当代建成的京沪高铁、沿海高铁等大通道，中部地区已形成以京广高铁、京九铁路等为骨干的南北大通道，南北联系便捷。而西部地区地形地貌复杂、一二级阶梯交错、南北受秦岭阻隔严重，历来交通建设滞后，极大地阻滞了西南与西北地区的人员往来和经济联系。长江上游的最大支流嘉陵江恰为南北走向，自古以来就是我国西部地区联通南北的重要河流。嘉陵江流域穿流山区、丘陵等不同地理单元，纵贯南北，位于“一带一路”与长江经济带及西部陆海新通道三大国家战略的交汇区和联结带，既是成渝地区融入和参与共建“一带一路”、长江经济带、西部陆海新通道实现开放发展的必经区域，也是联动西北地区通江达海的必经之路。完善嘉陵江沿线综合交通通道网络，加快形成一条大容快捷、带动力强的交通大通道来加强西部的南北联系，打造串联西北和西南、联通黄河流域和长江流域的经济要素传递带，能极大提升嘉陵江沿线融入和参与共建“一带一路”的交通运输能力和商贸物流发展水平，促进西部交通运输和经济结构优化。与此同时，加快构建嘉陵江流域生态经济走廊，促进流域点、线、面联动，整合强化流域城市节点传接和要素流通功能，拓展延伸长江经济带绿色发展的宽广腹地，对于增强西部陆海新通道要素汇聚能力、提升产业链供应链韧性和安全水平、增强双循环内生动力，也有着非常重要的意义。

二、推动长江上游和黄河上游生态系统一体化治理的重要抓手

党的二十大报告提出，要推动绿色发展，站在人与自然和谐共生的高度谋划发展。坚持“共抓大保护、不搞大开发”方针，推动长江经济带绿色发展，是以习近平同志为核心的党中央站在新发展阶段的时代高度，着眼长远、把握大势、统揽全局作出的国家发展大计。嘉陵江是长江水系中流域面积最大的支流，沟通长江和黄河两条民族“母亲河”流域，紧密联系四川、重庆等长江上游广大地区和甘肃、陕西等黄河上游地区，连接青藏高原、黄土高原、关中平原、秦岭、四川盆地等多类地域单元，是长江水资源的重要根基血脉，区域水土保持的重要屏障，水源涵养、森林

滋养、径流调节功能显著，生物多样性特征良好，是西部地区重要的天然“水塔”、动植物基因宝库、绿色生态屏障。保护好嘉陵江流域生态环境，既是促进西部绿色高质量发展的客观要求，也是构筑长江上游重要生态屏障的必然路径。建设嘉陵江生态经济走廊，有机整合流域诸多要素，进行统筹谋划和系统保护，能在更高层面、更广范围推动流域经济形成绿色发展的合力和活力，进而推动黄河和长江两大流域上游地区文明交融、经济融合、要素互补。通过全面系统强化生态文明理念，以生态经济为引领，深入探索生态产业化、产业生态化新路径，努力“共抓大保护”，协调好流域内的山水林田湖草沙，守好流域的“绿水青山”，保护好流域丰富的自然和历史文化遗存，才能架好绿水青山“颜值”向金山银山“价值”转换的桥梁，推进区域经济绿色、低碳、循环发展。

三、做优做强我国西北地区和西南地区经济联系主轴的必由路径

党的二十大报告提出，要构建优势互补、高质量发展的区域经济布局。当前我国东中西部经济发展差距明显，经济要素主要流向东南沿海地区。因秦岭阻隔等地理条件限制，西北地区与东、北向经济联系较强，而西南地区则与南、东向经济联系较强，成渝地区经济要素主要往来和流向也在长江一线的中东部以及南部粤港澳大湾区等地，与西北经济要素流通、往来较少，西部地区整体呈现“东西横向联系紧密、南北纵向联系不足”的“平行式”经济发展格局，且西北和西南地区经济发展差异较大，西部一体化协同发展水平亟须提高。南北走向的嘉陵江流域客观上能够连通成渝地区双城经济圈与关中平原城市群两大西部经济重心，虽然目前经济基础较弱，但可塑性强、发展潜力巨大。同时，源于“瑷珲—腾冲”胡焕庸线的“美丽中国中脊带”①串联了我国东北至西部的大部分地区，是促进我国东西联动、南北协同的重要连接带和动力传递带。嘉陵江流域正

① “美丽中国中脊带”，是基于“胡焕庸线”东南、西北两侧传统的半农半牧的生产与生活空间，并考虑未来国家战略新发展需要而建议划定的自东北到西南的地域空间。在呈金鸡形状的中国版图上，“美丽中国中脊带”处于“中脊”的位置。涉及黑龙江、吉林、辽宁、内蒙古、河北、山西、陕西、甘肃、宁夏、青海、四川、重庆、云南等13个省份（核心为9个省份）全域或局部，面积达240万平方千米，呈45度纵贯中国东北—西南区域，并且北联东北亚、西南接东盟诸国。

好处于“美丽中国中脊带”上，加快构建嘉陵江流域生态经济走廊，依托流域经济沟通南北的天然优势，加快形成流域城镇群和新兴经济增长区域，以及若干密集的城镇带，强化流域内城市节点功能和物流通道功能，打造连接我国西南地区和西北地区的综合性物流大通道和经济联动主轴，将促进“美丽中国中脊带”中段和西南段融合发展，渐进式破解“胡焕庸线”两侧人口、经济不平衡，发展不充分、差距较大等难题，提升西部经济高质量发展的战略纵深，培育西部地区发展新动能。

四、充分发挥成渝地区双城经济圈及关中平原城市群在西部地区引领带动作用的现实要求

成渝地区双城经济圈建设是习近平总书记亲自谋划、亲自部署、亲自推动的重大国家战略，并写入党的二十大报告，目前进入全面提速、整体成势的发展新阶段。但双城经济圈内经济要素资源主要集聚于成渝双核以及重庆和成都两个都市圈，南北两翼发展水平不高，特别是地处嘉陵江流域的北翼地形地貌复杂，基础设施滞后，要素流通能力不足，经济动能传接不畅，阻碍和减弱了成渝“双核”和“双圈”对西部地区的经济辐射带动作用。亟须依托嘉陵江流域的通道能力和发展潜力，加强与关中平原城市群的互动合作，共同发挥对广大西部地区的辐射带动功能。因此，加快构建嘉陵江流域生态经济走廊，将优化成渝地区内部重大生产力布局，深化区域协调发展，强化双城经济圈北翼与成渝发展主轴互动融合，形成以重庆都市圈等为依托的流域大中小城市协调发展格局，激发嘉陵江流域经济连接、要素中转、辐射传接等重要功能作用；将推动现代化经济体系的构建，加速区域现代化进程，畅通成渝地区双城经济圈经济动能传接辐射效应，进而发挥其面向四川、重庆、陕西、甘肃乃至西部地区的引领带动功能，联动关中、兰西等西北城市群加快内陆开放建设和综合配套改革探索，引领带动西部地区高质量发展、高水平开放。

第二篇

理论研究探析和案例借鉴

自古以来，流域都是人类繁衍生息的主要场所，是人类文明的摇篮。以流域为主要空间载体开展经济活动就形成了流域经济。在人类文明的历史长河中，国内外已经形成比较成熟的流域经济发展经验，为本书的研究提供了一定的理论与实践启示。

一、理论研究探析

从自然科学角度来讲，流域是以河流为核心，由分水线所包围形成的区域，是从流域发源地到河流出口的完整、独立、自然成网络的水文单位，有明确的地域界限范围。从经济学角度来讲，流域是以水资源系统开发和综合利用为中心，组织和管理地区经济和国民经济的重要地域单元。流域经济就是基于经济学视角，以流域为空间载体的区域经济，在国民经济发展中占有重要地位（李敏纳，2008）[①]。

（一）流域经济概念探析

20世纪30年代，美国成立了专门的田纳西河流域管理局，制定了田纳西河经济发展规划，创建了流域经济发展范式[②]，引发了各国政府和学术界对流域问题和流域经济的重视。我国对流域经济的关注开始于20世纪50年代，胡兆量和黄河清（1955）[③]、王成敬和李健超（1958）[④]最早以流域为单元，开展流域经济地理调查研究，分析了淮河、洵河流域地理位置和自然条件、农业和工业发展情况。随后，我国学者对流域经济发展的关注越发密切，研究范围覆盖了我国主要江河流域。吕拉昌（1992）认为，流域经济是一种生产布局以自然河流水系为基础、以水资源综合开发利用为核心的大区域经济[⑤]。余东勤和茹继田（1995）认为，流域经济

① 李敏纳，2008.国内流域经济研究述评［J］.湖北社会科学（7）：97-100.

② 胡碧玉，2004.流域经济论［D］.成都：四川大学.

③ 胡兆量，黄河清，1995.漯河市经济地理——沙、汝、澧河流域经济地理调查报告之二［J］.教学与研究（10）：39-42.

④ 王成敬，李健超，1958.洵河流域经济地理［J］.西北大学学报（自然科学版）（4）：55-95.

⑤ 吕拉昌，1992.区域开发导论［M］.昆明：云南大学出版社.

是自然区域范围内的经济，以河流为纽带、以水为基本资源、以水利产业为基础[①]。胡碧玉（2004）认为，流域经济是一种以自然河流水系为基础，以流域人、财、物资源配置为核心的亚区域和跨区域经济系统[②]。张彤（2006）指出，流域经济是以河流为纽带和中轴，以水资源为主的综合开发利用的特殊类型区域经济[③]。基于学者对流域经济的概念，结合本研究区域，我们认为，流域经济是一个复杂特殊的区域经济系统，是以自然河流水系为基础，以水资源开发利用为核心，以沿岸沿线城市经济为支撑，通过整合优化沿线城市资源要素而形成的优势互补、分工协作的经济带。流域经济作为特殊的区域经济类型，通常具有以下几个基本属性。

第一，整体性和关联性。流域经济是整体性极强、关联度很高的区域经济。城镇沿着河流产生、发展，早期城镇间的物资交流和信息交换主要通过水运实现，水系对流域内的城镇布局、经济发展起到至关重要的作用。流域范围内形成一个整体性强、联系度高的经济系统，流域内自然要素、经济要素通过生产交换联系日益密切，人员往来也日益频繁，对整个流域上中下游乃至干流支流的货物贸易、交通运输、资金流动、人员集聚等产生了极大的带动作用，经济联系的扩大反过来又进一步拓展了流域系统的关联范围以及整体功能的完善。

第二，区段性和差异性。流域尤其是大流域，往往地域跨度大，横跨多个经度带或纵跨多个纬度带，流域范围内的自然条件、地理位置、资源禀赋、经济基础存在较大的地域差异，体现在上中下游、干支流的复杂性、区段性和差异性。如长江流域横贯东西，在资源占有量和经济发展水平上存在两个逆向的梯度差。在资源占有量方面，土地、森林、矿产、水能、风能等资源呈上游至下游递减的梯度差；在经济发展水平方面，包括经济发展的历史基础、产业结构层次、资金量、人才素质、科技水平等要素，呈下游至上游递减的梯度差。整体来看，资源要素和经济水平呈“东

---

① 余东勤，茹继田，1995.流域经济基本特征的探讨［J］.陕西水力发电（3）：62-64.

② 胡碧玉，2004.流域经济论［D］.成都：四川大学.

③ 张彤，2006.论流域经济发展［D］.成都：四川大学.

西错位”“上下游错位”的格局。

第三，层次性和多维性。首先，流域内的水系具有层次性，体现为多级干支流组成的水网体系。流域经济随着水网体系产生，在全流域经济系统、干流经济系统、支流经济系统、小流域经济系统方面体现层级特征。其次，在一个流域经济系统内部，又涉及产业、人口、城镇、交通运输网络等多项子系统，将流域的上中下游、干支流紧密相连，共同构成一个多维度的经济区域。

国内学者对流域经济的概念界定见表2–1。

表 2–1 国内学者对流域经济的概念界定

学者	概念界定
吕拉昌（1992）	流域经济是一种生产布局以自然河流水系为基础、以水资源综合开发利用为核心的大区域经济
余东勤和茹继田（1995）	流域经济是自然区域范围内的经济，以河流为纽带、以水为基本资源、以水利产业为基础
胡碧玉（2004）	流域经济是一种以自然河流水系为基础，以流域人、财、物资源配置为核心的亚区域和跨区域经济系统
张彤（2006）	流域经济是以河流为纽带和中轴，以水资源为主的综合开发利用的特殊类型区域经济
王凯（2012）①	流域经济是以河流为纽带、以水资源开发利用为主要内容的特殊区域经济
游士兵等（2014）②	流域经济是一种特殊的经济，其发展是以江河为纽带和轴心，通过对区域内的水资源、资金、技术、信息等要素的优化与整合，形成分工协作、优势互补、具有开放性的经济区域
齐天骄（2020）③	流域经济是根据自然河流水系进行生产布局，以水资源综合开发利用为核心，开展国民经济活动的亚区域或跨区域经济

注：①王凯，2012.流域经济带产业聚集研究［D］.武汉：武汉大学.

②游士兵，任静儒，彭东方，2014.长江航运与流域经济互动影响研究［J］.区域经济评论（4）：64–70.

③齐天骄，2020.城市群内功能分工对流域经济增长的影响［D］.广州：广东外语外贸大学.

（二）流域经济特征

流域经济的发展就是人类通过流域开发把流域从自然区向经济区转变的过程，通常具有以下几个基本特征。

第一，流域经济是以江河为纽带的区域经济类型。流域经济以流域为空间载体，以流域内主要交通干线为骨架，整合优化流域内各种资源而形成具有一定分工协作功能的经济带。我国长江经济带、黄河流域生态保护和高质量发展都是为了推动长江、黄河流域发展而提出来的区域发展战略，从本质上来讲，都属于典型的流域经济。国外莱茵河、多瑙河、密西西比河、亚马孙河等河流流域在历史发展中形成了上中下游互补协作的流域经济带，带动区域经济实现快速发展。

第二，流域经济产业布局呈梯度分布。江河流域区域优势突出，既是经济活动密集的地区，也是产业布局集中的区域。由于流域上游、中游、下游地区在区位交通、资源条件、生态功能等方面存在差异，产业发展的程度具有明显不同。纵观世界流域发展情况，流域下游地区对低成本水运的利用大大优于中上游地区，其经济发展速度整体快于中游地区，同样地，中游地区经济发展速度整体快于上游地区，导致流域上中下游产业集聚的程度呈现明显梯度差异。流域经济带产业集聚类型包括成本洼地型、资源开发型、市场创造型、园区规划型等。

第三，流域生态环境共保共治是流域经济发展的前提。流域生态具有整体性、系统性、不可分割性等，流域内以生态环境问题为主的公共问题既突破了行政区划的界限，也超越了单个地方政府的治理功能范围。流域上游地区通常承担着更加重要的生态屏障功能，上游地区资源开发引起的水土流失、水污染等问题必然会殃及中下游地区。因此，在流域经济发展中必须强化生态保护意识，建立跨行政区的生态环境共保共治机制，合理优化配置流域自然资源，提高资源节约集约利用效率，促进流域经济可持续发展。

（三）流域经济开发模式

流域经济开发模式是对一系列具体的流域开发方式和空间组织形式的理论概括。流域经济开发模式通常包括增长极开发模式、点轴开发模式、网络开发模式和梯度开发模式等。处于不同经济发展阶段的流域地带，应选择不同的开发模式。

增长极开发模式。增长极理论是由法国经济学家弗朗索瓦·佩鲁提出的一种非均衡增长理论。该理论认为，在区域经济发展过程中，经济增长并非同时出现在所有地方，而是优先出现在少数条件优越的地方，使其不断发展成为区域经济增长中心（极），并通过极化效应和扩散效应，壮大自身同时带动周边地区发展。流域范围较大，在发展初期，开发不可能全面展开，而是资源禀赋良好、区位优势突出的区域优先发展起来，成为带动流域经济发展的增长极。纵观长江经济带发展历程，上海都市圈、武汉都市圈、重庆都市圈等都是长江经济带上优先发展起来辐射带动下游、中游、上游地区发展的重要增长极。

点轴开发模式。点轴开发理论是增长极理论的延伸，最早由波兰经济学家萨伦巴和马利士提出。该理论将区域经济看成由点、轴构成的空间组织形式，点即增长极，轴即交通线、动力线、通信线等干线。从区域经济发展的过程来看，经济中心首先集中在少数条件较好的区位，呈斑点状分布。随着经济的发展，经济中心逐渐增加，点与点之间由于生产要素交换需要交通线路以及动力供应线、水源供应线等来相互连接，从而形成轴线。这种轴线首先是为区域增长极服务的，同时也吸引人口、产业向其两侧集聚，并产生新的增长点。点轴贯通，就形成点轴系统。流域干流和主要支流沿岸区位条件较好，往往汇集大量经济要素和经济活动，在空间上发挥着流域开发的轴线作用。随着经济社会的发展，交通、通信、能源供应等基础设施不断完善，流域发展就形成多重发展轴。

网络开发模式。网络开发理论是在增长极理论和点轴开发理论基础上进一步发展起来的。网络开发理论认为，一个经济区域的空间结构必须同时具备节点、域面、网络三大要素。节点即各级各类城镇；域面即节点的吸引范围；网络由商品、资金、技术、信息、劳动力等生产要素的流动网及交通网、通信网组成。网络开发模式适用于经济布局框架已经形成、点轴系统比较完善的地区。在流域经济基础好的地区要采用网络开发模式，将经济中心、经济腹地、经济网络有机联系起来，发挥最大的辐射带动效应。

梯度开发模式。梯度开发理论是由经济学家胡佛等人在哈佛大学教授弗农等人提出的“工业生产生命周期阶段论”基础上总结发展起来的。该理论认为，在区域经济发展次序上，应优先支持和促进高梯度地区经济的发展，从而取得较高的经济效益，带动和促进低梯度地区经济发展。梯度开发理论对流域开发具有一定借鉴价值，流域开发应该依据流域各区段的资源禀赋客观存在的明显差异，有重点、有层次地逐步展开。

二、相关案例

从国内国际经验来看，许多国家和地区都把流域开发作为战略重点，带动整个流域和区域经济发展。美国跨州的田纳西河流域、欧洲跨国的莱茵河流域都已发展成为世界著名人口、产业和城市密集带，我国跨省的太湖流域、汉江流域也是城市和产业集聚的重要区域。

（一）美国田纳西河流域

田纳西河位于美国东南部，是密西西比河的二级支流、全美第八大河，全长1043千米，流经弗吉尼亚、北卡罗来纳、佐治亚、亚拉巴马、密西西比、田纳西、肯塔基7个州，流域面积10.4万平方千米。早在18世纪中下半叶，田纳西河流域就有较发达的农业。19世纪后期，流域内炼铜等产业快速发展，人口不断集聚，但此时的田纳西河流域依然是美国最贫困落后的地区之一。20世纪30年代之前，美国处于严重的经济危机之中，田纳西河沿线水电站和硝酸工厂处于濒临倒闭状态，受经营利益、资金来源不明确等因素影响，田纳西河流域的开发处于停顿状态。1933年，罗斯福“新政”将田纳西河流域纳入试点，试图通过大规模的基础设施建设来扩大内需。同年，成立了田纳西河流域管理局（Tennessee Valley Authority，TVA），开始了有计划的流域综合治理和开发。田纳西河流域加大水电、火电、核电等基础设施建设，成为美国最大的供电区域。田纳西河流域的综合开发与治理还包括防洪、航运、环境治理、旅游、农业、土地利用等方面，在根治洪灾的同时，还促进了农林牧渔业和旅游业的发展；在开展环境治理、改善生态环境的同时，进一步促进了工业体系的完善和产业结构的升级，为美国摆脱经济危机困扰、走出“大萧条”起到较大的带动作用。田纳西河流域的综合开发与治理见图2-1。

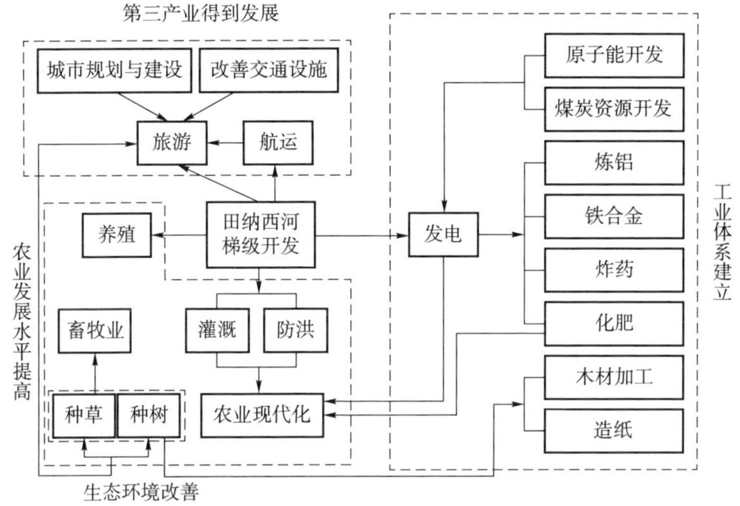

图 2-1　田纳西河流域的综合开发与治理

资料来源：百度文库《流域综合治理与开发——以田纳西河流域为例》。

（二）欧洲莱茵河流域

莱茵河流经荷兰、德国、瑞士等9个国家，总长约1232千米，流域面积18.5万平方千米，流域人口约5800万人，是欧洲重要的航道和沿岸国家的供水水源，对欧洲社会、政治、经济发展起着重要的作用。1950年成立的“保护莱茵河国际委员会（International Commission for the Protection of the Rhine，ICPR）是莱茵河流域合作的核心机制，是各国的协调机构，统筹莱茵河全流域的污染治理和生态系统恢复重建工作；而后又设立了许多技术和专业协调工作组，将治理、环保、防洪和发展融为一体。1980年以来，莱茵河流域各国在保护莱茵河国际委员会的推动下，签署了《基于协调机制的莱茵河流域国际合作公约》，勾勒了莱茵河流域协同治理的蓝图；制定并组织实施了《2000年前莱茵河行动计划》《莱茵河2020计划》《莱茵河生态总体规划》《莱茵河洄游鱼类总体规划》等系列行动计划和规划，明确了环境协同保护和治理的方向和路径。通过协商对话和共同规划，莱茵河流域逐渐形成科学合理的空间发展格局：地处上游的瑞士，生态较为脆弱，重点发展光电、水电、地热和生物质能等清洁能源产业，每年为莱茵河流域提供超过1200万千瓦的电力保障；地处中游的德国，依托强大的工业基础和科技创新能力，将生物技术、空间技术等新兴产业布局在莱茵河流域；地处下游的荷兰，依托欧洲最大的港口鹿特丹港，发展绿色贸易、航运。

（三）太湖流域

太湖流域地处长江三角洲南翼，行政区划分属江苏省、浙江省、上海市和安徽省，流域面积 3.7万平方千米，占全国总面积的0.4%，2019年流域总人口6164万人，占全国总人口的4.4%；地区生产总值9.7万亿元，占国内生产总值的9.8%；人均GDP 15.7万元，是全国人均GDP的2.2倍。19世纪末，太湖流域水利处于无管理机构的状态，1914—1927年先后设立江南水利局、苏浙太湖水利工程局等机构，开展河湖疏浚、岸堤维护等局部治理工作，在嘉兴、苏州、无锡等地建立了水位站、雨量站等，使得太湖流域从1922年起有了较完整的水文资料。为解决浙江、江苏、上海交界地区水利纠纷问题，1984年，水利部成立太湖流域管理局，全面管理太湖流域的水利工作。1987年，国家计委批复《太湖流域综合治理总体规划方案》，明确流域综合治理工程总体布局。2008年，国家发展改革委牵头建立了由国家有关部门和江苏省、浙江省、上海市参加的太湖流域水环境综合治理省部际联席会议制度，进一步完善了太湖流域水环境治理协调机制。2008年之后，国务院先后批复《太湖流域防洪规划》《太湖流域水功能区划》《太湖流域水资源综合规划》，规划构筑流域防洪减灾、水资源调控、水生态环境保护和流域综合管理与调度四大体系并付诸实施，流域综合管理与调度体系基本建成。2011年，《太湖流域管理条例》正式施行，这是我国第一部流域性综合行政法规，标志着太湖流域进入了依法管水治水的阶段。2021年，水利部牵头成立了由国家有关部门和江苏省、浙江省、上海市人民政府组成的太湖流域调度协调组，从国家层面统筹协调各地各部门对太湖流域管理和调度多样化、差异化的诉求，协调解决各种矛盾和纠纷。如今，太湖流域已经发展成为我国经济发达、人口密集、城市集中的区域。

（四）汉江流域

汉江全长1577千米，是长江第一大支流。汉江流域涉及湖北、陕西、四川、重庆、甘肃5个省（市）20个地（市、区）78个县（市），流域面积15.9万平方千米，常住人口4200万人，分别占全国的1.7%、3.1%。千百年来，汉江连接着长江流域和黄河流域的水路运输，是贯通南北、连接东西的重要命脉。明末清初，汉江航运进入鼎盛时期，曾经“每年行驶在汉江的舟楫有2.3万艘，运货量100万吨，乘客16.5万人”。新中国成立以来，长江水利委员会及有关部门对汉江治理开发做了大量的勘测规划及研究工作，1958年长江水利委员会完成《汉江流域规划报告节要》，明确了汉江流域开发的水利任务为防洪、灌溉、发电和航运，远景考虑引汉济黄、济淮。1988年底，水电部北京勘测设计研究院提出了《汉江上游干流梯级开发规划报告》，推荐梯级开发黄金峡、石泉、喜河、安康、旬阳、蜀河、夹河等七级枢纽。2016年，《中华人民共和国国民经济和社会发展第十三个五年规划纲要》印发，提出“推进汉江经济带建设”。2018年，国家发展改革委印发《汉江生态经济带发展规划》，提出打造“美丽汉江”“畅通汉江”“创新汉江”“幸福汉江”“开放汉江”“活力汉江”六大任务；随后，河南、湖北、陕西三省相继出台汉江生态经济带发展规划实施方案（工作方案）。随着汉江生态经济带建设，河南、湖北、陕西三省在生态建设、产业协作、城市发展等方面的合作日益加深，建立了汉江流域城市政协联系协作机制、汉江生态经济带豫陕鄂省际协商合作机制等，有力地推动了汉江流域的发展。

三、经验启示

田纳西河流域、莱茵河流域、太湖流域以及汉江流域的治理和开发，为我国其他地区的流域开发提供了重要的启示意义。

（一）建立流域发展统筹协调机制

田纳西河流域成立了由美国联邦政府管辖的TVA，统筹推进田纳西河的综合治理和开发，协调7个州。欧洲莱茵河流域成立了ICPR，统筹莱茵河全流域的污染治理和生态系统恢复重建工作。太湖流域成立了太湖流域管理局，并建立了太湖流域水环境综合治理省部际联席会议制度和太湖流域调度协调组，统筹协调太湖流域生态治理和水利建设。可见，流域的发展必须建立高级别的统筹协调机制，才能协调解决航运、水电开发、水资源分配、生态补偿等方面协作中存在的突出问题，实现流域开发共建共享、繁荣发展。

（二）强化流域发展顶层设计

莱茵河流域先后制定并组织实施了《莱茵河2020计划》《莱茵河生态总体规划》等系列行动计划和规划，明确环境协同保护治理的路径，使莱茵河流域的生态环境得以极大改善。太湖流域管理局先后完成《太湖流域综合治理总体规划方案》《太湖流域防洪规划》《太湖流域水资源综合规划》等重要规划，对太湖流域不同时期的治理和管理作出总体安排，有力提升了太湖流域协同治理效能和生态环境质量。国家发展改革委印发《汉江生态经济带发展规划》，明确了汉江生态经济带的空间格局和重点任务，为汉江流域发展指明了方向。流域规划是流域发展、治理和管理的重要基础和依据，流域沿线的城市应围绕合作发展领域，联合编制相关规划或实施方案，明确合作发展的定位、目标和举措。

（三）优化流域发展空间格局

流域上中下游资源优势和产业基础具有较大差异，也决定了产业发展、城镇建设、交通建设等方面布局建设的不同。通过协商规划，莱茵河流域已经形成上游清洁能源产业，中游生物技术、空间技术等新型产业，下游港口贸易的产业协作空间格局，其发展经验非常值得借鉴。汉江流域上游地区坚持“以水定产”“以水定城”，加强生态保护和水源涵养，推进产业向生态化、绿色化升级；中下游地区开展生态修复和建设，大力发展高效生态农业、先进制造业和现代服务业，推动产业和人口聚集。我国流域沿线城市也应紧密结合自身比较优势和发展阶段，以流域生态保护为前提，优化调整区域经济和生产力布局，构建上中下游地区各具特色、合理分工、协同联动、相互促进的空间发展格局。

（四）探索流域多领域全方位合作

莱茵河流域建立了绿色基本公共服务系统，使得莱茵河流域绿色基本公共服务水平处于世界领先地位。太湖流域除了在水利等方面开展协作外，还对航运、公路、铁路、农业、电力、旅游等涉水行业与水利协调发展作出了规范要求，在流域生态补偿、产业协同、绿色消费、生态产品实现等方面进行了探索。汉江流域随着汉江生态经济带建设，河南、湖北、陕西三省建立健全合作机制，在生态建设、产业协作、城市发展、交通建设等方面的合作日益深化。因此，流域沿线城市在水环境保护和治理基础上，应积极探索在产业协同发展、生态产品价值实现、生态补偿机制建设、基础设施互联互通、公共服务共建共享等方面开展合作。

第三篇

加快构建嘉陵江生态经济走廊的可行性

嘉陵江流经甘肃、陕西、四川、重庆而入长江，覆盖陕南盆地、四川盆地，沿途自然环境多样、生态资源优越、文旅资源丰富。20多年来，在新时代西部大开发战略带动下，嘉陵江流域发展水平不断提升，综合交通网络、内河航运功能不断完善，区位条件改善、产业布局优化、后发优势发力等为流域生态经济走廊的构建和全面发展奠定了坚实基础，进一步推动嘉陵江流域加快发展，在促进区域协调发展、承载国家重大战略中发挥着越来越重要的作用。

一、对嘉陵江流域的范围界定

（一）嘉陵江流域的范围及其概况

嘉陵江是长江水系中流域面积最大的支流，流经陕西、甘肃、四川、重庆而入长江，水网密布，支流众多。根据第一次全国水利普查，嘉陵江干流全长1132千米，流域面积约15.90万平方千米[①]，覆盖4个省（直辖市）下辖的12个市（区），即陕西省宝鸡市和汉中市，甘肃省陇南市，四川省广元市、南充市和广安市，重庆市合川区、北碚区、渝北区、沙坪坝区、江北区和渝中区。

嘉陵江发源于秦岭北麓的陕西省宝鸡市凤县（见图3-1），流至汉中市略阳县与西汉水相汇，向南流至广元市昭化区纳入白龙江，为上游部分，河道长约380千米，流经高山峡谷地区；两江汇流后向南经过广元市、南充市、广安市到达重庆市合川区，西侧纳入涪江、东侧纳入渠江，为流域中游部分，河道长约645千米，纵贯川中盆地，有航运之利；嘉陵江干流在重庆市合川区接纳涪江、渠江后，流至渝中区朝天门注入长江，为下游部分，河道长约95千米，水势平缓。

① 四川省水利厅.四川省行政区域内嘉陵江流域范围划定成果［A］.川水函〔2022〕948号.2022.

图 3-1　嘉陵江源头

嘉陵江流域面积1万平方千米以上的一级支流有西汉水、白龙江、渠江和涪江。其中西汉水流域面积1.01万平方千米，河流长度293千米[①]，主要流经陕西省汉中市和甘肃省天水市、陇南市；白龙江流域面积3.18万平方千米，全长576千米，航道里程约278千米，属于典型的山区性航道，其中陇南段水深0.6~1.5米，航宽15~30米[②]，主要流经甘肃省陇南市、四川省广元市；渠江是嘉陵江左岸最大支流，流域面积4.05万平方千米，全长720千米，航道里程约306千米[③]，流经四川省巴中市、达州市、广安市以及重庆市合川区；涪江是嘉陵江右岸最大支流，流域面积3.64万平方千米，全长约668千米[④]，航道里程约233千米[⑤]，主要流经四川省绵阳市、遂宁市以及重庆市潼南区、铜梁区、璧山区、合川区（见图3-2、表3-1）。

①②　陇南市人民政府.白龙江（陇南段）航运发展规划［A］.陇政办发〔2022〕94号.2022.

③⑤　四川省交通运输厅.四川省内河水运发展规划（2022—2035年）（征求意见稿）［A］.2022.

④　重庆市人民政府办公厅.重庆市水安全保障“十四五”规划（2021—2025年）［A］.渝府办发〔2021〕105号.2021.

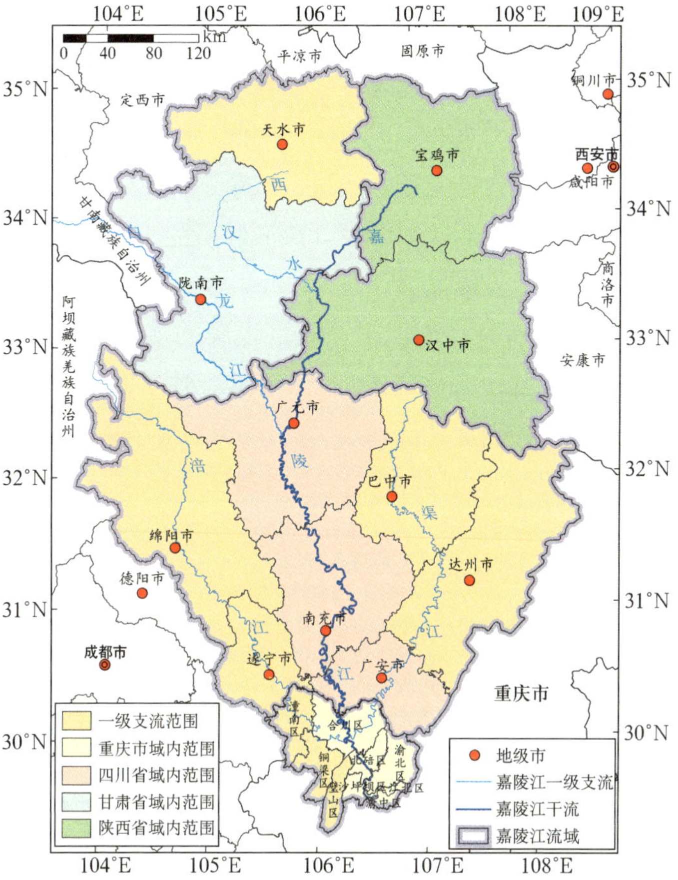

图 3-2　嘉陵江干流及其四大一级支流流域范围

表 3-1　嘉陵江干流及其四大一级支流一览表

水系	干流及一级支流	流域面积（万平方千米）	河流长度（千米）	航道里程（千米）	流经市（区）行政单元
嘉陵江水系	嘉陵江	15.90	1132	—	陕西省宝鸡市和汉中市，甘肃省陇南市，四川省广元市、南充市和广安市，重庆市合川区、北碚区、渝北区、沙坪坝区、江北区和渝中区
	西汉水	1.01	293		陕西省汉中市，甘肃省天水市、陇南市
	白龙江	3.18	576	约 278	甘肃省陇南市、四川省广元市
	渠江	4.05	720	约 306	四川省巴中市、达州市、广安市，重庆市合川区
	涪江	3.64	约 668	约 233	四川省绵阳市、遂宁市，重庆市潼南区、铜梁区、璧山区、合川区

（二）对嘉陵江流域生态经济走廊范围的界定

受流域内各地资源禀赋和发展条件差异较大的影响，各地的经济发展水平和区域功能承载能力也有很大不同。因此，在确定流域经济的空间范围时，既需要考虑沿线各地交通、产业、城镇、人口、人文等联系的紧密程度，也需要结合各地实际，科学设计流域经济的不同功能区，进而充分发挥各自功能，带动全流域发展。

综合来看，确定嘉陵江流域生态经济走廊的范围需要考虑四方面因素：其一，要将嘉陵江干流所流经的县（区）行政单元纳入。走廊应以嘉陵江干流为基本依托，确定其地理空间的核心载体，因此，至少应包含宝鸡市凤县，陇南市两当县、徽县，汉中市略阳县、宁强县，广元市朝天区、利州区、昭化区、剑阁县、苍溪县，南充市阆中市、南部县、蓬安县、顺庆区、嘉陵区、高坪区，广安市岳池县、武胜县，重庆市合川区、北碚区、渝北区、沙坪坝区、江北区、渝中区，共24个县（区）。其二，要充分考虑沿线区域综合立体交通的构建。走廊应充分发挥嘉陵江干流沿江县（区）航运优势，建设真正的国家高等级航道和川渝水路运输黄金大通道，同时也要融合整个流域重要的铁路、公路、航空节点城市，共同构建一体化的综合交通系统，引导西部地区交通运输结构优化提质增效，并使之成为重点产业、产业园区间合作，沿线城镇功能互补融合，人口基本流向，人文联系和旅游资源联合打造的地理空间承载。其三，要充分考虑流域生态系统整体性。将涪江、渠江、白龙江、西汉水四条嘉陵江最大的支流流域涉及的四川省绵阳市、遂宁市、达州市、巴中市以及重庆市潼南区、铜梁区、璧山区一并纳入，有利于形成干支流协同治理和流域协作网络效应，有利于推进和实现大巴山系和三峡库区水系的协同治理，提升区域生态资源及环境共建共治质量，持续释放复合生态保护效应。其四，要充分考虑沿线区域经济的发展特点和沟通联系。嘉陵江作为连接长江、黄河两大流域文明的天然纽带，联通陕西、甘肃、四川、重庆多个中心城市、产业园区和矿产资源富集区，融合羌藏文化、巴蜀文化、秦陇文化与荆楚文化等丰富多样的文旅资源，是生态经济走廊范围界定的重要依托。因此，应将天水、陇南、宝鸡、汉中4个中心城市一并纳入，有利于强化嘉陵江上游生态经济支撑，进而成为关中平原—成渝城市群、西北—西南地区的重要廊道。

基于此，本文所指的嘉陵江流域生态经济走廊全域主要涉及嘉陵江干流和四大一级支流流经的市（区）行政单元，包括陕西省宝鸡市和汉中市，甘肃省天水市、陇南市，四川省广元市、南充市、广安市、绵阳市、达州市、遂宁市和巴中市，重庆市潼南区、铜梁区、璧山区、合川区、北碚区、渝北区、沙坪坝区、江北区和渝中区，共20个市（区），总面积约18.28万平方千米（见图3-3）。

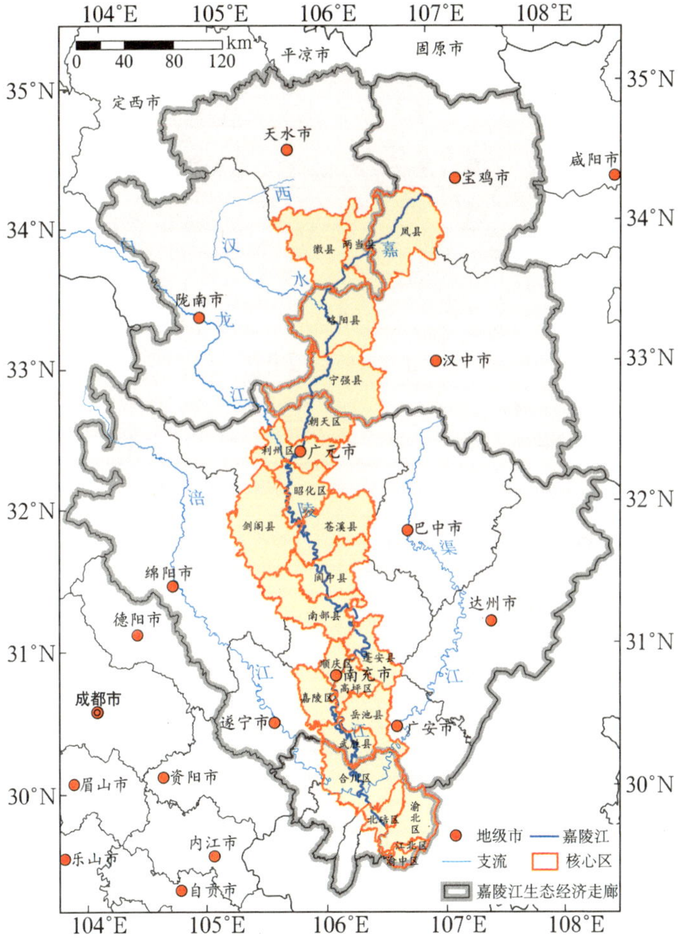

图 3-3　嘉陵江生态经济走廊范围

为了确保嘉陵江生态经济走廊空间范围具有功能指向性和目标靶向

性，充分考虑流域经济、生态发展的特性，结合沿线各地实际情况和外部环境变化，在空间上进一步细化、在功能上进一步优化，本文将嘉陵江流域生态经济走廊全域分为核心区和拓展区。其中，核心区是嘉陵江干流所流经的县（区）行政单元，包括陇南市两当县、徽县，宝鸡市凤县，汉中市略阳县、宁强县，广元市朝天区、利州区、昭化区、剑阁县、苍溪县，南充市阆中市、南部县、蓬安县、顺庆区、嘉陵区、高坪区，广安市岳池县、武胜县，重庆市合川区、北碚区、渝北区、沙坪坝区、江北区、渝中区，共24个县（区），总面积约3.91万平方千米；拓展区则为核心区以外的其他市（区）行政单元，包括甘肃省天水市、陇南市，陕西省宝鸡市、汉中市，四川省绵阳市、遂宁市、巴中市、达州市，重庆市潼南区、铜梁区、璧山区，总面积约14.37万平方千米（见表3-2）。

表 3-2　嘉陵江生态经济走廊核心区和拓展区范围

区域	省市	核心区（24 个县区）	拓展区（11 个市区）
上游	甘肃	陇南市徽县、两当县	天水市、陇南市
	陕西	宝鸡市凤县，汉中市略阳县和宁强县	宝鸡市、汉中市
中游	四川	广元市朝天区、利州区、昭化区、剑阁县、苍溪县；南充市阆中市、南部县、蓬安县、顺庆区、高坪区、嘉陵区；广安市岳池县、武胜县	绵阳市、遂宁市、巴中市、达州市
下游	重庆	合川区、北碚区、渝北区、沙坪坝区、江北区、渝中区	潼南区、铜梁区、璧山区

二、基础条件

一直以来，嘉陵江作为我国南北重要的交通通道，流域覆盖陕南盆地、四川盆地，农业自然资源丰富。近年来，在共建“一带一路”、长江经济带发展、新时代推进西部大开发、成渝地区双城经济圈建设等国家战略合力推动下，嘉陵江流域生态经济发展势头强劲。

（一）丰富优越的生态自然资源夯实了流域发展的自然本底

嘉陵江流域自然资源丰富，生态地位重要，推动构建生态经济走廊的资源优势突出。

山地特色地形资源特征显著，地貌丰富多变。嘉陵江流域主要位于我国地形中的第二阶梯，由高山、中山过渡到低山丘陵，区域内高原、山地、丘陵、台地、平原、河流等地貌纵横交错，其中平原仅占总面积的5.8%，主要分布于关中和汉中平原，山地和丘陵分别占总面积的68.86%和17.60%，为典型的山地地貌。上游山高坡陡，高山高原地貌突出，河谷狭窄，水流湍急；中游则逐渐过渡到浅丘区，与涪江、渠江的中下游构成川中盆地，地势较为开阔平坦，多平缓的丘陵和台地，农田集中；下游地势复上升为山区地形，以平行岭谷区为主，形成峡谷相间的台地、丘陵和小起伏山地区，沿江区域人口稠密，工农业发达。嘉陵江流域生态经济走廊高程及山脉空间分布见图3-4，嘉陵江生态经济走廊地貌类型及面积占比见表3-3。

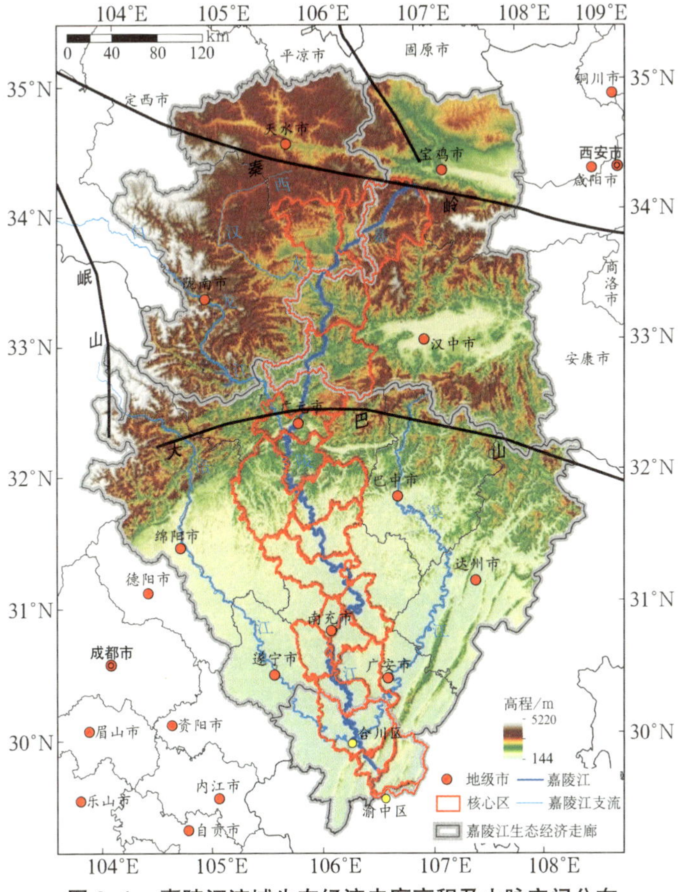

图3-4　嘉陵江流域生态经济走廊高程及山脉空间分布

表 3–3　嘉陵江生态经济走廊地貌类型及面积占比（%）

区域	平原	台地	丘陵	小起伏山地	中起伏山地	高起伏山地
走廊	5.80	7.74	17.60	24.72	33.80	10.34
占全国比重	0.03	0.10	0.10	0.18	0.22	0.14
上游地区	3.00	3.28	3.44	8.76	21.61	6.36
中游地区	2.43	3.48	11.52	15.23	11.92	3.98
下游地区	0.37	0.98	2.64	0.73	0.27	0
核心区	1.11	1.83	4.80	6.53	6.00	0.56
拓展区	4.69	5.91	12.80	18.19	27.80	9.78

特色农业开发条件优良，林草资源富集。生态经济走廊内耕地占总面积的44.07%，集中在川渝境内，以旱作农业为主，水田则多分布于汉中平原和流域中下游河谷地带，丘陵和山地型农业发达，坡耕地占耕地总面积的53%；除主要的粮、棉、油、茶、烟之外，还有很多果树类、药产类副业。林地和草地分别占总面积的29.27%和23.32%，主要分布于秦岭和大巴山，林草资源丰富，为珍贵野生动物的栖息繁衍提供了场所，是区域内生物多样性的重要依托。建设用地占比较小，仅为2.14%，南密北疏，大面积成片集中在重庆市及其周边，其他区域则呈点状分布于地级市。嘉陵江流域生态经济走廊土地利用空间分布见图3–5，嘉陵江生态经济走廊用地类型及面积占比见表3–4。

矿产资源种类齐全，储量相对丰富。煤、石油、天然气、铁矿石等均有分布，素有“川东大宝库”之称。煤矿煤质好，储量丰富，主要分布于六盘山和华蓥山地区，包括陕西省宝鸡市麟游县和陇县、四川省广元市旺苍县、重庆市渝北区等地；石油及天然气主要分布在四川盆地，包括东部达州市（普光气田、五百梯气田），中部南充市（龙岗气田）和广安市，北部广元市和巴中市（元坝气田），西部绵阳市（八角场气田、中坝气田）和遂宁市（磨溪气田）；流域内铁矿多、分布面广，特点是矿层薄，适宜小规模开采，储量大的铁矿多分布于涪江流域的江油、平武等地；砂金矿分布在嘉陵江中下游，如平武、青川、南部、蓬安、射洪等地。嘉陵江生态经济走廊矿产资源情况见表3-5。

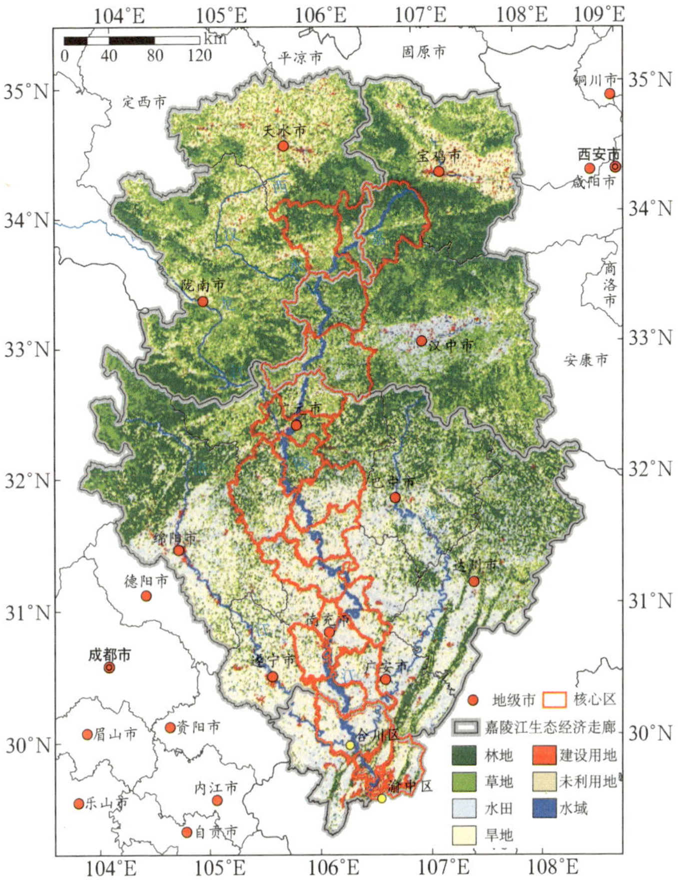

图 3-5　嘉陵江流域生态经济走廊土地利用空间分布

表 3-4　嘉陵江生态经济走廊用地类型及面积占比（%）

区域	水田	旱地	林地	草地	水域	建设用地	未利用地
走廊	13.28	30.79	29.27	23.32	1.08	2.14	0.12
占全国比重	5.38	4.34	2.41	1.60	0.68	1.49	0.01
上游地区	2.20	11.34	13.95	18.21	0.28	0.87	0.06
中游地区	9.68	17.30	14.63	5.08	0.68	0.79	0.06
下游地区	1.40	2.15	0.69	0.03	0.13	0.47	0.00
核心区	3.51	7.31	5.08	3.87	0.38	0.59	0.01
拓展区	9.77	23.48	24.19	19.45	0.70	1.55	0.11

表 3–5 嘉陵江生态经济走廊矿产资源情况

地区		矿产资源类别和储量
甘肃省	天水市	已发现的矿种有金、铁、锰、铜、铅、锌、蛇纹岩、透辉石、地热等 40 多个，其中大型矿床 5 处、中型矿床 6 处、小型矿床多处。区域内已探明的成矿带有：武山温泉—秦州李子园钼金铜铅、武山新庄里—竹子沟—寨沟金铜铅锌、麦积区党川—利桥一带金铜、秦安八盘山—清水后山里金铁铜镍钼铅锌、秦安锁子峡—清水雷神庙钼铁锡锂镁、张家川陈家庙一带铁铜铅锌等成矿带
	陇南市	已查明资源储量的铅、锌、金、锑、重晶石等居全国前 10 位，铅、锌、金、锑、重晶石、汞、玻璃用石英岩、水泥用灰岩等居全省第 1 位。大中型矿床主要有：西成铅锌多金属矿田，包括厂坝、洛坝、毕家山等 7 处大型铅锌（银）矿床，西和县崖湾大型锑矿床 1 处。金矿床有大桥超大型金矿床、礼县李坝金矿床、文县新关—阳山—高楼山金矿床。非金属矿有：文县东风沟重晶石矿床、武都区三流水玻璃用石英岩矿床、成县牛斜山水泥用灰岩矿
陕西省	宝鸡市	境内已发现矿产地 190 处，发现各类矿种资源 45 种，有铁、铜、铅、锌、镍、金、银等金属矿产，石灰石、电石灰石、大理石、白云石等非金属矿产，煤矿主要集中在凤县的草滩沟、罗钵庵、扈家窑等，境内地热资源比较丰富，主要分布在渭河谷地、渭河北岸断裂带和秦岭山前断裂带上
	汉中市	镇巴区块天然气储量巨大，略阳、勉县、宁强三县交界处的“金三角”地带，被李四光先生誉为“中国的乌拉尔”，是全国五大黄金生产基地之一。已发现矿产资源 4 大类、12 小类、92 种，探明资源储量的矿产 62 种，矿产地 293 处。铁矿：保有资源储量 28437.3 万吨。铜矿：保有资源储量 8.66 万吨。铅锌矿：铅金属量 13.5 万吨、锌金属量 55.8 万吨。金矿：保有资源储量 32.8 吨。硫铁矿：保有资源储量 924.7 万吨。煤矿：保有资源储量 5799.2 万吨。水泥用石灰岩：保有资源储量 13.5 亿吨。磷矿：保有资源储量 10400.4 万吨
四川省	广元市	已发现矿产地 480 处，已查明资源储量的矿床 377 处，其中大型矿床 6 个、中型矿床 39 个，主要为耐火黏土、煤、熔剂灰岩、砂金、页岩等。其中，探明可供工业采用的矿产 30 多种，优势矿种煤蕴藏量约 6 亿吨、天然气远景储量 5 万亿立方米、天然沥青矿新探明超过 1 亿吨、石英砂储量约为 3.1 亿吨。集中分布于青川、旺苍、利州、朝天、元坝 5 个县区。全市非金属矿产居多，有色金属矿产较少，主要为煤炭和砂金
	南充市	主要有盐岩、石油和天然气、砂金、钛铁、铀、磷等矿产资源。南充地下盐矿资源十分丰富，已探明的控制储量为 1700 亿吨，预测储量达 1.7 万亿吨。南充盐卤资源为优质盐岩，氯化钠含量大于 90%，最高达 96.6%，盐岩矿床杂质含量小于 10%，水不溶物小于 3%，便于水溶开采。南充石油总储量约 8000 万吨，天然气储量近万亿立方米，以仪陇、营山为中心的龙岗气田已开发投产
	广安市	赋存的矿产资源主要分布在华蓥山、铜锣山、明月山 3 个背斜，邻水县东槽、西槽两个向斜。已探明或已发现的矿藏有煤、天然气、石油、盐岩、石灰石、硅石、玄武岩、白云岩、石英砂、辉绿岩、地热等 30 余种，具有较大工业价值，曾经开采和尚在开采的共有 17 种

续表

地区		矿产资源类别和储量
四川省	绵阳市	已发现矿种有铁矿、锰矿、铅锌矿、钨矿、金矿、银矿、磷矿、白云石、膨润土、玻璃用石英砂岩、天然气等56种，矿产地400余处，其中黑色金属73处、有色金属25处、贵金属70处、非金属矿产200余处。探明储量的有26个矿种，具有工业矿床规模的74处。 矿种储量在四川省占重要地位的有：平武县的锰矿，三台县、盐亭县的膨润土，江油市的铸型用砂、水泥配料用页岩储量居全省第1位；江油市的玻璃用石英砂岩、冶金用白云岩及全市的天然气总量居全省第3位。天然气在绵阳市广泛分布，除平武县、北川羌族自治县、安州区外，均有产出
	遂宁市	储量较多的矿藏主要有石油、天然气、井盐、砂金、石灰石等，尤以天然气和盐卤资源最为丰富。遂宁磨溪气田已探明的天然气可开采储量为4403亿立方米，技术可开采储量为3082亿立方米，日产天然气2400万~2700万立方米，是四川省大型气田之一。盐卤地质储量为42亿多吨
	巴中市	已发现矿种50余种，查明资源储量的矿种25种，产出大型矿床7处，中型矿床3处。沉积变质型石墨矿已查明总矿物量472万吨，预测远景总矿物量500万吨；矽卡岩型磁铁矿已查明矿石量7651万吨，已知矿床及外围远景资源量1.6亿吨；岩浆型霞石铝矿已查明资源量380万吨，远景资源量可达900万吨；查明煤炭资源量3793万吨，远景资源量可达1亿吨；沉积改造型铅锌资源量6.3万吨，远景资源量27万吨；探获金资源量2761公斤；天然气探明储量800亿立方米，预测资源量14000亿立方米；另有沉积型钒钼矿、油气、地热资源。巴中市主要优势金属矿产资源有磁铁矿，潜在优势矿产资源有铅、锌、金、钼、钒等；优势非金属矿产资源主要有晶质石墨、霞石铝矿、钾长石等；优势能源矿产主要有天然气、页岩气资源，具有找矿潜力
	达州市	达州市已发现矿物38种，产地250余处。其中探明储量的28种，产地146处；可开发利用的28种，已开发利用的21种。石煤已探明储量7.63亿吨，其中保有储量5.80亿吨，表外储量1.22亿吨，炼焦用煤6.39亿吨。 天然气远景储量达3.8万亿立方米，已探明天然气储量6600亿立方米，是全国继新疆塔里木、内蒙古鄂尔多斯气田之后最具开发潜力的大气田。中国石化在宣汉普光发现迄今为止国内探明规模最大、丰度最高的特大型海相整装气田，探明天然气储量高达7700亿立方米；中国石油万源罗文铁山坡气田单井日产无阻流量高达1550万立方米，创全国陆地单井日产量之最。已建设普光、罗家寨、铁山坡、渡口河和石河等5个天然气净化厂
重庆市	潼南区	有天然气储量达300多亿立方米，已布井60余口，年开采量37亿立方米，盐岩储量100亿吨
	铜梁区	有矿产资源14种，主要有煤、锶、石灰岩、砂岩、砖瓦用页岩、天然气、矿泉水和地热，占重庆市已发现矿产68种（含亚矿种）的20.6%，锶、煤、石灰岩、砖瓦用页岩、矿泉水和地热等为本区的优势矿种，其中锶矿（天青石）是市级的特色优势矿种，储量在400万吨以上，平均品位达60%
	璧山区	矿产资源主要有煤、铁、石膏、天然气、重金石、页岩、石英砂、瓷土等，其中石膏、石英砂、石灰石、页岩等建材矿产配套产出，属地区优势矿产

续表

地区		矿产资源类别和储量
重庆市	合川区	矿种有26种，主要分布于盐井、草街、双凤、狮滩、清平、小沔、三汇、土场等华蓥山脉沿线区域
	北碚区	境内矿产资源丰富，主要有煤、磷铁、硫铁、石灰石、石膏、天青石、方解石、白云石、矽石、石英砂、耐火黏土等。尤其是非金属矿，品位高、储量大
	渝北区	矿产资源主要有煤、天然气、硫铁矿、砂金、含钾凝灰岩、石灰岩、石英砂、陶瓷土、耐火黏土等19种
	江北区	境内已探明矿产有砖瓦用页岩、建筑石料用灰岩、天然气、地热和矿泉水等。其中砖瓦用页岩储量103.2万立方米，可采量88.8万立方米；建筑石料用灰岩439.4万立方米，可采量133.8万立方米；拥有两个大型地热水矿点，储量1.14×1010兆瓦，属于天然医疗热矿水
	沙坪坝区	矿产资源相对贫乏，能源矿产少，金属矿产匮乏，辖区主要矿产资源有天然气和煤炭等。截至2020年底，沙坪坝区共发现矿产14种（含亚矿种），有10种矿产储量已查明，矿产地21处。此外，区内有含钾凝灰岩、建筑用石料砂岩、建筑用砂等矿产
	渝中区	自然资源匮乏，主要矿产有铁矿、煤矿、黏土矿、石英砂岩等

生态系统多样性明显，生物资源丰富。嘉陵江生态经济走廊处于全球生物多样性热点地区，也是我国“两屏三带”生态安全战略格局的重要组成部分，涉及黄土高原丘陵沟壑水土保持生态功能区和秦巴生物多样性生态功能区，是我国及世界生物物种资源较丰富、珍稀濒危野生动植物分布较密集的重要区域。区域内涵盖了以农田、森林和草地（农田占生态走廊总面积的44.07%，森林和草地分别占比29.27%和23.32%，其余为河流、湿地、荒漠、聚落等）为主的多种生态系统；上游森林资源丰富，且多为原始森林，植被垂直分布特征显著，垂直带谱南北坡差异较大，为珍贵野生动物的栖息繁衍提供了场所，中下游以常绿、落叶针阔混交林和农业植被为主；嘉陵江流域鱼类多样性丰富，约有153种，珍稀鱼类、特有鱼类也相当多，其中属于长江特有的物种达54种，约占整个长江流域特有物种的1/3，居长江流域各水系第4位。嘉陵江流域生态经济走廊生态系统空间分布见图3–6，嘉陵江生态经济走廊生物资源情况见表3–6。

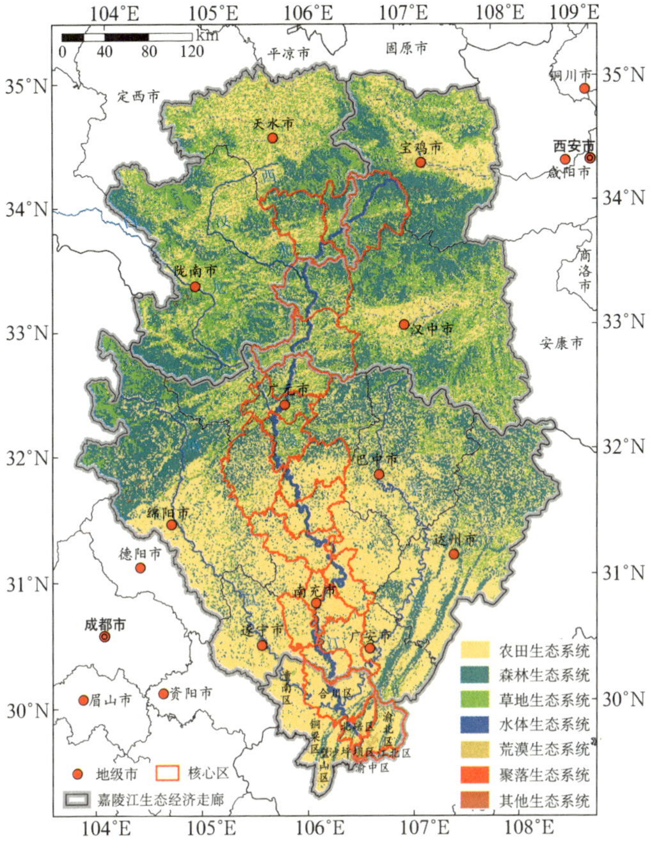

图 3–6　嘉陵江流域生态经济走廊生态系统空间分布

表 3–6 嘉陵江生态经济走廊生物资源情况

地区		生物资源类别和总量
甘肃省	天水市	森林总面积 589.91 万亩[①]，森林覆盖率为 45.5%。天然林地主要分布在东部、东南部的小陇山、西秦岭和关山林区，有木本植物 87 科 224 属 804 种，其中乔木 312 种、灌木 437 种、藤本 55 种、常绿植物 122 种。属国家一级保护植物的有水杉；二级保护植物有 9 种。野生药用植物 660 多种，其中常用药 220 多种。 野生动物有 30 多种，其中属国家一级保护的有羚牛、梅花鹿、金猫、云豹等
	陇南市	森林覆盖率达到 41.87%，高出全省 30.54 个百分点。自然生长的树种 1300 多种，其中珍贵树种 51 种。陇南有中药材 1200 多种，历史上总产量占甘肃省的 70% 以上，最大出口量占甘肃省的 90% 左右。 陇南境内野生动物种类占甘肃省的 1/2 以上，属于国家重点保护的稀有异兽珍禽有 20 多种，包括世界稀少、中国独有的“国宝”“活化石”大熊猫，有“美猴王”之称的金丝猴，以及羚牛、褐马鸡、藏羚、梅花鹿等，其中大熊猫数量占全国总数的 1/10

续表

地区		生物资源类别和总量
陕西省	宝鸡市	森林植物依次有落叶阔叶林、针阔叶混交林、针叶林和高山灌丛草甸等植被类型，宝鸡境内有资源植物2100多种、经济植物1000余种，太白山已发现的药用植物就有510多种。全市森林覆盖率53.78%。野生中药材有500多种，有党参、当归、黄芪、天麻、杜仲、山萸、贝母等。 野生动物资源主要分布在秦岭、关山山地，市境内有国家一级保护珍贵动物10种，即大熊猫、金丝猴、羚牛、秦岭虎、云豹、豹、朱鹮、大鸨、黑鹳、白肩雕；有国家二级保护动物18种
	汉中市	高等植物（包括苔藓、蕨类、种子植物）有282科1160属2942种。列入国家和省级重点保护的珍稀植物有74种（其中国家级30种、省级44种）。 已查明有陆生野生脊椎动物618种，其中鸟类405种、兽类142种、两栖类27种、爬行类44种，列入国家和省级重点保护的野生动物有118种（其中国家一级重点保护动物13种、国家二级重点保护动物62种、陕西省重点保护动物43种）
四川省	广元市	境内分布野生动物400种，其中大熊猫、金丝猴、羚牛等国家和省级重点保护野生动物有76种。境内分布野生植物2900多种，仅珍贵野生木本植物就有832种，其中珙桐、水青树、连香树、剑阁柏等国家级重点保护植物34种。列入联合国《濒危野生动植物国际贸易公约》红皮书的野生动植物有40余种
	南充市	国家一级保护植物仅水杉1种；二级保护植物中野生的有香果树和狭叶瓶尔小草2种，栽培的有银杏和杜仲2种；三级保护植物中野生的有红豆树、八角莲、天麻3种。川芎、天麻、麦冬、半夏是南充的主要野生药用植物。 全市野生动物资源尚保存有数百种。珍稀动物中属国家一级保护品种的有黑鹳、白鲟（象鱼）2种，二级保护品种有豹、林麝、鸳鸯、大鲵4种，三级保护品种有大灵猫、小灵猫等6种
	广安市	境内植物种类共有392种。境内森林植被的类型有亚热带常绿阔叶林，常绿、落叶阔叶混交林，针阔叶混交林，常绿叶林，针叶混交林，竹林，灌丛及人工植被等。珍稀植物有国家一级保护植物桫椤、水杉2种；国家二级保护植物银杏、杜仲等7种；国家三级保护植物天麻、楠木等10种。 境内野生动物有兽类14科30种、鸟类11目36科115种、爬行类19种、蛙类10种。国家一级保护鸟类有灰腹角雉，国家二级保护鸟类有红腹锦鸡、红腹角雉、长脚秧鸡等。国家一级保护兽类有穿山甲、大灵猫、斑林狸、水獭，国家二级保护兽类有鹿科的麂子、巨松鼠，国家三级保护兽类有蛇、蛙、蟾
	绵阳市	有国家一级重点保护野生植物珙桐、红豆杉等12种，国家二级重点保护野生植物水蕨、中国蕨等38种。 市内野生动物资源已知脊椎动物5纲32目109科791种，无脊椎动物2门6纲33目241科1257种。其中，国家一级重点保护野生动物18种、国家二级重点保护野生动物小熊猫等60种。平武县是大熊猫分布最多的县，占全国野生大熊猫的1/5，境内拥有野生大熊猫418只，占全球野生大熊猫总数的22.4%
	遂宁市	境内发现并利用的生物资源有1500余个品种或品系，其中植物资源1000余种，森林覆盖面积32%。林木品种约437种，其中有不少国家保护植物和珍稀树木，如水杉、银杏。动物资源主要是脊椎动物，约237种。鱼类资源达96种，珍稀动物如鱼类中的中华鲟、胭脂鱼、岩原鲤、长吻鱼等，两栖动物中的大鲵，哺乳动物中的水獭，均属国家和省级保护动物

续表

地区		生物资源类别和总量
四川省	巴中市	有乔、灌木308种，草、藤本421种，源于植物的中草药1386种。乔、灌木林区多分布在北部山地，中部、南部亦有零星分布。中药材资源最多的是通江、南江两县；牧草资源遍及境域。境域中部和南部，森林层次结构不明显，林相单纯，林下伴生马桑、黄荆、沙棘藤蔓、杜鹃等植物；北部森林成片的较多。 野生动物多分布在森林密布的北部，中、南部很少，境内北部共有野生动物670种
	达州市	共有脊椎动物400余种，有国家、省级重点保护野生动物52种。属国家二级保护的兽类14种，鸟类20种，两栖类1种（大鲵）；属省级重点保护的兽类3种，鸟类12种，爬行类2种；属四川省林业厅公布的有重要经济、科学研究价值的野生动物250种。达州市普查鉴定的2158种植物中，可供药用的1652种，现已收入标准的有500多种。其中天麻、杜仲、黄檗、厚朴、何首乌等颇负盛名
重庆市	潼南区	经济林木类有700余个品种，其中果树有6科23种693个品种；桑树7个品种。经济作物有15种253个品种，以蔬菜、桑、果、油料为主；林木资源有57科111种。鱼类资源有96种，包括胭脂鱼、江团、鳊鱼、鳜鱼、青龙棒、赤眼鳟等名贵鱼种。森林面积达29494.85公顷，森林覆盖率达到45%
	铜梁区	有林木资源60科104属168种，名贵树种有红豆杉、楠木、香樟、银杏、桫椤、罗汉松等。有165种脊椎动物、989种无脊椎动物，其中野生一级保护动物有林麝1种，二级保护动物有大灵猫、小灵猫、猴面鹰、雀鹰等14种
	璧山区	拥有丰富的植物资源，包括多种树木和花卉，区域内公园和绿地众多，如秀湖公园、枫香湖儿童公园、古道湾公园等，种植了大量树木和花卉，城市绿地植物计113科295属452种
	合川区	植被基本类型有阔叶林、针叶林、竹林和灌丛4个群系纲、5个群系组13群系，森林资源常见的有木本54科128种，野生动物兽类有12种、禽类41种、鱼类64种
	北碚区	已发现植物246科992属1966种，珍稀濒危植物有桫椤、银杉、珙桐、铁树等。北碚槭、缙云四照花等38种植物也是在缙云山第一次被科学界发现、认识的。境内已发现野生动物10门23纲1073种，其中，脊椎动物326种，珍稀名贵动物有中华鲟、达氏鲟、白鲟、江团鱼、岩原鲤、胭脂鱼等
	渝北区	有野生脊椎动物87种，其中哺乳动物19种、鳞介类21种、禽类40种、爬行类7种，列为国家重点保护动物的有锦鸡、鲟鱼、水獭等。野生植物有97科219属326种，其中可作中草药的123种。用材林木主要有松、柏、杉、栗、青杠、枫、樟、竹、楠和其他阔叶林木
	江北区	境内有森林植被81科260余种，其中乔、灌木树种及竹资源47科102种。乔木树种以马尾松为代表，约占林场森林面积的95%
	沙坪坝区	有维管束植物164科557属834种（3亚种38变种7变型），国家重点保护的树种有12种，包括水杉、水松、金钱松、福建柏和青檀等。已发现的无脊椎动物有9门17纲473种，野生脊椎动物有5纲68科280种，国家一级保护动物有白鲟（象鱼、剑鱼），中华鲟（大腊子）等。区内水生生物资源极为丰富，有胭脂鱼、岩原鲤等国家重点保护水生野生动物
	渝中区	植物资源以人工种植为主，动物资源以家畜为主

注：①亩为中国市制土地面积单位，1亩≈666.667平方米。余同。

（二）持续完善的交通城镇体系强化了区域综合区位的优势

近年来，嘉陵江流域铁公水空四式联动和东南西北四向齐发的交通网加快完善，作为国家“两横三纵”城市格局包昆通道重要支撑功能凸显，链接成渝地区双城经济圈、关中平原城市群、兰西城市群轴带作用进一步加强。

陆上交通体系加快完善。一是交通网络不断织密。依托国家铁路网、公路网、水运网、航空网建设，陆上交通网发展迅速，铁路、高速铁路、高速公路延伸至流域内所有城市，连接上下游、覆盖左右岸、通达干支流的流域交通走廊基本形成。兰渝铁路、兰海高速连接上下游，为国家西部陆海新通道的重要部分。西成高铁、宝成铁路、包茂高速横跨左右岸，为国家京津冀—成渝交通主轴重要部分。广达铁路、达成铁路、成巴高速等通达干支流，促进流域内外城镇交通联系。截至2023年底，流域内铁路营业里程3179千米，高速公路通车里程7183千米。二是货运枢纽更加健全。中游广元高铁快运物流基地为全国首个高铁快运物流基地，南充现代物流园为四川八大次区域物流中心之一，成渝北部多式联运国际港的核心区功能更加显现。下游沙坪坝重庆国际物流枢纽园区为陆港型国家物流枢纽建设重要承载地，为中欧班列（渝新欧）与西部陆海新通道源发地和起始站，是重庆“四向通道”网络中心。

2023年全国、西部地区以及嘉陵江流域路网密度对比见表3-7。

表3-7　2023年全国、西部地区以及嘉陵江流域路网密度对比

指标	全国	西部地区	嘉陵江流域
铁路密度（千米/万平方千米）	165.6	90.4	167
高速密度（千米/万平方千米）	184.4	107.2	392

内河水运功能不断完善。嘉陵江是国家批准的18条高等级航道之一，也是全国第一条实施全江梯级渠化的高等级航道。经过30多年的开发建设，嘉陵江航道共规划梯级（枢纽）18个，现已建成投用15个，通航条件得到改善，中下游广元至重庆全年可通行500吨级船舶，丰水期可通行1000吨级船舶，运价仅为公路运输的1/4。上游甘肃、陕西地区粮食、建材、煤炭等大宗物资可以通过陆上运输抵达广元港后下水，进入嘉陵江和长江航道。广元港、南充港提速建设，重庆枢纽港2023年货运吞吐量

达2694.9万吨，稳居长江上游航运第1位。此外，嘉陵江重要支流的白龙江（含白水河、让水河）航道总里程192千米，其中丰水期通航里程112千米、浅水期通航里程64千米，是甘肃省南向水运出省大通道。

航空枢纽体系加快构建。流域沿线各个城市基本实现现有或规划机场全覆盖，流域"空中丝绸之路"更加宽广，"一枢纽多节点"的区域航空体系基本形成。重庆江北国际机场为国家十大国际航空枢纽之一，2023年，旅客吞吐量4465.7万人次，货邮吞吐量约38.8万吨，分别排名全国机场第6位和第8位（见表3–8）。南充高坪机场、广元盘龙机场、汉中城固机场、陇南成县机场为区域性航空枢纽，航线网络不断完善，有力推动区域城市国内国际互联互通。同时，规划实施中的宝鸡凤翔机场、遂宁安居机场、广安机场等支线或通航机场，为嘉陵江流域强化对外合作交流提供了有力支撑（见图3–7）。

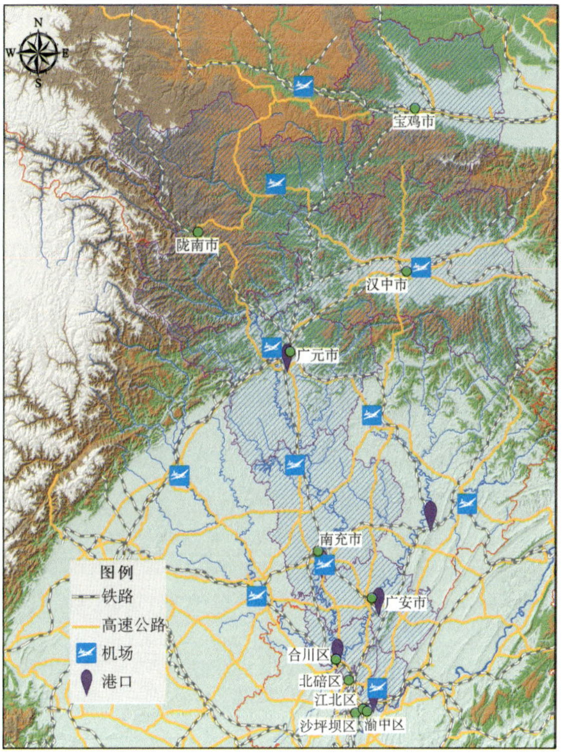

图 3–7　嘉陵江流域综合交通情况

表 3–8　2023 年嘉陵江流域机场运输情况

序号	机场	等级	旅客吞吐量（万人次）	货邮吞吐量（吨）
1	重庆江北机场	4F	4465.7	387892.9
2	南充高坪机场	4C	98.1	2178
3	广元盘龙机场	4C	53.6	189.3
4	汉中城固机场	4C	36.3	108.4
5	陇南成县机场	4C	33.9	19.1

（三）持续提升的经济水平蓄积了经济走廊建设发展的潜力

嘉陵江流域各地区围绕生态优先、绿色发展，坚持以经济建设为中心，加快产业结构调整升级和新型城镇化建设，综合经济发展质量不断提升。

经济发展实现较快增长。2023年，嘉陵江流域GDP由“十三五”初期的1.82万亿元增至3.17万亿元，占四川、重庆、陕西、甘肃四省市经济总量的23.3%，人均GDP由“十三五”初期的3.56万元增至6.4万元，GDP年均增长率和人均GDP年均增长率分别为9%和10%，高于同期全国及西部整体水平。核心区2023年GDP总量达1.17万亿元，同比增幅达到5.4%，处于较高增长态势。从流域空间上看，流域经济发展水平呈现梯度分布特征，下游经济发展水平最高，中游次之，上游发展水平则相对滞后。2023年，上游核心区GDP总量408亿元，常住人口76万人，人均GDP 约5.3万元。中游核心区GDP总量3668亿元，常住人口659万人，人均GDP 约5.6万元。下游核心区GDP总量7624亿元，常住人口585万人，人均GDP约13万元，其中渝中区地均GDP产出70.2亿元/平方千米，人均GDP已达28.3万元，是流域中经济密度最高、开发强度最大的区域。

产业发展基础逐步夯实。一是产业发展呈明显梯次布局形态。上游陇南、汉中、宝鸡所辖县农业占比较高，2023年略阳县第一产业占比15.8%，宁强县第一产业占比16.5%，两当县三次产业结构比为32.82∶3.75∶63.43，“三一二”产业结构较为明显。中游广元、南充、广安所辖区县以及下游重庆合川、北碚、渝北等区基本呈“二三一”和“三二一”产业结构，第二产业比例相对较高。处于嘉陵江、长江汇合处的渝中区、江北区产业结构基本以服务业为主。2023年，渝中区第二、三产业结构比为6.5∶93.5，江北区三次产业结构比为0.1∶25.3∶74.6。二是开发平台加快布局。嘉陵江流域目前拥有国家级高新区、国家级经开区、国家新区等国家级产业平台7个，占甘肃、陕西、四川、重庆三省一市国家级开发区总量的25.6%，拥有包括南充临江新区、广元三江新区等在内的10多个省级开发区。两江新区为西部首个国家级新区，2023年经济总量为4654.38亿元，直管区实现规模以上工业总产值4166.70亿元。南充临江新区为四川省级新区，产业集聚、创新示范、产城融合、对外开放功能日益完善，是川东北地区的重要增长新引擎。广元经济技术开发区入驻涉铝企业60余家，目前已经形成300万吨原铝资源精深加工产业集群，电解铝产能占四川的近六成。三是开放平台体系日益完善。中国（重庆）自由贸易试验区、中新（重庆）战略性互联互通示范项目、宝鸡综合保税区、南充保税物流中心（B型）等高能级对外开放平台引领带动功能更为明显，中国（四川）自贸区南充协同改革先行区加快推进。南充现代物流园为国家示范物流园区，具备川东北地区“五个最大、一个唯一”（川东北地区最大的公路港、建材城、农产品交易中心、粮食仓储中心、快递快运电商产业园，唯一的保税B型对外开放平台），2023年园区实现物流总额突破1000亿元、物流交易额近200亿元。

专栏3-1　2023年嘉陵江流域各城市支柱产业、优势产业情况

甘肃省陇南市：全市地区生产总值602.7亿元，三次产业结构比为19.2：26.1：54.7，主导产业为现代农产品及食品加工、有色冶金、绿色建材、新材料、生物及中医药等。

陕西省宝鸡市：全市地区生产总值2548.2亿元，三次产业结构比为9.0：55.5：35.5，主导产业为高端装备、新材料、钛及钛合金、汽车及零部件等。

陕西省汉中市：全市地区生产总值1937.7亿元，三次产业结构比为15.7：42.8：41.5，主导产业为装备制造、现代材料、绿色食药等。

四川省广元市：全市地区生产总值1179.8亿元，三次产业结构比为18.2：37.1：44.7，主导产业为铝基新材料、能源化工、食品饮料、硅基新材料、建材家居、机械电子、医药健康等。

四川省南充市：全市地区生产总值2734.8亿元，三次产业结构比为18.5：34.7：46.8，主导产业为汽车汽配、油气化工、食品饮料、电子信息、高端装备制造、生物医药、丝纺服装等。

四川省广安市：全市地区生产总值1512.5亿元，三次产业结构比为16.4：30.4：53.2，主导产业为装备制造、能源化工、电子信息、先进材料、生物医药、食品饮料、轻工服装等。

重庆市合川区：全区地区生产总值1023亿元，三次产业结构比为11.0：31.8：57.2，主导产业包括网络安全、汽车、新材料、日用玻璃、现代建材。

重庆市北碚区：全区地区生产总值783.58亿元，三次产业结构比为2.6：45.8：51.6，主导产业包括电子信息、汽摩、装备制造业、生物医学、材料、消费品、能源工业。

重庆市渝北区：全区地区生产总值2442.6亿元，三次产业结构比为1.4：33.8：64.8，主导产业为电子信息、汽车、金融业、商贸服务、物流业等，大数据、智能终端、软件信息等新兴产业不断培育壮大。

重庆市江北区：全区地区生产总值1744.0亿元，三次产业结构比为0.1：25.3：74.6，主导产业为电子信息、汽车、金融业、商贸业、信息服务、技术服务业等。

重庆市渝中区：全区地区生产总值1631.6亿元，第二、三产业结构比为6.5：93.5，主导产业为金融业、商贸业、专业服务业、文化旅游业、科创服务业、健康产业等。

专栏3-2　嘉陵江流域国家级产业平台

国家级新区：重庆两江新区。

国家高新技术开发区：重庆高新区、宝鸡高新区。

国家级经济技术开发区：广安经济技术开发区、广元经济技术开发区、汉中经济技术开发区。

城镇化水平不断提高。一是现代城镇空间格局持续优化。嘉陵江流域地处重庆、成都、西安三大国家中心城市之间，依托成渝地区双城经济圈、关中平原城市群建设，干支流域互相衔接，形成“美丽中国中脊带”上连接长江、黄河南北大流域重要的城镇连绵带。流域内特大—大—中—小四级网络型现代城镇体系基本形成，拥有重庆千万级人口超大城市，南充百万级人口Ⅱ型大城市，合川、广安、广元等6个中等城市以及若干小城市与小城镇，处在嘉陵江中游的川东北城镇群与处于上游的陇海产业带和城镇发展轴联系在一起，共同推动成渝地区双城经济圈、关中平原城市群以及重庆、成都、西安三大都市圈深化经济联系、联动城镇发展，进而带动西部地区高质量发展效应逐步显现。二是国家中心城市引领带动能力增强。随着以促进人的城镇化为核心、提高质量为导向的新型城镇化战略加快实施，重庆国家中心城市和南充、宝鸡、汉中等区域中心城市辐射能级加快提升，区域综合承载能力、资源优化配置能力不断增强，城乡融合发展加快推进，为推动嘉陵江高质量发展提供有力支撑。第七次全国人口普查显示，嘉陵江流域核心区常住人口1313万人、城镇化率61%，分别比第六次全国人口普查时增加23万人、提升8个百分点。2023年嘉陵江流域各地市级行政区常住人口及城镇化率见表3–9。

表 3–9　2023 年嘉陵江流域各地市级行政区常住人口及城镇化率

地区	常住人口（万人）	城镇化率（%）
陇南市	234.22	40.1
宝鸡市	326.47	59.42
汉中市	318	52.78
南充市	551.1	52.83
广元市	224.9	49.57
广安市	323.8	45.32
北碚区	84.31	87.81
合川区	123.4	65
渝中区	57.63	100
渝北区	225.79	90.2
江北区	94.74	99.45

（四）丰富多元的旅游资源奠定了文旅协同融合发展的基础

嘉陵江流域山水相连、人文相亲，秦陇文化和巴蜀文化源远流长，自然风光优美秀丽，人文资源丰富多元，各类旅游资源组合好、开发潜力巨大，为建设嘉陵江流域生态经济走廊提供了良好的协同融合发展的资源基础。

自然旅游资源广布。嘉陵江流域干支流丰富、蜿蜒流淌，山川秀丽、湖泊众多，物种类别多样，生态环境独特，自然风光旖旎，自然旅游资源具有独特的开发价值。流域总体森林覆盖率超50%，森林蓄积量达4万亿立方米。河流上下游自然地貌迥异，上游高山峡谷、森林茂密，中游河道开阔、蜿蜒流淌，下游经平行岭谷形成峡谷河段，山、水、林、湖、峡、洞等自然风景资源丰富多样，全流域国家级自然保护区达10个，4A级以上旅游景区达190个，其中干流流经区县共54个。形成以下游“川东小峨眉”缙云山景区、华蓥山景区，中上游五龙洞国家森林公园、青木川自然保护区、光雾山、天台山、金城山等为代表的森林公园，嘉陵江小三峡、明月峡、金刀峡、七里峡、诺水河溶洞等峡谷奇观，以及国家野生朱鹮保护园、唐家河自然保护区、太和白鹭自然保护区等珍稀动植物宝库，为嘉陵江自然观光旅游联动开发奠定了良好的基础。

专栏3-3　嘉陵江流域主要的国家级自然保护区

重庆境内：缙云山国家级自然保护区、大巴山国家级自然保护区、长江上游珍稀特有鱼类国家级自然保护区。

四川境内：长江上游珍稀特有鱼类国家级自然保护区、王朗国家级自然保护区、米仓山国家级自然保护区、唐家河国家级自然保护区、九寨沟国家级自然保护区。

陕西境内：汉中朱鹮国家级自然保护区。

甘肃境内：小陇山国家级自然保护区。

嘉陵江流域2A级及以上旅游景区资源数量分布情况见表3-10。

表 3-10　嘉陵江流域 2A 级及以上旅游景区资源数量分布情况

地区	5A 级（个）	4A 级（个）	3A 级（个）	2A 级（个）
重庆七区	0	27	9	4
广安市	1	7	11	5
南充市	2	7	21	6
广元市	1	21	18	9
绵阳市	1	16	12	6
遂宁市	0	8	4	4
达州市	0	11	21	1
巴中市	1	19	1	1
汉中市	0	17	15	1
宝鸡市	2	16	25	5
陇南市	1	15	16	5
天水市	1	16	14	20
合计	10	180	167	67

人文旅游资源丰富。嘉陵江流域处于多民族、多文化交汇过渡区域，干流一江串联古城遗址文化、蜀道文化、三国文化、红色文化等，文旅资源具有很高的富集性。一是古城遗址文化资源富集。拥有重庆、阆中、汉中、天水等国家历史文化名城4座，拥有钓鱼城遗址、曾家岩、邓小平故居、川北道贡院、宁强羌人墓地、张骞墓等国家级文物重点保护单位150余个。其中阆中、昭化、剑阁、汉中等古代军事重镇古迹均见证了战火纷飞的三国历史。“川东军事要塞活化石”宝箴塞、抗蒙重要遗址燕山寨、“上帝折鞭之处”合川钓鱼城遗址见证了宋末元初西部地区的持久战事。皇泽寺、观星楼、状元洞、古相如县城、陈寿万卷楼等见证了武则天、司马相如、张飞、李白、陈寿等大批影响广泛而深远的历史名人，联动了上下游政治经济历史文脉。二是通道文化资源独特。沿嘉陵江水系形成的通道文化独具特色，陆路通道有剑门关、大散关等著名关隘，金牛道、阴平道、米仓道、陈仓道等古蜀道多分布于嘉陵江流域，推动西南和其他地区经济文化的沟通与融合。加上嘉陵江是古代天然的军事驰援黄金水道和运粮要道，战国秦灭巴蜀、刘邦取关中、诸葛亮六次北伐、元蒙西路军南下

攻宋、清代四川平乱等均形成丰富的军事通道文化事迹。现代建设的航电枢纽密布干流，其中广元至重庆段规划航电枢纽达17个，钟升湖、亭子口等成为全流域航电枢纽文化的重要象征。三是红色文化资源丰富。流域内红色文化包括重庆红岩革命文化、抗战文化以及川陕甘广大地区红军长征足迹。下游重庆的红岩革命纪念馆、歌乐山烈士陵园、渣滓洞白公馆、抗日英雄张自忠将军墓等是抗战时期和新民主主义革命时期巩固和发展抗日民族统一战线、开展英勇革命斗争的历史象征，“江姐”江竹筠、“小萝卜头”宋振中等革命英雄人物是赓续共产党人精神血脉和鼓舞新时代奋勇前进的精神动力。中上游邓小平故里、朱德旧居、罗瑞卿故居、张澜旧居、苍溪红军渡纪念馆等红军在川陕甘地区的战斗足迹、川陕苏区革命历史事迹是中华民族的宝贵精神财富。四是民俗文化资源独具特色。川北大木偶、灯戏、皮影、傩戏、巴渝舞、八仙鼓、观音绣、川江号子等民俗艺术和非物质文化遗产独具技巧和艺术魅力。佛道教文化源远流长，千佛岩、巴巴寺、栖乐寺、凌云山、白塔寺、七曲山大庙、苍溪云台观、剑阁鹤鸣山、阆中灵城岩等佛道教文化资源具有很高的艺术观赏价值。美食文化资源丰富，重庆火锅、怪味胡豆、合川桃片、阆中蒸馍、张飞牛肉、苍溪雪梨、川北凉粉、汉中面皮等土特产品是有名的旅游消费品。

嘉陵江流域全国重点文物保护单位分布情况见表3-11。

表3-11　嘉陵江流域全国重点文物保护单位分布情况

区域	主要全国重点文物保护单位	数量（个）
重庆7区	钓鱼城遗址、重庆老鼓楼衙署遗址、张自忠将军墓、重庆大学早期建筑、罗斯福图书馆旧址、曾家岩、中美合作所、重庆古城墙、国民参政会旧址、国民政府外交部旧址、国民政府军事委员会政治部旧址、国民政府行政院旧址、重庆谈判旧址群、重庆抗战金融机构旧址群、桂园、特园、湖广会馆、潼南大佛寺摩崖造像、涞滩二佛寺摩崖造像、杨氏民宅、中国西部科学院旧址	21
广安市	安丙家族墓地、邓小平故居、宝箴塞、冲相寺摩崖造像、广安白塔	5
南充市	朱德故居纪念馆、南部永安庙大殿、丁氏庄园、巴巴寺、七宝寺、阆中汉桓侯祠、大像山摩崖造像、阆中观音寺、玉台山石塔、西充文庙、桐梯寨摩崖造像、禹迹山摩崖造像、阆中孔家大院、五龙庙文昌阁、锦屏飞山庙、阆中永安寺、白塔风景区、无量宝塔、醴峰观、张澜旧居、川北道贡院	21
广元市	皇泽寺摩崖造像、广元千佛崖摩崖造像、觉苑寺、剑门蜀道遗址、中心柱窟、翠云廊、昭化古城、明月峡古栈道	8

续表

区域	主要全国重点文物保护单位	数量（个）
绵阳市	平阳府君阙、云岩寺、鄞江崖墓群、七曲山大庙、平武报恩寺、老君山硝洞遗址、李业阙、卧龙山千佛岩石窟	8
遂宁市	鹫峰寺塔、广德寺、宝梵寺、陈子昂读书台	4
达州市	渠县汉阙、罗家坝遗址、城坝遗址、开江牌坊	4
巴中市	红四方面军总指挥部旧址、南龛摩崖造像、通江千佛岩石窟、通江红军石刻标语群	4
汉中市	褒斜道石门及其摩崖石刻、武侯墓、龙岗寺遗址、李家村遗址、张骞墓、宁强羌人墓地、蔡伦墓和祠、开明寺塔、五门堰、张良庙、灵岩寺摩崖、何家湾遗址、宝山遗址、汉中东塔、良马寺觉皇殿、智果寺、勉县武侯祠、青木川老街建筑群、青木川魏氏庄园、国立西北联合大学旧址	20
宝鸡市	周原遗址、石鼓山墓地、茹家庄遗址、太公庙秦公墓、桥镇遗址、北首岭遗址、宝鸡申新纱厂旧址、李茂贞墓、金台观、秦雍城遗址、血池遗址、孙家南头仓储遗址、水沟遗址、益家堡遗址、法门寺遗址、扶风城隍庙、古郃国遗址、杨珣碑、周公庙、太平寺塔、赵家台遗址、凤凰山遗址、柳巷城遗址、成山宫遗址、杨家村遗址、净光寺塔、慈善寺石窟、隋仁寿宫唐九成宫遗址	28
陇南市	大堡子山遗址及墓群、西狭古栈道及摩崖石刻、哈达铺会议旧址、《新修白水路记》摩崖、石沟坪遗址、栗川砖塔、吴挺墓、福津广严院	8
天水市	麦积山石窟、大地湾遗址、兴国寺、伏羲庙、胡氏古民居建筑、水帘洞—大象山石窟、玉泉观、后街清真寺、秦安文庙、木梯寺石窟、狼叫匼遗址、李崖遗址、马家塬遗址、放马滩墓群、天水纪信祠、武山圣寿寺、毛家坪遗址、河峪摩崖石刻	18
合计		149

新兴旅游发展潜力巨大。流域各地依托丰富的旅游资源，大力推动农文商旅有机融合，围绕“吃、住、行、游、购、娱”旅游六要素加快新型旅游设施建设，观光游、体验游、都市游、乡村游等穿珠成链，全域旅游品质“硬核”稳步提升。一是文旅融合软实力持续增强。各地加强优质文旅资源整合，不断优化服务环境，实现景区联动发展，提高文旅发展硬件水平，通过载体建设强基石、产品创意促融合、节庆活动增流量，文旅融合资源、创意、生产各个环节进一步打通，文旅发展软实力不断增强。以南充中国孝文化中心、红木文化创意产业园、广安文旅乐活城、重庆两江国际影视城、重庆际华园景区、合川石全度假村等为代表的都市游、乡村游文旅融合景区加快发展。文旅主题活动的开展带动了文旅发展的市场

活力，如汉中通过举办汉风古韵系列主题活动，打造汉文化传承发展文旅平台，南充通过举办嘉陵江灯戏暨地方戏剧艺术节、“一带一路·爱上绸都”丝路青年南充研学之旅、国家级非遗推介、嘉陵江夜间音乐季等系列文旅活动，进一步激活了流域文化旅游消费。二是农旅融合激发旅游新潜能。南充、广元、合川、广安、汉中等地推动农业产业与休闲旅游、文化体验、养生养老等产业深度融合，让田园变公园、农房变客房、劳作变体验、产品变礼品，不断打造一批特色小镇、民俗基地，流域乡村旅游承载力大幅提升。以南充农耕文化博物馆、中国桑茶主题农业公园、广安大地花谷、广元昭化药博园、张家村乡村民宿、汉中花果山等为代表的乡村田园休闲游、体验游等新兴景点加速崛起，推动观光旅游向文化旅游和休闲度假加速转变，流域文旅业态不断丰富。

嘉陵江干流4A级及以上旅游景区资源情况见表3–12。

表 3–12　嘉陵江干流 4A 级及以上旅游景区资源情况

类别	名称	数量（个）
5A 级	邓小平故里旅游区、阆中古城、剑门蜀道剑门关旅游景区、朱德故里景区	4
4A 级	广安华蓥山旅游区、南充市西山风景区、皇泽寺博物馆、广元市曾家山景区、南充市凌云山景区、广元市昭化古城、苍溪红军渡·西武当山景区、嘉陵第一桑梓风景区、阆中天宫院风水文化景区、广元市明月峡景区、广元市鼓城山—七里峡景区、南部县升钟湖旅游景区、广元市唐家河景区、广元天曌山景区、广元市千佛崖石刻艺术博物馆、青溪古城、广元市平乐旅游区、武胜县宝箴塞、神龙山巴人石头城、白坪—飞龙旅游区、龙门阁景区、张澜故里旅游区、广元水磨沟景区、苍溪·梨文化博览园、柏林古镇景区、岳池县岳池农家生态文化旅游区、利州区芳香南山景区、宁强青木川自然保护区、汉中五龙洞国家森林公园、两当兵变红色旅游景区、“云屏三峡”景区、凤凰湖景区、重庆长江索道景区、重庆中国三峡博物馆、重庆洪崖洞民俗风貌区、重庆红岩革命纪念馆、重庆湖广会馆、重庆中国民主党派历史陈列馆景区、重庆统景温泉风景区、重庆两江国际影视城、重庆际华园景区、重庆合川钓鱼城景区、重庆北泉风景区、重庆北碚金刀峡景区、重庆自然博物馆、重庆北碚西山坪苓茏苑、重庆歌乐山烈士陵园、重庆磁器口古镇、重庆融汇温泉小镇、重庆歌乐山森林公园	50

（五）逐步建立的合作机制凝聚了生态经济走廊发展的共识

嘉陵江流域各类产业发展平台、各级政府间、行业间多元化的合作发展政策机制成为推动全流域合作发展的重要基础。

流域合作发展平台日益丰富。区域产业平台、协同合作平台众多，尤其是下游地区高能级开放平台密布、具备合作发展的良好基础。一是产业合作蓬勃开展。广安纳入重庆都市圈范围，协同强化川渝高竹新区、合广长协同发展示范区等跨区域平台建设。依托成渝地区双城经济圈建设，川渝推动成立产业园区发展联盟，搭建信息互通平台，联盟成员达326家。广元、渝北等加强非毗邻地区产业合作、缔结友城，广安与合川等地推进合（川）武（胜）共建产业园建设，促进两地产业深度融合。二是文旅联动夯基起步。四川、重庆、陕西积极构建“大巴山·大三峡”文旅发展联盟，推动14个区县加入并促进四川、重庆、陕西文旅跨区域协作互补。构建了四川、重庆两地17个革命纪念馆合作联盟，共同推进实施长征国家文化公园建设。四川、重庆22个区县联合成立嘉陵江文旅联盟，配套举办嘉陵江文旅风景道建设论坛，联合川东北地区5个市推出红色旅游、巴文化旅游2条精品线路。巴中与北碚缔结友城、携手合作推动特色文旅资源联动开发。三是人文互动交流逐步增强。陕西、甘肃、四川、重庆四地积极推进流域各地互动合作，2020年以来，已举办两届嘉陵江文艺名家采风创作系列活动，展示嘉陵江沿线各地的秀丽风光和风土人情。四川、重庆持续加大人才共享共育工作力度，推进干部互派、文旅专家库信息共享，四川、陕西、甘肃三省推动交界处毗邻乡镇建立党建联盟，引领基层治理和产业规划结对共建，逐步构筑起流域合作的基础。

流域合作发展政策机制日益健全。嘉陵江流域合作发展政策机制包括各级政府间签订战略合作协议，人力资源部门等加强人才共享共育、建立干部交流合作机制，生态环境部门等加强生态共建共享。一是政府间合作逐步加强。四川、重庆两省市依托成渝地区双城经济圈建设加强全方位合作，推动包括嘉陵江流域在内的区域协同合作全面加强，如协同推进嘉陵江流域立法保护、明确建立司法领域联席会议协调机制、实现跨省市流域生态环境保护协同立法。重庆、甘肃两省市围绕基础设施、能源领域、重点产业、对外开放、市场融合、公共服务签署了战略合作框架协议。重庆、陕西两省市围绕长江上游地区航运高质量发展、能源、文物保护等重点领域深化合作。二是航运联动和生态共保机制更加健全。四川、重庆联合建立嘉陵江通航建筑物调度机制，实现“一次申报，全线通过”，船舶通行时间减少1/3，广元港、南充港、广安港三大港口均已开通至重庆港的集装箱干支直达航线并实现常态化运营。国家印发《“十四五”嘉陵江流域生态环境保护与修复实施方案》，强化嘉陵江流域系统综合治理，四川、甘肃、陕西三省深化河湖长制合作，加强嘉陵江流域河湖管理保护和污染联防联控。各项合作凝聚形成了嘉陵江流域统筹协调、区域协作联动的发展格局。

三、机遇挑战

嘉陵江流域优势突出、短板明显，要认真分析把握，切实做到扬优势、补短板，为流域经济发展夯实基础。总体来看，重大战略赋能、区位条件改善、产业布局优化、后发优势发力等为嘉陵江流域生态经济走廊的形成和全面发展奠定了坚实基础，生态资源转化能力不足、区域发展不平衡、设施建设较为滞后、协作机制不完善等为区域高质量发展带来很大挑战。

（一）优势和机遇

国家系列重大战略为流域开放发展注入新动能。随着我国区域协调发展战略的深入实施，加快构建优势互补、高质量发展的区域经济布局和国土空间体系已成为新时代新征程的重要选择，城市群、都市圈的发展模式成为优化生产力布局的必然要求。在长江经济带、新时代西部大开发和成渝地区双城经济圈等重大国家战略、“一带一路”倡议及区域发展战略推动下，我国从以东向开放为主发展形成陆海内外联动、东西双向互济的全方位开放格局，嘉陵江流域在我国西向、南向开放中迎来了开放发展的重要机遇期。嘉陵江流域流经甘肃、陕西、四川、重庆4个省市，连接长江、黄河两大流域，作为新时代西部大开发的先导地区，是成渝地区双城经济圈北上的重要通道，是长江经济带上的重要节点，是“美丽中国中脊带”的重要组成部分，是贯通西北西南，连接南北丝绸之路、成渝地区双城经济圈与关天经济区的必经通道。建设嘉陵江流域生态经济走廊是促进西南地区与西北地区合作互动，黏合“美丽中国中脊带”两侧发展，推进新时代西部大开发形成新格局的重要举措。

区位优势持续改善为区域发展拓展新空间。随着嘉陵江通航条件不断改善，内河水运功能持续增强，形成了以“重庆江北国际机场+地市级航空运输体系”和西成高铁、宝成铁路、兰渝铁路、包茂高速为主的对外陆上交通设施体系，促进区域联入全国综合交通网，高效联动关中城市群、成渝地区双城经济圈。交通区位条件的持续改善促进区域产业发展空间不断增强，在打造我国统一大市场背景下，区域内文化旅游产业、健康产业、有机农业等成为向周边区域拓展的有力支撑，以旅游统筹带动一、二、三产业融合发展的条件不断成熟，发展潜力不断涌现。

科技创新产业变革为融入新格局提供了新机遇。当前我国正加快以科技创新促进产业结构转型升级，在新旧动能转换进程中，产业跨区域梯度转移和空间优化布局将有所加快，新时代西部大开发的实施将进一步推动西部地区承接产业转移、参与区域产业分工协作。随着嘉陵江航道通行能力的全面提高，嘉陵江流域港口水运低成本优势将发挥出来，作为长江流域与黄河流域连接带的区位优势和枢纽作用将更加凸显，较优越的交通区位叠加人力、土地、自然资源优势，有助于嘉陵江流域承接四川、重庆以及长三角、珠三角等东部发达地区劳动密集型、资源密集型产业转移，通过引入资本、技术，嵌入区域产业链、价值链，发挥嘉陵江流域联动南北和连接东中西的“节点传接”“轴带拓展”作用，助力提升西部地区产业基础高级化、产业链现代化水平，加快产业升级和工业化城镇化进程。

乡村振兴战略为城乡融合发展提供新保障。嘉陵江流域拥有川陕革命老区、秦巴山连片贫困地区，随着乡村振兴以及巩固脱贫攻坚成果政策支持力度进一步加大，易地扶贫搬迁、基础设施建设、特色产业发展、生态环境保护以及教育、医疗卫生、养老、文化体育等公共服务均等化保障将获得更多支持。东西部扶贫协作深入推进以及飞地经济、人才交流、教育扶智等对口支援方式创新，将有助于嘉陵江流域聚焦发展需求强化资金、技术、人才等要素引进和聚集，在提升区域竞争优势中激发自身发展活力。

（二）问题和挑战

生态资源转化能力不足。长江生态环境大保护，是全国生态文明建设的重要组成部分，嘉陵江流域作为长江各支流中流域面积最广、资源最丰富的区域之一，在水环境保护、生物多样性、污染物防治等方面的责任重大。流域生态资源丰富，但将生态资源转化为经济价值能力不足，在推进流域生态经济走廊的建设中，促进科学、合理地利用和开发自然资源难度大，经济社会发展与生态环境保护的矛盾依然存在，将自然生态环境优势转化为经济社会发展优势的挑战巨大。

发展不平衡现象更为显著。嘉陵江流域整体位于我国西部地区，陕西、甘肃属西北，四川、重庆属西南，流域经济社会发展水平亟待提升，全流域人均GDP低于全国平均水平，且上中下游发展不平衡现象比较突出，特别是上游地区欠发达特征显著。通过对嘉陵江流域4个省市经济发展阶段的初步判断，下游的重庆市整体处于工业化后期向后工业化迈进的阶段，中游的四川省整体处于工业化中后期阶段，上游的陕西省、甘肃省分别处于工业化后期、工业化中期向工业化后期迈进的阶段。流域内各市（区）经济差距尤其明显，2023年流域上游的甘肃省陇南市人均地区生产总值约为2.57万元，流域下游的重庆市渝中区人均地区生产总值达到28.3万元，差距超过10倍。嘉陵江流域经济发展整体处于低水平不平衡状态，给流域生态经济走廊的高质量建设增加了难度。2023年嘉陵江流域各省市经济发展阶段判断见表3–13。

表3–13　2023年嘉陵江流域各省市经济发展阶段判断

判断指标	参考标准	发展阶段		重庆市	四川省	陕西省	甘肃省
人均GDP（美元）	1490~2980	工业化实现阶段	工业化初期	13400	10200	12100	6830
	2981~5960		工业化中期				
	5961~11170		工业化后期				
	11171及以上	后工业化阶段					

续表

判断指标	参考标准	发展阶段		重庆市	四川省	陕西省	甘肃省
三次产业结构	第一产业 > 20%	工业化实现阶段	工业化初期	6.9：38.8：54.3	10.0：35.5：54.5	7.8：47.6：44.6	13.8：34.4：51.8
	第一产业 < 第二产业						
	第一产业 < 20%		工业化中期				
	第二产业 > 第三产业						
	第一产业 < 10%		工业化后期				
	第二产业 > 第三产业						
	第一产业 < 10%	后工业化阶段					
	第二产业 < 第三产业						
第一产业就业比重（就业结构）	46%~60%	工业化实现阶段	工业化初期	21.90	31.90	29.20	44
	31%~45%		工业化中期				
	11%~30%		工业化后期				
	10% 及以下	后工业化阶段					
城镇化率（空间结构）	30%~50%	工业化实现阶段	工业化初期	71.67	59.49	65.16	55.49
	51%~60%		工业化中期				
	61%~75%		工业化后期				
	76% 及以上	后工业化阶段					

注：1. 人均 GDP 与发展阶段判断依据钱纳里人均经济总量与经济发展阶段关系；

2. 产业结构与发展阶段判断依据西蒙·库兹涅茨三次产业结构与经济发展阶段关系；

3. 产业就业结构与发展阶段判断依据配第—克拉克定理，4 个省市该指标为 2022 年度数据；

4. 城镇化率与发展阶段判断依据钱纳里城市化率与经济发展阶段关系。

综合基础设施短板突出。嘉陵江流域初步形成由襄渝铁路、沪蓉高速、包茂高速、兰海高速等铁路、高速公路组成的交通骨干网络体系，对外交通大骨架逐步形成，但内外快速交通网络还不完善，交通网络分布不均衡，内部路网密度不够、等级不高，铁路、高速下道口连接线建设不足、旅游公路短缺等情况较为突出。嘉陵江广元以上航段通航能力低，广元以下航段由于各梯级通航建筑物由电站企业自行运营，缺乏统一协调，船舶待闸时间长、过闸效率低等问题没有完全解决，导致嘉陵江水运优势得不到有效发挥。区域内水利设施建设尚不完善，排水管网、供水等市政设施配套仍待加强。以5G通信网络、数字基础设施为核心的新一代信息基础设施建设尚处于起步阶段，覆盖率和共建共享程度较低，区域、城乡不平衡现象突出，对区域高质量发展支撑基础不足。

区域协同发展机制不完善。嘉陵江流域涉及4个省市，目前各省市联系不够密切，对流域经济开发缺乏整体谋划，缺乏科学有效的区域、流域、产业规划，相互间还处于两两合作阶段，以零散、小规模合作为主。区域间利益协调、合作沟通、产业转移等机制尚不完善，流域生态经济合作的机制不健全，难以实现高效联动和协调发展。河道管理、水污染治理、生态保护等联防联控机制尚未建立，难以实现科学高效的流域生态保护。水权交易、排污权交易、市场化生态补偿等手段不足，尚未形成完善的水权交易和排污权交易市场，流域治理和生态环境保护修复完全依靠政府投入，社会资本参与意愿不足。

第四篇

嘉陵江流域生态经济走廊建设的思路设计

嘉陵江联通甘肃、陕西、四川、重庆4个省市，是连接我国西南地区和西北地区的重要水道，在推动新时代西部大开发形成新格局、成渝地区双城经济圈建设、促进区域协调发展中应当发挥重要作用。同时，嘉陵江流域生态系统脆弱、城镇集聚发展水平不足、城市带动乡村发展能力弱等问题客观存在，人口承载能力弱、产业约束条件多、生态保护任务重、综合物流成本高、城乡建设难度较大。在新发展阶段，应该抢抓构建新发展格局、新时代西部大开发、推动成渝地区双城经济圈建设等重大机遇，加快凝聚甘肃、陕西、四川、重庆4个省市共识，积极争取国家支持，科学系统谋划嘉陵江流域生态经济走廊建设，成为推动区域协调发展、绿色发展的重要抓手。

一、建设思路

以习近平新时代中国特色社会主义思想为指导，全面贯彻落实党的二十大精神，牢牢把握以中国式现代化推进中华民族伟大复兴的使命任务，完整、准确、全面贯彻新发展理念，牢固树立和践行“绿水青山就是金山银山”的理念，站在人与自然和谐共生的高度谋划发展，以生态优先绿色发展为根本遵循，以推动高质量发展为主题，立足区域合作、流域共建、协同融合，凝聚共识，充分发挥嘉陵江主干流作用，以综合交通体系建设为先导，以构建现代化产业体系、绿色城镇群、内河开放合作、生态价值转化和体制机制等为重点和抓手，深入实施区域协调发展战略和创新驱动发展战略，努力推动高水平对外开放，统筹产业结构调整和生态环境保护，探索重点生态功能区、欠发达区域的经济发展、环境保护融合发展的新路径新模式，着力打造新时代开放创新的现代化生态经济走廊，成为“美丽中国”建设先行示范区、“四化同步”协同发展示范区、西南和西北地区合作互动示范带，推动区域经济实现高质量发展，深化黄河流域和长江流域经济文化交流，助力构建新发展格局。

二、基本原则

生态筑底，绿色发展。正确把握生态环境保护和区域经济发展二者之间的协同关系，牢固树立和践行“绿水青山就是金山银山”的理念，尊重自然、顺应自然、保护自然，保持加强生态文明建设的战略定力，锚定筑牢生态基底、厚植放大生态优势、发展绿色生态产业，推动产业结构、能源结构、交通运输结构等调整优化，使嘉陵江生态优势转化为持久发展优势，实现人与自然和谐共生。

改革创新，共建共享。围绕开展流域合作，积极推动经济区和行政区适度分离改革，加强流域整体谋划和顶层设计，积极探索嘉陵江沿线各省市、县区以及各个功能区之间一体化推进的共同行为准则，着力构建市场统一建设、基础设施一体高效、公共服务共建共享、产业专业化分工协作、生态环境共保共治的协同发展格局，强化制度供给创新，加快释放生态优先绿色发展动能。

合作共赢，互惠互利。内外并举，既要深化甘肃、陕西、四川、重庆4个省市在政府层面的合作，又要深化社会层面的合作，统筹推动跨省级行政区之间的基础设施、产业布局、市场体系、小城镇建设、政策举措等统筹协调，以统一的时序和标准推动基础设施互联互通，加快打造一体的产业链条，推动人口、资金等发展要素自由流动，实现整个流域的互惠互利。

有序推进，联动发展。着眼打造新时代开放创新的现代化生态经济走廊，立足嘉陵江沿线地区现实需求，围绕战略目标，不断深化研究，认真规划谋划，系统有序推进。着力推动陇东南地区、关中平原、川东北地区、重庆都市圈和成渝地区双城经济圈以及长江上游生态屏障、秦岭生态屏障、汉江生态经济带等的联动发展，提升嘉陵江流域整体发展质量。

三、发展定位

建设嘉陵江流域生态经济走廊，必须以生态优先、绿色发展为根本遵循，以推动高质量发展为主题，充分发挥嘉陵江主干流作用，以综合交通体系建设为先导，以构建现代化产业体系、绿色城镇群、内河开放合作、生态价值转化和体制机制等为重点和抓手，探索一条生态和生计兼顾、开发和开放联动、保护和发展协同的嘉陵江沿线绿色发展的创新之路。

（一）战略定位：以“三区一样板”锚定生态经济走廊高质量发展新蓝图

“美丽中国”建设先行试验区。发挥嘉陵江流域连通成渝地区与关中平原两大西部经济重心的天然优势，加快构建现代化经济体系，加强经济功能、生态功能、服务功能等分工协作，促进人口和产业向重点开发区域集聚，在绿色发展上形成合力，助力渐进式破解胡焕庸线两侧人口经济不平衡、发展不充分等难题，培育“美丽中国中脊带”上南北经济要素流动通道和经济联系主轴，促进“美丽中国中脊带”中段和西南段融合发展，助推新时代西部大开发形成新格局。

新时代我国西北和西南地区互联互通互动示范区。依托嘉陵江流域沟通南北优势，不断强化核心城市、重大开发开放平台等的有机衔接，促进不同地区文化整合、要素互补，深化基于资源、人力、科技、信息等要素的产业分工，协同探索产业发展和城镇化新路径新模式，促进自然生态和特色资源优势向产业经济优势转化，打造西南地区和西北地区合作互动示范区，不断提升区域发展能级和开放能级。

生态与经济高水平协调发展先行区。从生态和经济系统协调融合出发，坚持系统观念，把实现统筹发展和协同增效作为促进经济社会全面绿色转型的重要抓手，厚植嘉陵江流域生态优势，坚持“向新、向绿、向未来”，推动现代产业绿色转型，探索生态资产认证、补偿、交易机制等生态产品价值实现方式，着力构建绿色低碳循环经济体系，持续增强发展的潜力和后劲，实现高质量发展和高水平保护共生共促。

内河流域对内对外开放合作新样板。强化区域重大产业平台、开放平台、创新平台的融合共享，不断深化区域合作联动机制，进一步释放嘉陵江流域作为“一带一路”与长江经济带及西部陆海新通道结合部独特区位优势，推动重要节点城市协同优化开放资源配置、完善国际贸易大通道建设、建强对外开放平台，加快补齐对外开放短板，发展高水平开放型经济，建设内河流域开放合作示范样板，展现开放合作新形象。

（二）功能定位：以绿色创新“五大走廊”塑造生态经济走廊建设新优势

内河协同开放的走廊。发挥嘉陵江连接成渝、关中、兰西三大城市群，联通丝绸之路经济带与西部陆海新通道两大经济带，衔接长江、黄河两大流域的重要区位优势，强化沿线地区与西安、成都、重庆、兰州等中心城市以及重大开发开放平台的有机衔接，探索产业发展和城镇化新路径新模式，促进自然生态和特色资源优势向产业经济优势转化，提升区域开放发展、创新发展和绿色发展的能力。

城镇绿色发展的走廊。立足突出城镇发展对嘉陵江流域生态经济走廊的核心载体作用，统筹生态保护和经济发展，充分发挥城市群和核心城镇集聚辐射带动功能，深化沿线城市绿色转型和协作联动，促进城市群辐射带动、城镇连绵带扩散拓展，大力发展县域经济，坚持城乡融合，全面推进乡村振兴，打造嘉陵江绿色城镇发展走廊，形成支撑新时代西部地区高质量发展和国家“两横三纵”城镇化战略格局的重要组成部分。

综合交通融合的走廊。发挥交通通道建设对区域经济发展的牵引作用，提升嘉陵江广元至重庆朝天门段航道通行能力，推动广元以上航道整治，统筹做好铁路、公路、水运和航空等多种交通运输方式的有效衔接，构建多层次立体型综合运输服务网络，共筑嘉陵江流域综合交通经济走廊，努力在全国综合交通走廊建设中发挥先锋示范和带动引领作用。

产业绿色发展的走廊。充分发挥嘉陵江流域生态和资源优势，把“生态+”和“+生态”理念融入产业发展全过程，发挥重庆都市圈高端产业集聚辐射带动作用，梯次推动嘉陵江中上游地区产业绿色发展，推动产业结构转型升级和产业分工协作，积极谋划新产业，打造一批产业备份基地，建设国际旅游目的地，推动现代高效农业高质量发展，协同推动产业结构转型升级，打造对西部地区和全国高质量发展更具支撑力的嘉陵江产业绿色发展走廊。

生态协同治理的走廊。坚持共抓大保护、不搞大开发，紧扣生态环境保护、生态优势转化和生态价值提升，强化生态保护、经济结构升级和社会治理现代化发展方向，构建以产业生态化和生态产业化为主体的生态经济体系，做好水文章，推动流域生态一体化综合治理，打造生态绿色发展转型示范新高地，探索生态资产认证、跨省生态补偿等生态产品价值实现方式，共筑长江黄河上游生态安全屏障。

四、空间格局

嘉陵江流域生态保护任务重、区域发展不平衡明显、交通短板突出、城镇体系不完善等现象，短期难以得到根本性改变，客观上导致人口流动受限、物流成本高企、基础设施建设难度大等问题。因此，嘉陵江流域经济发展必须准确把握空间属性，按照“以点带轴、梯度推进”的发展模式，充分发挥重庆都市圈辐射带动作用，通过嘉陵江及铁路、公路等重要的功能传递轴带，承接、传递、放大重庆都市圈辐射带动功能，提升嘉陵江中游和上游整体发展水平质量，促进人口结构优化，推动产业生态化、生态产业化，加快建设生态经济走廊。

（一）功能布局

坚持一体规划、组团发展、协同建设，依托互联互通的基础设施网络，按照“增长极带动、轴带拓展”的原则，加强总体设计、优化空间布局、强化功能配套，加快构建“一圈多极、一带四片”的空间发展格局，推动生态优先绿色发展。

“一圈”，即重庆都市圈极核。依托下游地区的重庆都市圈建设，加快推动重庆中心城区与周边城市（镇）同城化发展，不断提升基础设施互联互通水平、产业专业化分工协作水平、公共服务共建共享水平、生态环境共保共治水平和城乡融合发展水平，全面提升重庆都市圈发展能级和综合竞争力，加快打造经济发达、生活富裕、环境优美、社会和谐的现代化重庆都市圈，持续释放重庆都市圈对嘉陵江中游和上游地区的极核引领和辐射带动作用，成为嘉陵江流域生态经济走廊发展的龙头。

“多极”，即带动嘉陵江中游和上游的发展极。充分发挥中游地区的南充、绵阳、达州、遂宁、广元、巴中等城市集聚辐射、传递联动等综合优势，积极承接重庆都市圈外溢功能和配套服务功能，打造传递下游、集聚中游、辐射上游的重要增长极。依托上游地区的宝鸡、汉中、天水、陇南

4个中心城市特色产业和人口集聚优势，推动两当县、徽县、略阳县、宁强县、凤县以及白龙江流域一体协同发展，打造带动嘉陵江流域上游发展的重要发展极。

“一带”，即嘉陵江绿色低碳产业发展带。主要包括陕西省凤县、略阳县、宁强县，甘肃省两当县、徽县，四川省广元市、南充市、广安市和重庆市相关区域。围绕“一圈多极”，依托嘉陵江沿线重点城镇，加快两岸城乡协同发展，不断提升重点地区生态旅游、绿色工业和服务业协同融合发展质量水平，加快建设独具魅力的现代绿色产业江城、江镇、江村，促进沿江产业功能联动布局和产业链上下游协同，着力打造绿色低碳产业发展示范带，努力在生态保护、设施建设、产业协同、城乡融合、制度创新等领域形成可复制、可推广的经验。

“四片”，即绵阳—遂宁（涪江）板块，围绕成都都市圈和重庆都市圈产业发展需求，加快吸引更多高端制造业重点环节布局落地，不断提升城市综合服务能力，打造促进成渝两大都市圈相向发展和成渝地区双城经济圈中部崛起的战略载体，强化研发创新、现代制造等功能，努力在承接产业转移、促进产业生态化、辐射带动嘉陵江中游地区发展等领域形成示范效应；巴中—达州（渠江）板块，推动与万达开川渝统筹发展示范区联动合作，着力发挥巴中作为成渝地区北向重要门户枢纽功能和达州川东北区域中心城市功能，着力强化区域功能节点支撑作用，提升中心镇、重点镇人口和产业承载能力，打造绿色食品供给基地、成渝地区产业协作配套基地；宝鸡—汉中板块，围绕促进关中平原城市群和成渝地区双城经济圈协同互动发展，推动文旅融合发展，强化产业协作、科创协同、生态共建功能，积极承接关中地区、成渝地区产业转移和创新辐射，全面夯实嘉陵江上游地区生态屏障；天水—陇南板块，发挥陇南作为西部陆海新通道的组成部分和成渝地区双城经济圈辐射区域作用、天水市作为丝绸之路经济带和关中平原城市群的重要节点城市功能，坚持生态优先、绿色发展，强化流域生态合作和产业协同功能，强化与宝鸡—汉中板块抱团发展，联合提升嘉陵江上游地区发展质量。

“一圈多极、一带四片”空间发展格局见图4-1。

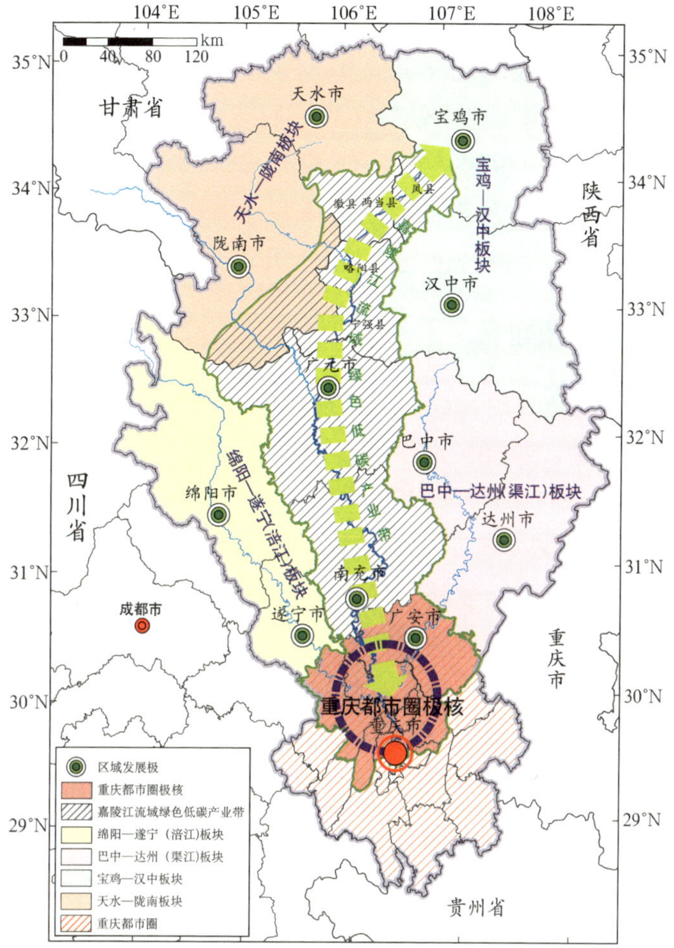

图 4–1　“一圈多极、一带四片”空间发展格局

（二）发展时序

构建嘉陵江流域生态经济走廊，必须发挥政策集成效应和基础优势，在成熟的空间范围内强化示范效应，带动嘉陵江全域建设生态经济走廊。从各个板块发展实际看，嘉陵江上游陕甘段（宝鸡、陇南、汉中、天水）生态保护任务重，经济发展水平相对较低；中下游川渝段（广元、南川、广安、重庆）发展条件较好，发展水平相对较高；位于嘉陵江流域西部的绵阳—遂宁板块和东部的巴中—达州板块在各自发展领域都有一定的比较优势。因此，在推动嘉陵江流域生态经济走廊建设中，要按照“增长极带动、轴带拓展、外围联动”的开发思路，优先打造下游的重庆都市圈和中游、上游的城市发展极，发挥重庆都市圈对中上游地区发展的带动作用；优先打造嘉陵江干流沿线，“轴带拓展”周边地区发展；推动嘉陵江西部的绵阳—遂宁（涪江）板块、东部的巴中—达州（渠江）板块以及上游地区的宝鸡—汉中板块、天水—陇南板块联动发展，形成“下游都市圈带动、中游承接传递、上游特色支撑”的梯度发展模式。

五、发展目标预期

预期围绕建设新时代开放创新的现代化生态经济走廊，尊重自然、顺应自然、保护自然，遵循区域发展客观规律，按照远近结合、重点突出、梯度推进的思路，有序推动嘉陵江生态经济走廊建设，建议其发展目标是：

近期（当前至2027年）：夯基垒台、立梁架柱。重点是通过深化研究、凝聚共识，争取有关方面支持，尽快形成专项发展规划，策划、推动和落地一批基础设施、绿色产业、协同开放、生态保护等重大项目，联合布局一批重大平台和重点企业，夯实嘉陵江生态经济走廊建设基础，逐步搭建起嘉陵江流域一体化发展的“四梁八柱”。到2027年，嘉陵江沿线省市一体化发展初见成效，一体联动发展机制基本健全，内河协同开放、产业绿色发展、城镇品质提升、区域文旅融合等方面的建设取得突破性进展，初步搭建起陕西、甘肃、四川、重庆联合打造嘉陵江生态经济走廊的制度体系，生态经济发展新格局更加鲜明，示范引领作用初步发挥。

中长期（2028—2035年）：厚积成势、示范引领。健全完善流域生态经济发展的制度体系，跨省级行政区流域的生态保护、产业链条、设施网络、改革创新等领域形成一批可复制的制度经验，项目和平台的生态效应、经济效应、社会效应明显提升，协同推进降碳、减污、扩绿、增长，推进生态优先、节约集约、绿色低碳发展的体制机制更加完善，在推动“美丽中国中脊带”建设、促进四化同步协同发展和区域融合互动等领域示范先行效应加快显现。到2035年，形成保障有力的生态安全体系、特色高效的生态产业集群和生态宜居的城镇集群，生态优先绿色发展制度体系更加成熟、更加有效，建成在全国具有典型示范意义的内河生态经济高质量发展示范区和新标杆。

第五篇

积极探索建设路径

推动嘉陵江生态经济走廊建设，必须以生态优先、绿色发展为根本遵循，立足区域合作、流域共建，注重建设时序，在凝聚4个省市共识基础上，加快构筑流域共建的制度框架，从容易达成共识的基础设施、产业合作、生态共治等方面入手，强化“一圈多极”的先行示范效应，带动其他具备良好条件的区域发展，尽快形成合作共建“增量”。现阶段要围绕南北向综合性物流大通道建设和畅通南北经济联系，努力在交通运输通道、绿色产业发展、现代化城市与小城镇建设、流域生态协同治理、深化改革开放等方面着手发力，打造新时代开放创新的生态经济走廊。

一、强化设施建设，夯实生态经济走廊之基

针对嘉陵江流域综合基础设施短板突出问题，应加强沿线基础设施统筹建设，推动现有基础设施优化布局、提能增效，新建一批以交通、水利等为核心的重大项目，提高基础设施现代化和互联互通水平，并充分发挥基础设施有效投资对流域经济发展的牵引作用，促进流域内要素集聚循环流通，为嘉陵江流域生态经济走廊建设提供强大支撑。

（一）构建外联内畅综合交通运输网络

目前，嘉陵江流域交通运输网络建设滞后，南北向仅有一条普通电气化铁路兰渝铁路，且承担客货两用功能，客运上尚未实现高铁运输，货运上是中欧班列主要干线，运能饱和、运力不足、运价偏高问题日益凸显，东西向仅有达成铁路，同样承担客货两用功能，也面临运力不足的问题。高速公路仅有G75兰海高速纵贯南北，东西向的高速公路主要集中于南充以下区域。水上运输并不通畅，水运经营主体较少，水运潜力尚未充分发挥，多式联运功能尚不完善。应积极对接成渝地区双城经济圈通道建设，协同优化交通基础设施布局以及建设时序，着力构建铁公水空综合立体交通网络，补齐嘉陵江流域交通运输短板。

畅通流域对外铁路干线通道。围绕解决流域干线铁路较少、运力不足

等问题，以高速铁路、干线铁路为重点，推动铁路大通道建设，增密扩网、提升运能，完善铁路网络体系。一是加快推进高速铁路建设。聚焦增强嘉陵江流域连接周边大城市、大都市圈的便捷性，加快建设渝西高铁、成达万高铁。加快推动兰渝高铁尽早开工，积极推进成都—兰州、汉中—兰州等高速铁路规划，紧密串联成渝地区双城经济圈、对接大西北，逐步实现与毗邻中心城市1~2小时通达，同时增强与兰州、宝鸡、天水、乌鲁木齐等沿线城市联系。充分利用兰渝、襄渝等现有干线铁路开行城际公交化列车，加开直达、始发的高铁列车，适当加密嘉陵江流域城市间列车发车频次。推动高铁、城际、市域、轨道交通“四铁”融合，加强与城市轨道、公交、出租车、长途汽车、航空等多种交通方式无缝衔接，实现“零距离”换乘，稳步提升流域内城市交通便捷度。二是加快推进干线铁路建设。围绕发挥嘉陵江流域枢纽作用，助推西部陆海新通道建设，打通西北地区通江达海的便捷通道，进一步畅通国际物流，加快建成汉中—巴中—南充铁路，更好联系下游的重庆，改造扩能广（元）巴（中）达（州）铁路，打通由万州下江出海的铁水联运通道。规划研究广（元）巴（中）达（州）城际铁路，尽快启动广（安）忠（县）黔（江）铁路建设，积极推进天水—陇南、成都—巴中铁路建设，逐步带动嘉陵江沿线城市全部融入西部陆海新通道，开辟铁海联运国际班列。围绕提升中欧班列运能，加快完善嘉陵江流域至新疆阿拉山口、霍尔果斯以及内蒙古二连浩特口岸等铁路大通道功能，有序推进宝中铁路增建二线以及巴中—安康铁路建设，充分释放兰渝铁路紧张的运能。突出增线扩网，积极推进阳平关—陇南—九寨沟等铁路前期工作，争取纳入国家中长期规划，逐步改善流域铁路交通条件。

完善流域公路网体系。聚焦解决流域南北向高速公路交通网络稀疏、东西向分布不均的问题，以“密织通道、打通节点、综合提升”为重点，着力构建功能明确、层次清晰、内外顺畅的公路网络，逐步增强通道能力、扩大覆盖范围、促进流域运输效率提升。一是增强流域沿线路网通行能力。有序推进既有高速公路通行能力提升，以兰海高速为主轴，实施兰海、渝遂、渝武、成绵、绵苍、绵广（安）等高速公路扩能改造，建成一批南北纵向的双向六车道高速公路网，形成嘉陵江沿线高速公路走廊带，增强流域文旅、物流等产业发展交通基础支撑。围绕畅通节点城市间的连接通道，加快推进南充—潼南、阆中—营山、苍溪—巴中等在建高速公路的完工完善，消除一批断头公路，提升流域内交通运输效率。二是进一步织密流域高速公路网。以实现流域内县县通高速为目标，织密嘉陵江流域毗邻地区高速公路联络线，增强流域内县城与大中城市的紧密联系。围绕增强大中小城市交通连通能力和经济联系，推进建设镇巴—巴中—广安—重庆、城口—大竹—邻水—重庆、蓬安—岳池—合川等南北纵向高速通道，以及南江—苍溪—盐亭、广元—平武、武胜—潼南、中江—遂宁、平昌—仪陇、盐亭—茂县、南江—通江—万源等东西横向高速公路，逐步形成嘉陵江流域“蛛网状”高速公路网络，提升嘉陵江流域生态经济走廊发展的交通基础支撑和城市间要素流通水平。

大力提升航道及港口通行能力。聚焦解决嘉陵江干流通航不畅、航运潜力未充分发挥等问题，加强嘉陵江航道疏浚和船闸改造，建立嘉陵江航运统一协调调度机制，提升嘉陵江黄金水道航运能级和效率。一是推动干支流航道整治提升。突出重庆长江上游航运中心地位，按照重庆港口需求统筹布局嘉陵江中上游港口功能和吞吐量。以嘉陵江以及渠江、涪江两大支流的中下游为重点，进一步实施嘉陵江、渠江、涪江梯级渠化，提升嘉陵江重庆朝天门至广元段、涪江遂宁至重庆段、渠江广安至达州段航道通行能力，有效延伸Ⅱ、Ⅲ级航道里程，推进航道整治，尽快实现全江夜航，加强与长江主干航道互联互通，打造千吨级船队畅达嘉陵江的绿色运输通道。实施涪江复航工程，打通经潼南、铜梁、合川至重庆的水运航道，研究加密南充至重庆的水运航线，探索开通广元至重庆、达州至重庆、遂宁至重庆等水上穿梭巴士，形成川东北、成都平原经济区通江出海最近水运通道。二是推动航电枢纽及沿江港口建设。兼顾航运和发电，强化嘉陵江Ⅳ级航道配套和港口枢纽功能，争取建设嘉陵江Ⅲ级航道和集疏运体系，加快嘉陵江利泽、水东坝及渠江风洞子等航电综合枢纽建设，积极推动重庆井口生态枢纽建设，尽快打通草街以下连接长江的通航“瓶颈”。充分利用好高等级航道养护专项补助资金，加强库尾等天然航道的持续整治，不断完善航道设施。围绕嘉陵江腹地资源“走出去”，进一步完善嘉陵江沿岸港口设施，重点推进合川港区渭沱作业区、遂宁港大沙坝作业区及三星船闸、南充港都京及河西作业区、阆中码头建设，启动武胜港中心东门作业区项目前期工作，规划建设南部、仪陇、蓬安港区，完善港口配套设施，打造长江水运物流网络重要节点。三是不断完善联合调度以及联动发展机制。围绕生态经济走廊建设，深化嘉陵江上中下游合作交流，加强水运物流协作，密切沿江水运企业合作，探索港口联动、航线互通和运输模式创新，推动实现联合调度规范、高效、常态化运行，积极妥善处理水调、电调、航调的行业诉求及各方利益。以短途大宗物资水路运输带动长途水运，充分发挥低成本、低碳等优势，形成集群优势，畅通集疏运体系，服务嘉陵江沿线铝加工、砂石、水泥、钢铁等资源性产业发展，进一步密切上下游要素往来和经济联系。深化嘉陵江沿岸港口与长江主干道沿岸枢纽港合作，依托合川渭沱港、南充港、广元港等，加强与果园港、江津珞璜港、涪陵龙头港、万州新田港等长江沿线港口分工协作，加强港口资源整合，推动共建长江上游港口集群，推动区域港口码头管理一体化，构建要素集聚、功能完善的港航服务体系，共同做大做强长江上游航运中心，实现嘉陵江沿岸港口与长江沿岸港口联动协同发展。

积极发展航空旅游快线。目前，嘉陵江流域机场航空依然发展不足，仅有重庆江北国际机场一个大型枢纽机场，支线机场数量少规模小、通用机场缺乏的问题突出，难以满足区域经济发展需求，应加快推进机场建设、构建完善的航空网络。完善阆中机场服务功能，打造高品质航空旅游集散中心。推进南充高坪、广元盘龙等机场改扩建，加快广安机场建设，打造一批流域内的航空枢纽节点，积极培育开辟京津冀、长三角、粤港澳大湾区及长江中游城市群等发达地区城市至嘉陵江流域重点城市的航空旅游快线，加强重点区（市）县通用机场规划建设。围绕经济走廊发展，以重庆江北国际机场为核心，以南充高坪、广元盘龙、巴中恩阳、达州河市、宝鸡、天水、陇南成县等机场为支撑，探索“干线+支线+通用”联合运营模式，带动跨区域中转、跨航企中转、空陆空水中转发展，逐步完善嘉陵江流域机场航空网络，提升嘉陵江生态经济走廊的开放发展水平。

（二）推进多式联运枢纽联动发展

经济走廊建设离不开各种交通运输方式联动融合发展，充分发挥交通网络效应和多式联运功能将大幅提高经济走廊要素流动效率。目前，嘉陵江沿线除重庆多式联运体系较为完备外，仅南充现代物流园拥有进港铁路，广元、广安、合川等多式联运能力不足，必须完善航道、港口码头设施布局，使港口与铁路、公路、机场等枢纽有效衔接，健全铁公水空多式联运体系，更好服务流域上下游经济发展的无缝衔接。

完善多式联运集疏运体系。围绕提高各种交通运输的连续性、无缝性和全程性，大力发展铁公水空多式联运，加强港口与铁路、公路、机场等枢纽有效衔接，以“完善枢纽、优化服务、提升效率”为重点，着力解决多式联运“最后一公里”问题。一是有序推进多式联运枢纽站场设施建设。充分依托当前流域内的车站、港口、码头、物流园区等主要交通节点，共同完善陆水联运通道货运接驳设施。重点推进沿江港口集疏运铁路、物流园区铁路专用线等“公转铁”运输线路建设，完善各地铁路货运站场系统、多式联运铁路作业区和公铁联运示范物流场地设施。加快广元国际铁路港建设，打造流域内辐射能力较强的高铁快运物流基地。推动合川渭沱港、南充港、广安港进港铁路专用线、铁路货场等设施建设，推进大宗货物及中长距离货物运输向铁路和水运有序转移。二是逐步完善多式联运服务体系。围绕目前流域多式联运能力不足、合作机制和模式欠缺的问题，积极创新多式联运体制机制，开展陆水联运政策设计、体制机制探索试验。大力发展和推广铁公水空多式联运、甩挂运输、集装箱运输等先进运输方式，联合探索“国际班列+铁水联运+跨境电商”等模式抓好港口运营，共同加大货源组织力度，提升流域客货运输效率。推动流域各地加强铁路、公路与港口货运服务系统对接，探索制定信息资源、服务规范、作业流程等多式联运标准体系，创新推出“一卡通、一码通、一单制”联运服务模式，提升交通组织效率和服务水平。

探索创新跨区域交通便捷化模式。围绕密切流域沿线人员往来，推动建立健全嘉陵江流域客货运枢纽接驳机制，创新服务模式，促进各种运输方式有机衔接、便捷转换，构建高品质、一体化、多元化的客运体系，提升旅客换乘便捷化水平。大力推动旅客联乘运输，增设联运旅客换乘通道，实现“安检互信”。加强跨方式运输企业合作，开发铁公空联运联程产品，重点支持重庆机场集团与成都铁路集团、重庆交运集团合作，建立“出行即服务”公共出行服务平台，开展旅客联程运输示范工程建设，推广全程“一站购票”“一票出行”服务，满足旅客在多种运输方式之间“零换乘”的需求。同时，大力发展精品线路班线、定制客运、包车客运、旅游客运等个性化客运服务，不断完善旅游集散、城市候机楼等服务功能，提升旅客出行体验。

（三）统筹完善水利、能源、信息等基础设施

水利、能源、信息等基础设施是流域经济发展的重要支撑，目前，嘉陵江流域的水利、能源、信息设施缺乏一体化网络化规划建设的统筹，对经济产业联动融合的支撑不够。如亭子口水库等中上游地区水利设施灌溉、防洪、跨区域调水等综合效应尚未充分发挥，上下游地区电力能源等尚未统筹调配，一体化信息系统平台建设较少。必须加快水利、能源、信息等重要保障性基础设施一体部署、串联成网，形成网络化的综合基础设施体系，才能有力支撑起嘉陵江生态经济走廊经济要素流动与信息交流的畅通无阻。

推动共同完善水利设施。嘉陵江流域山区丘陵众多、河道弯曲、降雨集中，容易发生洪灾涝灾，围绕嘉陵江流域水资源综合调节利用，针对骨干水利工程、防洪排涝、蓄引水设施不足等问题，加快完善水利基础设施网络，构建有利于促进嘉陵江流域高质量发展的现代化水利保障设施体系。一是推进骨干水利工程建设。统筹流域水资源调配，推进跨区域重大水利工程建设，提升流域水安全保障能力。下游针对中心城区工业生活用水量大、渝西水资源缺乏、河道洪涝频发等亟待解决的问题，共同争取国省（市）级资金项目，加强蓄、提、引、调等水利设施建设，重点推进长征渠引水（重庆片）、渝西水资源配置等工程，增强跨区域调水能力，加快建设渝北碑口、合川凤形山等水源工程，完善蓄引水设施，推进沿线城市实施城乡供水一体化，实现水资源集约节约高效利用。加强嘉陵江干流以及涪江、渠江支流沿线防洪堤坝建设，实施防洪综合治理，减少流域洪

涝灾害。中上游地区针对蓄、提、引、调以及防洪发电设施配套，加快推进南充亭子口灌区、白龙江引水等水源工程，加强苍溪百利坝堤防、南充李渡防洪治理工程建设，共同构建以水库、闸坝、提水泵站等大中型水源工程为节点，以河湖治理、供水工程（引调水）、江河湖库水系连通等工程为轴线，统筹滨水湿地生态保护、蓄滞洪区修复、防洪堤建设和滨河水景观廊道建设的水利发展新格局。实现嘉陵江干流、支流、湖库、大型引调水工程相互连通，着力保障沿线地区工业用水和城乡生活用水，共同守卫嘉陵江安澜。二是加强农业农村水利设施配套建设。嘉陵江流域农村广大、耕地集中，流域水资源是沿线农业生产生活的重要保障，必须加强流域沿线小型水源工程补充，打造“长藤结瓜”的水库群，通过点、线、面结合的方式，筑牢乡村振兴水利之基。重点加强南充永丰水库、广元渔洞河水库、宝鸡通关河水库等水源工程建设，积极推进灌区续建配套与节水改造，在流域沿线实施一批小型农田水利项目，打通高标准农田引水灌溉“最后一公里”，构建流域内以区域集中供水工程为骨干、以分散工程为补充的农业农村供水安全工程网络。三是积极发展智慧水利。目前嘉陵江流域上下游水文水情共享共研共判有待进一步加深，必须围绕推动流域上下游水情灾害联合预报，依托信息化、智能化手段，加强嘉陵江水文监测一体共享、水情预警共研共判，从而减少流域山洪灾害，共保沿线生产生活安全。重点聚焦数字赋能、提升应急能力，推动沿线城市联合建立嘉陵江水利数据中心和云平台，完善水库监测预警系统、洪水预报预警调度系统及应急监测系统，构建天、空、地一体化水利感知网和数字化场景，全面提高流域水安全信息化服务水平和防灾减灾保障能力。

共同推动能源保障设施建设。目前流域内下游地区是主要的能源消耗区、中上游地区能源消耗相对较小，但水电、天然气等能源丰富，且川陕地区电价低于下游的重庆。必须紧扣碳达峰碳中和目标，加快构建嘉陵江流域清洁低碳、协同高效的现代能源体系，加强流域上下游能源跨区域调度，协同优化能源消费结构，促进能源合理高效利用，降低流域内城镇和产业发展的能源成本。一是稳步推进清洁能源开发。结合地势落差和地理条件强化嘉陵江中游水电开发，以打造重要清洁能源基地为目标，加快利泽航运枢纽、广元水东坝航电枢纽、武胜桐子壕等水电项目建设，有效发挥水电站发电、灌溉、航运等综合效益，提升干流水电开发利用水平，以川电入渝为重点加大向下游的重庆水电输送力度。充分发挥广元市天然气综合利用工业园区的带动作用，推进沿线城市加快天然气开发利用，合力推进流域天然气管道优化完善，加强广元、合川、潼南等天然气富集区能源联动开发，以重庆相国寺储气库、铜锣峡储气库为重点，推动进一步健全嘉陵江沿线油气输送和储运设施以及LNG加注站、成品油气站点。有序发展风电，探索建设分布式风电站，加快建设广元百万风电基地，因地制宜发展太阳能、生物质能、地热能等新能源，促进流域能源消费结构加快转变。二是推进化石能源清洁高效开发利用。针对下游的重庆缺煤少电的局面，以陕煤入渝为重点，统筹推进沿线各省份化石能源清洁高效开发利用，充分依托嘉陵江航运，探索开辟北煤南运的水运新通道，促进西部地区资源价值转化。同时推动流域各地严格落实能耗管控制度，强化能耗强度降低约束性指标管理，坚决遏制高能耗、高排放、低水平项目盲目发展，有序淘汰落后煤电，推进现有煤电机组优化升级，分阶段有序实现能源供应主体的转变，推动化石能源利用步入清洁高效的新阶段。

合力推进信息化新型基础设施系统布局。新型基础设施是新一轮科技革命和产业变革的重要物质保障，也是新产品、新业态、新经济快速成长的关键支撑。目前，流域新型基础设施布局建设尚不均衡，重庆是国家级互联网骨干直联点、工业互联网标识解析国家顶级节点、F根服务器镜像备份点、“星火·链网”区块链骨干节点以及中新（重庆）国际互联网数据专用通道建设承载城市，而中上游地区数字城市建设滞后，数字经济发展处于起步阶段。必须加强流域信息基础设施建设统筹，推进沿线城市信息基础设施互联互通互享，共同夯实流域发展的智慧底座。一是合力构建高速、泛在、安全的信息基础网络。聚焦解决中上游信息基础设施不足的问题，推动广安、南充、广元、汉中、陇南等地加快建设5G、千兆光纤等基础网络，大力发展智慧广电，逐步实现5G网络在城区、景点、高速公路、工业园区、重点场镇等区域的深度覆盖，按照“适度超前”的原则，共同推进基于IPv6的下一代互联网部署，打造一批信息通信枢纽城市。推动流域内广安、南充等大中城市积极接入重庆国家级互联网骨干直联点，推动重点企业积极接入工业互联网标识解析国家顶级节点（重庆），拓展典型应用场景，实现标识注册和解析服务共建共享。提升重庆新一代信息基础设施服务能力，推动重庆国家级互联网骨干直联点提质升级，拓展骨干直联点面向嘉陵江流域的出市方向、扩容网内出口带宽和网间互联带宽，通过数据中心集群建设增强水土国际数据港核心承载能力，加快建设灾备数据中心，推动数字基础设施加快赋能嘉陵江流域千行百业。二是共同促进传统基础设施数字化升级。依托重庆数字产业发展优势，推动流域内传统基础设施数字化改造，重点通过智能化生产、在线服务等共同促进传统产业数字化转型，推动广安、南充、广元、汉中、宝鸡等城市加速构建城市数字大脑，推进交通、市政、能源、科教文卫、公共安全等传统基础设施数字化改造，实现传统和新型基础设施融合发展、多场景应用，提升公共服务供给质量，为社会治理和城市精细管理注入新动能。围绕畅通各地出海出境大通道，推动共建嘉陵江流域数字通道体系，加快物联网终端部署，提升生态经济走廊建设的社会治理和公共服务科学化、精细化水平。

二、突出城镇引领，打造嘉陵江绿色高品质城镇走廊

城镇作为经济活动与生产要素高度聚集体，是区域/流域经济高质高效发展的关键。流域经济理论和案例也充分揭示了流域经济是水道沿线城市优势互补、分工协作的经济模式。嘉陵江绵延数千米，流经4个省市，在要素流动频繁、城际联系日益紧密的全球经济环境下，建设嘉陵江流域生态经济走廊靠沿线城市孤立发展显然是行不通的，必须充分认识和把握流域经济的整体性关联性核心特征，树立流域整体开发思维，打破行政区划限制，紧扣我国经济高质量发展要求和实现“全体人民共同富裕”的中国式现代化总体目标，突出城镇发展对嘉陵江流域高质量发展引擎作用，厚植“绿色”底色，深化城镇协作联动、品质升级和开放发展，共建嘉陵江绿色高品质城镇发展走廊，更有力地支撑新时代西部地区高质量发展。

（一）构建全流域城镇联动发展空间格局

在一个区域或流域内，由于先天资源禀赋、历史发展条件等存在差异，城镇间发展水平客观上呈高低梯度特征。要实现区域内均衡协调发展，需要基于城际发展梯度性，突出增长极、中心城市的带动作用，从中心到外围、从点到轴再到面进行梯度开发，促进不同等级城市的分工联动，最终实现大中小城市各自发展和区域整体发展。当前，嘉陵江流域靠近成渝地区双城经济圈和关中平原城市群的城镇发展较好，沿线城镇化水平整体呈现“两端高、中间低”的梯度特征，城镇化整体水平偏低、城际联系不足、核心城市带动不够、大中小城市各自作用未充分发挥等问题比较明显，导致城镇体系对嘉陵江流域综合发展的引领带动作用不显著。

打造嘉陵江绿色高品质城镇走廊是构建嘉陵江流域生态经济走廊的关键，嘉陵江绿色高品质城镇走廊建设的关键则是强化核心城市带动、促进城际联系联动、提升大中小城市能级并使其发挥各自应有作用。因此，必须充分考虑上中下游城市发展阶段和水平，基于增长极、中心—外围、点轴开发、梯度开发等理论，按照“极点带动、轴线联动”的思路，统筹干支流、上下游、左右岸、核心区—拓展区，依托嘉陵江水道及铁路、公路等骨干交通网络，构筑“一主两辅、多点三纵”的上中下游联动共舞的城镇化格局，提升整体城镇化水平，通过城镇走廊引领嘉陵江流域生态经济走廊全面发展。

做强重庆都市圈“核心主动力”。嘉陵江下游的重庆都市圈是嘉陵江流域发展基础最好、发展水平最高的区域，应主动担当作为，突出内涵式发展，加快提升核心竞争力和综合服务功能，与此同时，梯度向外围城市疏解扩散非核心功能、延长产业分工，强化在嘉陵江流域的龙头带动作用。一要做强重庆中心城区。重庆都市圈具有圈层式空间结构，按照城市联系程度和发展水平，可以分为重庆中心城区和周边城市发展新区。嘉陵江流域范围内的中心城区包括渝中、江北、渝北、沙坪坝、北碚5个区，处于嘉陵江流域城镇体系金字塔尖，集聚了中新（重庆）战略性互联互通示范项目、西部陆海新通道、两江新区、重庆高新区、中国（重庆）自由贸易试验区、西部（重庆）科学城等多个国家级开发开放平台、创新平台、战略平台，在电子信息、汽车、高端装备、数字经济等领域形成了一批具有较强竞争力和较大成长潜力的产业集群。但相比上海都市圈、广州都市圈等沿海都市圈而言，重庆中心城区和重庆都市圈高端要素、高端产业、高端功能集聚能力偏弱，整体竞争力和区域辐射带动力不足。因此，中心城区应充分把握国家推动成渝地区双城经济圈建设重大机遇，聚焦“高精尖”持续发力，按照“以城聚产、以产聚人、产城共融”的思路，全面增强作为嘉陵江流域“圈中之核”“强中之极”的引领作用。要争取更多国家战略力量、战略项目、战略功能布局，推动提升国际化山水都市形象，加强国际城市品牌塑造宣传；要把握要素流动和产业分工规律，瞄准创新链产业链价值链高端，大力集聚高端产业和产业链高端环节；提升国际交往、国际消费、国际枢纽、创新策源等高端功能，在“强自身”过程中强化对嘉陵江流域城镇的“强辐射强带动”。二要做大重庆都市圈城市发展新区。环重庆中心城区的潼南、铜梁、璧山、合川和广安是重庆都市圈的重要组成部分，其中合川和广安位于嘉陵江干线，其他三区是嘉陵江生态经济走廊的拓展区。都市圈发展新区城市能级均不高，城市规模偏小、城市功能不完善，辐射带动周边区域的作用不足，应在成渝地区双城经济圈重庆和成都相向发展进程中加速融圈发展，承接重庆中心城区“内核”功能延伸，提升城市能级，缩小与中心城区的发展差距，强化圈层联动，共同壮大重庆都市圈。合川和广安应提升自身、强化联动，向北辐射带动嘉陵江流域中游地区。合川是重庆都市圈北向辐射的战略支点，渝西（安）高铁（西线）、市郊铁路渝合线等骨干交通线贯穿，汽车、食品消费品工业等优势产业集群初步形成，应立足自身交通物流优势和产业优势，依托新城、渭沱物流园等功能板块，完善升级综合服务功能配套，加快建设辐射带动能力更强的双百城市。广安是《重庆都市圈发展规划》中明确的北部副中心，应加快建设链接成渝双核的大通道，依托川渝高竹新区、合广长协同发展示范区等平台全面融入重庆都市圈发展，建成成渝地区双城经济圈建设示范市，辐射带动嘉陵江支流拓展区达州、巴中发展。璧山、潼南和铜梁属于嘉陵江生态经济走廊拓展区，应切实把握重庆中心城区向西发展和功能外溢机遇，做大城市规模、提升城市能级。璧山与重庆中心城区的联系更为紧密，城市化水平相对较高，应充分发挥璧山高新区（国家级）、西部（重庆）科学城重要板块的平台优势、拟建重庆新机场交通优势、毗邻中心城区区位优势，高效集聚产业、人口及各类生产要素，率先与中心城区同城化。潼南和铜梁作为川渝合作的“桥头堡”，应强化与中心城区通勤便捷、功能互补、产业配套，建设产城融合、职住平衡、生态宜居、交通便利的现代化郊区新城。三要推动重庆都市圈梯度辐射沿线城市。都市圈发展的目的在于辐射带动周边发展。当前，国家正在着力推动超大城市“瘦身健体”，一方面是出于提高超大城市发展内涵、避免无序发展带来的各种“城市病”的考虑，另一方面也是希望通过超大城市功能疏解带动周边发展。重庆都市圈从城市规模上看，无疑是超大城市，且作为嘉陵江流域发展龙头，理应提升城市发展质效，推进城市“瘦身健体”，并在这一过程中，将产业配套、城市配套功能向嘉陵江沿线城市进行战略性腹地式拓展延伸，牵引带动嘉陵江全域城市绿色高质量发展。

培育南充、宝鸡两个城镇发展极。嘉陵江流域上游地区宝鸡经济实力最强，城镇化率最高（接近60%），中游地区南充发展水平高于广元，这两个城市具备率先打造成为区域发展极的基础条件。宝鸡正致力于打造“关中平原城市群副中心城市”，是国家《现代综合交通枢纽体系“十四五”发展规划》中明确的全国性综合交通枢纽城市，是全国三线建设时期重要工业基地，产业发展基础良好，是我国钛工业的摇篮，拥有国家级高新区、综保区、国家外贸转型升级基地等多个“国字号”平台，综合经济实力居陕西省第4位，对周边地区具备一定辐射能力。嘉陵江城镇走廊建设应鼓励支持宝鸡加快建设关中平原城市群副中心城市，发挥全国综合交通枢纽、全国工业基地、国家级平台叠加等综合优势，聚焦钛及新材料、汽车及零部件、优势装备制造、食品工业、商贸物流等优势产业集群，加快产业转型升级、科技创新、对外开放，巩固提升交通枢纽和工业优势，面向嘉陵江上游天水、陇南、汉中等城市，积极传递关中平原城市群和西安功能辐射。南充是成渝地区双城经济圈的川东北区域中心城市，2022年经济体量居四川省第5位、川东北地区第1位，人口超过500万人，居四川省第2位（仅次于成都）、川东北地区第1位。南充应发挥紧邻重庆主城都市区地理优势，持续强化嘉陵江航道开发建设及沿线铁路、公路配套建设，深度融入重庆都市圈要素链产业链价值链分工体系，依托临江新区、四川自由贸易试验区协同改革先行区等平台，积极承接重庆都市圈产业转移配套和城市功能外溢，借力提升自身城市发展能级，联动“万开云”板块，与同为川东北区域中心城市的达州形成联动态势，协同带动成渝地区双城经济圈北翼振兴，梯度辐射嘉陵江中游范围的成渝地区发展。

培育壮大广元、汉中、陇南、天水、绵阳、达州等区域中心城市。在“一核多极”的框架下，要综合考虑嘉陵江干支流联动，培育壮大若干区域发展极，发挥专业功能和节点支撑作用，与重庆都市圈共同构成嘉陵江流域发展的多层次动力系统。广元是国家规划建设的全国性综合交通枢纽城市，“千里嘉陵第一港”广元港是西北内陆地区进入长江最近的港口，千吨轮船可直达重庆、上海等地，中欧班列渝新欧快铁、蓉欧快铁均经过广元，清洁能源富集，是四川省唯一铝基新材料产业发展基地市。广元应重点做强交通枢纽和清洁产业、铝产业核心优势。一方面，加快畅通嘉陵江航道、兰渝铁路、兰海高速公路等构成的铁公水联运通道，提升西北地区商品物资经嘉陵江融入成渝和长江经济带的战略性运输通道能力水平。另一方面，依托三江新区、广元经济技术开发区等开发开放平台，推进产业基础高级化、产业链现代化，优先打造铝基新材料、清洁能源两大优势产业集群，成为中国西部地区铝基新材料产业基地以及嘉陵江流域和成渝地区清洁能源基地。汉中位于长江经济带、黄河流域生态保护和高质量发展、关中平原城市群、成渝地区双城经济圈、汉江生态经济带等国家战略的交会点，战略地位突出，文旅资源丰富，装备制造、现代材料、绿色食品等产业集群初步形成。汉中应发挥连接南北、沟通东西的区位优势，加快构建公铁航一体化、联运式交通网络，打造陕西南下出海、川渝北上西进的西部重要交通物流枢纽，在装备制造、现代材料、绿色食品、文化旅游等优势产业领域与嘉陵江沿线开展深度合作，提升嘉陵江流域产业合力和产业活力。陇南加快推进白龙江航道建设，尽快通航广元融入成渝地区双城经济圈，打造成渝地区双城经济圈联动关中平原城市群的嘉陵江上游航运枢纽，在强化保护的基础上，推动生态、资源、文化优势资源向特色产业转化，完善城市服务功能，逐步实现绿色崛起。天水加快建设甘肃省域副中心城市和关中平原城市群重要节点城市，抢抓国家新时代西部大开发以及东中部产业转移重大机遇，做大做强以电子信息、医药食品、绿色建材为主导的先进制造业基地，做大“羲皇故里”“陇上江南”特色旅游品牌。涪江支流上绵阳持续筑牢四川第二大经济体、中国科技城、国家重要国防科研生产基地等核心优势，着重强化创新研发核心功能，加快建设成都平原区域中心城市，协同重庆都市圈向北辐射嘉陵江流域中上游地区发展。渠江支流上达州充分发挥川渝陕接合部区位优势和陆上交通优势、资源优势，围绕万达开川渝统筹发展示范区建设，大力发展枢纽经济，做强生态产业，打造联动嘉陵江上下游和成渝地区双城经济圈、关中平原城市群的重要节点城市。

打造东中西三条城镇发展纵廊。区域和流域实现“面”上整体发展，不仅需要做大不同层级的“点”上带动极，也需要通过交通轴线将各个节点串联起来，促进人财物等各种生产要素在区域内充分流动，促进城际深度交流联动，构筑城际流动空间，通过点带线、线促面的方式，实现区域和流域整体均衡发展。因此，嘉陵江流域城镇走廊建设必须依托嘉陵江干支流和沿线重要铁路、公路等交通干线，推动上中下游城镇轴带拓展、联动发展，打造东中西三条城镇连绵带，促进胡焕庸线以西的人口向嘉陵江流域集聚，带动嘉陵江流域整体发展，助力“美丽中国中脊带”建设、西南地区和西北地区合作互动。在城镇连绵带打造中，可以根据地理毗邻原则，先推动相邻地区达成共识、抱团发展，再寻求嘉陵江流域范围内更大协同发展。一是打造中线城镇发展纵廊。依托嘉陵江干流、兰渝铁路、兰海高速等交通干线，推动嘉陵江生态经济走廊核心区的4个省市23个县区联动发展，积极承接重庆都市圈、西安都市圈产业和城市功能梯度转移，打造嘉陵江下游地区向北联动中上游地区的沿江城镇连绵发展主轴。推动徽县、两当县、凤县、略阳县、宁强县抱团发展，共同开发铅锌、黄金等矿产资源和杜仲、黄连、当归、木耳等绿色食品药材，做大县域经济，打造带动陕甘毗邻地区发展的县域组团。推动南充顺义区、嘉陵区、高坪区与广安岳池县、武胜县以及重庆合川区组团发展，打造嘉陵江川渝毗邻地区城镇协作示范高地。二是打造西线城镇发展纵廊。依托涪江支流、西成高铁、宝成铁路、渝遂铁路等交通廊道，推动沿线城镇协同发展。重点推动合川、广安、遂宁、绵阳联动发展，增强在成渝地区双城经济圈中的重要节点和战略支点作用，促进重庆都市圈和成都都市圈高效衔接，双圈互动协同向北辐射带动中上游地区发展。三是打造东线城镇发展纵廊。依托渠江支流、渝西高铁、成达万高铁、包茂高速等交通干线，推动重庆都市圈、达州、巴中、汉中、宝鸡串联发展，共同促进绿水青山转化为金山银山。达州、巴中同属成渝地区双城经济圈和川东北地区，协同发展的制度、设施等条件更充足，可以协同深化与重庆“万开云”板块和万达开川渝统筹发展示范区的联动，促进渝东北地区、川东北地区一体化发展，对嘉陵江中游地区形成带动。宝鸡和汉中同属陕西地市，可以抱团深化产业链共建、科技共生、生态共保。

（二）加强县城区和重点镇建设

县城和小城镇是我国城市等级体系的基础链环，作为城市之尾、乡镇之首，是渗透、带动、组织乡村区域经济发展的基础“中心地”，在城市与乡村要素流动、功能互补、经济融合中发挥着难以替代的枢纽节点作用。我国新型城镇化建设不仅强调大城市、中心城市的提质发展，也强调以县城为重要载体，带动乡村振兴、促进城乡融合。嘉陵江流域城镇走廊建设必须重视县城区和重点镇的以城带乡基础节点作用，突出县域经济支撑功能，通过“都市圈—中心城市—县城和重点镇—沿线乡村”的辐射传导链条，探索推动以飞地、区域合作、开发区等布局模式，促进产业梯度转移和布局，辐射带动嘉陵江流域乡村振兴和城乡融合发展。

提升县城承载力。当前，嘉陵江流域县城整体规模偏下、功能不完善、人口和产业吸附力、承载力不足。嘉陵江流域县城建设关键要提升县城承载力，但并不是违背人口流动变化趋势，“一刀切”地盲目建设县城，而是要区分各县城发展情况，推动发展条件好的县城全面提升人口和产业承载力，推动发展条件相对欠缺的县城提升特色产业承载力，强化特色功能支撑。一是完善县城服务能力。利用国家深入推动县城城镇化补短板强弱项和城乡融合发展机遇，推动嘉陵江流域内县城完善城市设施、发展特色产业、提升城市综合服务能力，使县城在嘉陵江流域经济发展、农业转移人口就近城镇化和面上生态保护中发挥更大支撑作用。二是提升县城特色优势特色功能承载。支持具有资源、区位等优势的县城发挥专业特长，培育发展特色经济和支柱产业，强化产业平台支撑，提高就业吸纳能力，发展成为先进制造、商贸流通、文化旅游等专业功能县城。例如，推动汉中宁强县依托高新园区（陕西省级特色园区）、代家坝现代材料园，建设以绿色食药、矿产品加工为重点的专业制造县。推动略阳县发挥黄金储量陕西第二、镍金储量全国第三的资源优势和宝成铁路交通优势，打造特色工贸县。推动宝鸡凤县依托嘉陵江源头文化、广元剑阁重点依托剑门蜀道、南充阆中重点依托阆中古城打造文旅强县。推动广安岳池、武胜两县发挥毗邻重庆主城都市区的区位优势，打造人口和产业承接卫星县城。

加强重点镇和特色小镇建设。建制镇是我国城镇体系不可缺少的部分，镇域经济是城市经济的重要构成。随着我国深入推进以县城为重要载体的城镇化建设，集镇和镇域经济在城镇化中的作用日益被重视。从长三角、珠三角等沿海发达区域来看，省域经济在很大程度上依靠县域经济，县域经济则主要依靠镇域经济，强大且充满活力的镇域经济是东部发达地区与中西部欠发达地区的重要区别。嘉陵江城镇走廊建设应重视镇域发展，学习借鉴东部沿海地区，以特色小镇为平台，培育壮大经济强镇，支撑实现流域内城乡融合发展、城乡共同富裕。一是优先推动流域内国家重点镇发展。推动流域沿线资源环境承载能力强、发展基础和潜力较好的41个国家重点镇加快完善城镇基础设施和公共服务配套，积极探索承接产业转移新模式，高水平发展镇域经济。深入挖掘特色资源，推动沿线国家重点镇大力发展“一镇一品”特色优势产业。此外，特色小镇具有“产业特而强、功能聚而合、形态小而美、体制新而活”等特征，是重要的产业发展平台，沿线城市尤其是县、镇尺度的城市应积极挖掘生态、文旅、产业等优势，打造特色小镇。例如，汉中略阳县深入挖掘不怕苦、不服输、不含糊的“宝成精神”，积极打造徐家坪铁路风情小镇，发展集观光、休闲、康养、研学、体验为一体的旅游新业态，有效带动了群众增收，值得沿线城市借鉴学习。二是推动核心城市功能向镇域延展。推动重庆都市圈和区域中心城市的金融、信息、公共服务、基础设施向县城区继而向重点镇延伸拓展，引导镇与镇之间、镇与城区之间有效融合互动，切实提升城镇在城乡融合发展中的独特支点作用和区域发展中的节点支撑作用。

专栏5-1　嘉陵江流域生态经济走廊全国重点镇

下游范围(11个)：北碚区歇马镇；渝北区统景镇、洛碛镇；合川区钱塘镇、太和镇、三汇镇；广安市岳池县九龙镇、顾县镇、罗渡镇，武胜县沿口镇、街子镇。

中游范围(23个)：南充市顺庆区共兴镇、搬罾镇，高坪区东观镇、长乐镇，嘉陵区吉安镇、大通镇，南部县建兴镇、伏虎镇、升钟镇，蓬安县徐家镇，阆中市河溪镇、水观镇；广元市利州区荣山镇、三堆镇，昭化区柏林沟镇、昭化镇，朝天区羊木镇，剑阁县普安镇、白龙镇、下寺镇，苍溪县陵江镇、元坝镇、歧坪镇。

上游范围(7个)：宝鸡市凤县凤州镇；汉中市宁强县青木川镇，略阳县接官亭镇、黑河镇；陇南市徽县城关镇、江洛镇，两当县城关镇。

（三）推动流域城镇绿色化品质化开放化发展

我国新型城镇化是以人为核心，突出发展质量和效率的城镇化模式。国家国民经济与社会发展“十四五”规划明确提出要转变城市发展方式，提升城市品质。嘉陵江流域城镇发展走过去粗放式扩张道路已不可为继，必须顺应城市发展新理念新趋势，推动流域城镇内涵式发展，提升城市功能品质，增强城镇绿色发展效益和开放发展动力。

推动城镇集约高效绿色发展。“集聚”“集约”是城镇化的核心特征，不仅是发展效率的体现，更是为生态保护腾留更多空间，实现绿色发展的本质要求。嘉陵江是长江流域面积最大的支流，沿线城市生态保护、绿色发展对长江经济带“共抓大保护”具有重要意义。因此，必须突出沿线城镇集约发展和结构转型，促进城镇质量变革、效率变革、动力变革，把

“绿色+”融入城镇发展的方方面面，为国家实现“双碳”目标作出嘉陵江流域贡献。一是强化土地的集约高效利用。土地既是城市发展核心空间要素，也是城市集约发展的关键。城市土地供给是既定和有限的，城市发展不能超过土地承载力，大而无序地扩张，必须综合考虑各种城市功能，科学进行土地配置，提高土地利用效率。严格落实耕地和永久基本农田、生态保护红线、城镇开发边界等管控边界。按照生态环境承载力和城市发展基本规律，推动流域人口和产业从发展效率低的农村地区向大中城市、重点镇等城镇优势开发区域集聚，提高大中城市人口密度、经济密度和规模效应，严格控制城镇空间无序扩张，构建点上集聚、面上保护的国土空间开发利用格局，为嘉陵江流域面上生态保护修复腾留更多空间。二是推动城市结构绿色转型。构建绿色城镇空间体系，强化城区和集镇绿地、公园、绿色廊道等生态设施建设，保护好串联林湖、山水交融的城市“绿脉”。运用绿色技术、新一代信息技术，推动流域范围内城市经济社会各领域结构调整升级，加快构建绿色产业、绿色能源、绿色交通、绿色建筑、绿色社会等绿色城镇体系。

提升城镇综合品质。城市品质已经成为城市竞争力的重要标志，城市不仅仅靠经济实力来吸引人，更是靠优良品质来吸引高层次人才以及由此带来的高端产业、雄厚资金、高新技术等。城市品质大致可以划分为物理空间颜值风貌和人文空间功能服务。嘉陵江沿线城市应以城市更新和县城城镇化补短板强弱项为核心抓手，重塑城镇功能形态，统筹提升城镇品质，提升要素吸附力。一是提升城市美丽风貌和文化魅力。突出具有嘉陵江地域特色的风貌元素，强化城镇山际轮廓线、水岸线、建筑形态、特色风貌风格管控，打造疏密有度、错落有致、显山露水的城镇界面。强化产城景融合发展理念，统筹推进城镇街区、产业园区、名胜景区的有机开发建设，融城于景、城即是景。加快推动重庆嘉陵滨江生态长廊（北起北碚至与合川交界的草街航电枢纽、南至朝天门①），强化滨江生态、滨江游憩、滨江人文等场景建设，将重庆嘉陵滨江生态长廊打造成为嘉陵江流域

① 涵盖北碚、两江新区、江北、沙坪坝、渝中五区，总岸线138千米，总面积约48平方千米。

生态生产生活“三生融合、相生相宜”的标志性范本。二是提升城市文化气质和服务功能。加强历史文化街区、历史建筑和古镇古村落古民居保护修复和活态利用，延续嘉陵江流域两汉文化、三国文化、红色文化等千年文脉。提升沿线城镇综合管理和服务水平，加快补齐城镇市政设施和公共服务设施短板，推进城镇基本公共服务常住人口全覆盖，推进智慧城市、海绵城市等新型城市建设。

积极融入周边国家级城市群开放发展。嘉陵江流域城镇发展水平总体偏低，沿线城市应顺应城镇化发展一般规律，主动南融成渝地区双城经济圈，北联关中平原城市群、兰西城市群，承接辐射带动，借力实现城市战略接续成长。流域内各城市应立足和发挥自身比较优势，深度融入国家城市群的城镇分工体系和产业链、要素链、市场链、创新链、开放链，积极承接三大国家级城市群产业和功能溢出，在三大城市群高质量发展中，寻求发展机会和空间，实现自身城镇发展能级的提升，助推嘉陵江流域生态经济走廊成为破解“胡焕庸线”南北失衡难题以及建设“美丽中国中脊带”的重要承载区域。

三、加强产业带动，打造嘉陵江绿色产业走廊

产业与区域经济发展紧密相关，区域经济起源于对产业和生产力空间布局的研究，产业集聚和产业结构优化历来是区域经济学研究重点，也是区域经济发展重点。确定一个区域或流域的主导产业，需要深刻分析沿线城市产业基础，立足各城市产业比较优势，根据“求同存异”的思路来进行。一方面，区域或流域上下游城市均有发展某个产业的基础和共识，即“求同”，这样才能形成“劲往一处使”的协同发展合力。另一方面，沿线城市在某个产业上必须有产业链细化分工，即“存异”，这样才能取长补短、互补发展，而不至于陷入区域内的无序恶性竞争。嘉陵江流域生态和资源优势突出，嘉陵江绿色产业走廊建设必须立足这一优势，然后按照“求同存异”的思路在重点产业领域深化产业链分工合作，坚持“产业生态化、生态产业化”，把“生态+”“+生态”理念融入三次产业发展全过程，协同推动产业结构转型升级，打造对西部地区和全国高质量发展更具

支撑力的嘉陵江绿色产业走廊。

（一）大力发展绿色制造

制造业是现代化产业体系的核心，我国已逐渐成为全球制造业体系最为完整的国家，致力于推进制造业转型升级，打造制造强国。嘉陵江流域是我国三线建设工业布局重点区域，具备一定的工业基础，且在局部制造业领域形成了区域优势，理应主动积极融入“制造强国”建设大局，紧扣国家高质量发展要求和“双碳”目标，以产业集群化、绿色化、智能化为核心，进一步强化城际分工合作，协同推动流域特色制造业转型升级，把嘉陵江流域打造成助力长江经济带、西部大开发建设的内河绿色制造新兴支撑带。

壮大优势制造产业集群。通过对嘉陵江沿线城市制造业既有产业基础的分析梳理，发现上下游城市将汽车制造、装备制造、消费品工业、生物医药作为主导产业发展，在流域内已经形成了产业集聚。以汽车制造为例，上游的宝鸡是陕西省汽车工业第二强市（次于西安），依托吉利、比亚迪等企业，大力发展新能源与智能网联汽车；下游的重庆都市圈已形成了以“长安系”为龙头、十多家整车企业为骨干、上千家配套企业为支撑的“1+10+1000”汽车产业集群，2022年汽车产量位居全国第四；中游的南充、广元等城市则布局了一批汽车配套企业，重点为成渝地区双城经济圈提供汽车生产配套产品。但总体来看，嘉陵江流域上中下游城市制造业产业基础还比较薄弱，链条发展联动不足，还没有形成流域范围内的产业集群。因此，必须强化产业协同，打造汽车制造、装备制造、消费品工业、生物医药等优势制造业集群，推动产业基础高级化和产业链现代化，引领提升嘉陵江流域制造业竞争力。一是协同打造汽车产业集群。嘉陵江流域应以重庆都市圈和宝鸡为一大一小“双核”，推动汽车配套环节向广元、南充、汉中转移溢出，构建“总部研发在两头、生产配套在中游”的汽车产业分工协同格局。下游重庆都市圈汽车产业过去以传统燃油汽车为主，随着汽车行业升级迭代，重庆正围绕“新能源”和“智能网联”两大方向，加速构建世界级智能网联新能源汽车产业集群，巩固提升作为全国汽车重镇的新优势。重庆都市圈应重点依托两江新区长安、合川区北汽银翔等“链主”企业，推动整车加快向高端化、新能源化、智能网联化和应用共享化转型升级，提升动力电池、电机、电控等关键核心本地配套能力，加强氢燃料电池技术储备，建设国家新能源汽车产业集聚区和车联网先导区。上游重点壮大宝鸡汽车产业，依托宝鸡吉利、法士特集团、岐山秦达等龙头企业，在新能源汽车、天然气重卡等细分市场和零部件制造领域持续扩大优势。中游依托南充市吉利四川、汉中市陕汽等龙头企业，强化轴承、滤清器、车载空调等汽配制造功能。二是协同做强高端装备制造业。大力发展航空装备制造。航空装备制造业属于高端制造业，很大程度上反映了一个国家的整体制造能力和水平，牵引科技创新。党的十八大以来，我国航空装备制造业取得长足进步，航空航天成为我国重点培育壮大的先进制造业集群。嘉陵江流域重庆主城都市区、汉中、宝鸡、南充等城市都在依托自身装备制造基础，大力发展航空航天装备，应依托两江新区航空航天产业园、两江航投集团，汉中的航空经济技术开发区（航空智慧新城）、中航工业陕飞公司，宝鸡的航空装备产业园、宝成航空仪表，南充中景航天等园区和重点企业，发展航空航天等高端装备及核心零部件研发、生产、服务。推动宝鸡钛、广元铝等新材料在航空航天领域的研发应用。大力发展数控机床，发挥重庆机床、汉江机床、秦川机床（位于宝鸡）等龙头企业带动作用，提升发展齿轮加工、精密仪器等机床业，培育发展高速钻攻中心等高档数控机床企业。大力发展轨道交通制造，鼓励重庆中车时代电气、重庆长客轨道车辆有限公司以及宝鸡的中铁宝桥、中车时代等企业，聚焦山地城市应用场景，加强轨道技术研发，提升跨坐式单轨、As型地铁、双流制车等轨道交通车辆竞争力。三是协同壮大绿色消费品工业集群。嘉陵江流域雨水充沛，为区域农业生产提供了得天独厚的条件，生物资源丰富、农业基础良好，流域内拥有众多国家地理标志产品，宝鸡的奶山羊、猕猴桃，陇南的油橄榄，广元的富硒茶，苍溪的红心猕猴桃，南充的丝绸等产品产量及品质均居区域甚至全国前列、畅销国内外。沿线城市应立足自身农业特色优势，紧扣国内消费升级趋势，大力发展消费品加工，提升合川桃片、宝鸡“西凤酒”、汉中谢村黄酒、南充丝纺和保宁醋等特色产品市场效应，共育“嘉陵牌”绿色消费品区域品牌。四是协同提升生物医药产业集群。嘉陵江流域药材资源丰富，盛产石斛、沙参、杜仲、茯苓、天麻等道地中药材，应发挥优势，主动融入“健康中国”建设，抓住国家大力扶持中医药和生物医药发展机遇，主动对接融入成渝地区双城经济圈西部大健康产业基地建设，壮大以中药为主的生物医药产业集群。推动流域内中药材生产基地规模化、标准化建设，引进实施一批中药材精深加工项目，提升中成药及制剂生产、中药材提取、现代中药饮片加工能力，开发一批具有竞争力的创新医药产品。此外，要充分利用流域装备制造业优势，加快发展医药器械产业。

推动制造业绿色化智能化升级。制造业高质量发展是我国经济高质量发展的重中之重，绿色化、智能化是制造业高质量发展的必然趋势和必然要求，推动制造业优化升级、深入实施智能制造和绿色制造工程是我国国民经济与社会发展“十四五”规划明确的重点任务，嘉陵江流域城市应紧扣国家要求，协同推动制造业绿色智能转型升级。一是推动制造业绿色化发展。制造业绿色化发展应该建立全周期、全过程理念，在招商引资、生产制造环节深入实行绿色管控。嘉陵江绿色产业走廊建设应深入实施绿色制造工程，全面落实环保“三同时”制度，严格执行产业禁投清单，加强工业污染源在线监测监控，加快淘汰落后产能和污染企业，坚决遏制高耗能高排放项目盲目发展。推进清洁生产，加快采用节能低碳环保技术推动流域内传统产业循环化、清洁化改造升级，推动无毒无害原料替代使用与危险废物治理、生产过程废气处理处置及资源化综合利用，推进热电联产提供能源。鼓励制造业企业优化产品设计、生产、使用、维修、回收、处置流程，逐步实现产品全生命周期绿色管理。深化园区和工厂绿色化、循环化改造，建设一批绿色园区、绿色工厂。二是推动制造业智能化升级。深入实施智能制造工程，发挥重庆都市圈和宝鸡所处的关中平原城市群的示范引领效应，带动嘉陵江流域城市积极运用大数据、人工智能、云计算、物联网、区块链等新一代信息技术，持续推动以智能化改造为重点的智能制造。推动数字技术“进企业、入车间”，开展制造企业“上云用数赋智”试点示范，建设一批技术水平高、示范作用显著的数字化车间、5G全链接工厂、国家级智能制造示范工厂、智慧园区等。推动制造核心环节的设备、系统、数据互联互通，促进智能生产优化。

提档升级产业发展平台。高能级、高质效的产业平台是产业高质量发展的有力载体。平台经济作为产业经济新的重要形态，正深刻改变着生产力组织方式、企业经营方式和人们的生活方式，在高质量发展中发挥着越来越重要的作用。当前，嘉陵江流域除重庆中心城区外，其他区域城市产业平台整体层级不高，需结合产业未来发展方向和目标进行提档升级。一是提升现有国家战略平台质效。对标国际国内先进标准，推动流域内国家级平台提升能级，增强要素和项目集聚力承载力。推动内陆首个、嘉陵江流域内唯一的国家级新区——两江新区统筹用好国家级新区、自贸区、综保区以及两江协同创新区、国际园区、中新互联互通项目等功能平台和西部陆海新通道等开放通道，持续提升在国家开放平台体系中的层级，增强对包含嘉陵江流域在内的西部地区乃至全国高质量发展的引领作用。推动提升宝鸡高新区、综保区等国字平台核心功能，重点支持推动宝鸡高新区聚焦钛产业链发展，引进国内外顶级研发团队和龙头企业，从“中国钛谷”向“世界钛都”迈进。推动南充现代物流园提档升级，加快建设区域交通物流中心、做强综合物流枢纽。推动广元、广安和汉中等城市的国家级经开区完善提升产业承载、创新带动、开放引领等核心功能，联动两江新区，服务支撑嘉陵江流域产业链共建、创新共享、开放共推。二是新增布局高层次产业平台。推动合川高新区、南充高新区完善园区基础设施，聚焦成渝地区双城经济圈和嘉陵江流域产业发展导向，聚焦汽车、装备制造、新材料、数字经济等优势领域，大力引进布局国家重点实验室、企业技术创新中心、科创企业孵化园等创新平台，集聚创新人才，培育高新技术企业，加快争取由省市级高新区升级为国家级高新区。推动陇南经开区打造成为百亿园区，推动汉中、南充加快建设综合保税区，打造内陆无水港。三是深化园区合作引领产业链共建。推广复制成渝地区双城经济圈园区合作共建经验，推动嘉陵江流域各类园区跨省市合作交流。发挥国家级园区龙头带动作用，探索围绕产业链共建打造“品牌园+

合作园”园区共同体，创新共同招商引资以及跨区域GDP、工业产值、税收等经济指标在品牌园与合作园之间分计共享，深化园区间先进管理经验共享。

（二）积极发展现代服务业

服务业是现代产业体系的重要组成部分，近年来我国服务业规模日益壮大，已经由辅助和从属地位跃升为国民经济第一大产业，成为中国经济稳定增长的重要基础。嘉陵江流域服务业与全国同步发展，呈规模不断扩大且生产性、生活性服务业均向前升级的态势，但总体看，与长江经济带高质量发展要求还存在较大差距。嘉陵江流域应顺应产业转型和消费升级趋势，推动生产性服务业向专业化和融合化发展、生活性服务业向品质化和多样化升级。根据流域发展客观所需，优先发展壮大现代物流、现代金融和现代商贸业，引领构建优质高效的流域服务业新体系，更好地助力流域现代产业体系建设。

大力发展现代物流业。嘉陵江自上而下串联起陕西、甘肃、四川、重庆四省市，连接黄河流域和长江流域、沟通西南和西北，是长江水系的水运主通道和国家重要战备航道，物流战略地位突出。随着西部大开发的深入推进，西南和西北经济社会快速发展，彼此间的交流互动日益频繁，要求重振嘉陵江这条联系大动脉的需求渐增、呼声渐隆。因此，从更好地促进新时代西部大开发、长江经济带发展和国家区域均衡发展的大局出发，必须提振嘉陵江现代物流业。沿线城市应依托嘉陵江水道和流域范围内的铁路、公路、机场等交通网络，大力发展现代物流业，加快集聚生产要素，稳定畅通供应链，支撑流域高质量发展。一是加快物流枢纽平台设施建设。深入推进重庆水陆空三型、宝鸡生产服务型国家物流枢纽建设，发挥核心作用，牵引嘉陵江流域物流业发展。高标准、高起点智能化建设渭沱综合物流园，将渭沱物流园打造成“综合物流+加工制造+展示交易”的综合型物流园区，增强对川东北和西北地区的物资集散能力。加快南充、达州、宝鸡、天水等城市物流园区建设，加快广元港、南充港、广安港等港口和汉中、宝鸡等内陆港建设，支持广元高兴铁路货场打造全国二级铁路物流节点，发挥物流区域节点作用。围绕嘉陵江流域智能制造、能源化工、新材料、电子信息、生物医药等对原材料和产品的需求，建设专业市场，发展大宗物流。例如，依托宝鸡西北煤炭物流园区，发挥宝鸡陇海铁路、宝成铁路、宝麟铁路、宝中铁路、宝西高铁、宝兰高铁等多条铁路交会优势，打通西北煤炭转销西南地区的运输通道，发展煤炭大宗物流。鼓励支持广元围绕铝基新材料，建设好集原材料生产加工、货物商贸物流、供应链服务于一体的中国西部（广元）铝锭交易中心，提升集货仓储、展示交易、物流配送、金融服务综合服务功能。二是加快发展多式联运。加快构建设施完善、功能齐备的多式联运集疏运设施体系，推进铁路、公路、机场、港口、物流园区、产业园区间的连接线建设，提升物流效率。依托嘉陵江航运、兰渝铁路、宝成铁路以及沿线公路，打通疆煤、陕煤等西北大宗商品物资经川渝进入长江经济带的公铁水联运新通道。三是大力发展智慧物流。推动港口码头、货运场站、物流园区等物流设施智慧化改造。共同建设智慧物流信息平台，强化货物、场站、物流园区、企业等物流数字要素和资源采集，推动沿线城市多式联运信息互联互通，并与省级物流信息平台对接，实现流域跨省市跨部门跨行业物流信息共享，提升物流运营组织和调度能力，推动区域物流降本增效。四是引进培育现代物流企业。引进培育专业化、社会化的大型物流企业，提升物流企业规模化集约化水平。推动沿线城市协同组建长江上游港口联盟，支持国内知名物流企业设立区域总部或分支机构。组建嘉陵江流域沿线城市物流企业联盟，吸引贸易销售、仓储运输、物流配送、金融结算等物流供应链上下游跨行业企业加入，提供一体化全生态物流服务。

大力发展现代金融业。金融是现代经济的血液，金融活、经济活。嘉陵江流域整体经济发展阶段滞后，要推动和实现高质量发展，需要主动融入成渝地区共建西部金融中心，借机推动金融业发展，更好地服务实体经济发展。一是完善金融机构。积极争取各类金融牌照和优质金融资源，大力培育引进银行、保险公司、证券公司、金融控股公司、商业保理公司等法人金融机构，鼓励重庆、成都、西安的优质地方银行（如重庆银行、成都银行、西安银行）在嘉陵江中上游沿线城市开设分支机构或区域性总部。推动沿线城市积极引育会计审计、法律咨询、资产评估等金融中介服务组织，为资金融通提供良好的中介专业服务。推动沿线村镇银行差异化特色化经营，提升金融服务水平。二是加快发展新兴金融。深刻把握金融业发展未来大势与方向，结合嘉陵江流域实际，前瞻性发展绿色金融、物流金融、数字金融等新兴金融。沿线城市应聚焦嘉陵江流域绿色发展，积极对接融入重庆绿色金融改革创新试验区建设，完善绿色金融政策体系和绿色金融平台，加快发展绿色信贷、绿色债券、绿色保险、绿色基金、碳金融、林业金融等绿色金融产品，助推经济绿色转型和生态资源有效转化增值。把握国家大力发展数字经济机遇，推动重庆作为金融科技应用试点城市和数字人民币试点城市的政策效应。以合川、广安为节点，溯流而上向嘉陵江中上游城市外溢，推动沿线城市发展线上金融，为企业提供便捷多样的金融产品和服务。聚焦嘉陵江内河物流发展，加快发展物流金融，助力稳定供应链。

提质发展现代商贸业。扩大内需已经成为我国经济发展的战略基点，建设现代商贸流通体系，促进形成强大国内市场是国家经济高质量发展的重点任务。嘉陵江流域覆盖面积广、人口众多，现代商贸和内需消费发展潜力巨大，但受制于消费设施和场景建设落后、消费新业态新模式运用不够等，城乡居民消费活力还未充分释放出来，应紧扣扩大内需战略基点和居民消费升级趋势，推动流域城市商贸服务业品质化发展，激发城乡居民消费活力和潜力。一是提档升级商贸载体。川渝范围城市聚焦建设富有巴蜀特色的国际消费目的地，高标准打造商贸载体。以解放碑国家示范步行街为引领，带动江北观音桥、渝北光环等重庆主城都市区商圈优化商圈景观、完善消费设施，加快集聚国际一流消费品牌，大力布局智慧型、融合型、体验型、国际化消费新业态，持续发展首店经济，共同打造吸引全球消费客群的国际消费目的地核心承载区。上游陕甘范围城市，承接关中平原城市群辐射，主动对接融入西安建设国际消费中心城市试点，加快推动商业综合体提档升级。此外，沿线城市应充分挖掘自身文化、民族、美食等特色，打造一批底蕴深厚、特色鲜明、文旅融合的商业名街名镇。高标准打造一批专业市场、智慧潮流商圈、夜市街区，促进商业网点网络化，实现区域多级联动发展。二是促进传统商贸升级、培育新兴商贸业态。推动大型传统商贸企业转型，线上线下融合发展；引导传统商场向“小而美”主题商业转型，支持品牌专卖店向功能更加复合的旗舰店、概念店升级。积极培育新兴商务业态，强化体验型、个性化消费。发展精品零售和无人零售等新零售模式，鼓励区域中心城市积极引进品牌首店、高端定制店等，大力发展消费精品首发、首秀、首展，推动发展蕴含嘉陵江文化、承载城市记忆的特色小店，积极发展线上消费、无人超市等无人零售模式。以渝中、宝鸡物流电商产业园、陇南电子商务产业孵化园等国家电子商务示范基地为龙头，壮大发展电商平台，拓展电商新模式新业态。以重庆、宝鸡建设国家跨境电子商务综合试验区为引领，联动中新（重庆）跨境电商产业园、合川跨境电商（出口加工）产业园、汉中电子商务产业园和南充跨境电子商务综合试验区（四川省级）等平台，大力发展跨境电商，推动嘉陵江流域优质产品走出国门和国外优质产品引入域内。

培育发展健康服务业。健康是促进人全面发展的必然要求，是经济社会发展的基础条件；实现国民健康长寿，是国家富强、民族振兴的重要标志，也是全国各族人民的共同愿望。党的二十大报告提出“把保障人民健康放在优先发展的战略位置”，建设“健康中国”，大力发展健康服务业是我国新时代高质量发展的必然选择。当前，嘉陵江流域健康服务供给总体不足与需求不断增长之间的矛盾依然突出，应立足和发挥得天独厚的自然气候、生物药材资源等先天优势，积极培育发展健康服务业，助力健康中国建设。一是强化健康服务业设施和平台支撑。总体看，受经济发展水平影响，嘉陵江流域健康服务业硬件设施还较为落后，且优质资源集中在下游重庆主城区，中游和上游城市优质健康服务资源较为欠缺。应加强沿线城市优质医疗资源扩容和均衡布局，重点在中上游城市建设一批三甲医院和特色医院，打造人民群众满意的医疗卫生健康体系。围绕产业发展方向和市场主体实际需求，协同打造产业信息库、产业联盟等对接服务平台，引导健康服务业企业联合建立战略共同体，促进项目招商、技术帮扶、产业链延伸、资金落实等共建共享。推进建设一批业态集聚、功能多样、特色鲜明的现代健康服务业园区、产业综合体、康养基地。二是培育壮大健康服务业市场主体。鼓励沿线城市发挥嘉陵江流域“大山大水大森林、好山好水好生态”的特质，依托健康服务产业平台，加快在医疗服务、健康养老、健康信息、养生旅游、健康管理等领域引进和培育行业龙头企业、细分领域高精尖企业和产业链配套企业，聚焦健康服务产业上市公司强化招商引资，推进一批重大康养服务产业项目签约建设。支持鼓励广元持续提升医疗卫生机构、养老服务机构康复医疗水平，建设川陕甘接合部区域医疗中心。三是提升健康服务业融合发展水平。推进“健康+”“+健康”，加快促进医疗健康与养老、旅游、休闲体育、健康食品等产业深度融合，培育壮大健康产业会展、论坛及健康教育等新业态。促进信息技术与健康产业深度融合，充分利用穿戴式智能设备、移动终端等提供个性化健康管理服务，打造数字化的健康产品研发、软件开发、远程问诊、数据存储等健康服务产业链。

（三）持续做优现代高效农业

农业是国民经济基础产业，不仅是人类生存的基础，也为各行业发展提供初级产品。习近平总书记指出，“农业强国是社会主义现代化强国的根基。农业是基础，基础不牢大厦不稳。无论社会现代化程度有多高，14亿多人口的粮食和重要农产品稳定供给始终是头等大事”。[①]嘉陵江流域是我国重要农业生产供给基地之一，应围绕西部地区乃至全国人民绿色健康消费需求，深化农业合作，提高现代农业发展规模、效率和竞争力，共同保障优质农产品供给，共育西部地区现代高效特色农业带，助力农业强国建设。

增强区域粮食安全保障能力。“民以食为天，食以安为先”，粮食安全历来是党中央和国家高度关注的问题。嘉陵江沿线尤其是上中游地区以农业大市为主，嘉陵江流域是国家粮食安全的重要组成部分，沿线城市应深入贯彻落实国家“藏粮于地、藏粮于技”战略，协力增强区域粮食安全保障能力，助力“把中国人的饭碗牢牢端在自己手上”。一是全力推动“藏

① 引用自习近平总书记发表在2023年第6期《求是》上的文章《加快建设农业强国推进农业农村现代化》。

粮于地”。把党中央部署的一系列“藏粮于地”措施落实到田间地头，保护好耕地这个命根子。严守耕地红线，采取“长牙齿”的硬措施，落实最严格的耕地保护制度，坚决遏制耕地“非农化”、防止“非粮化”。以国土空间规划“双评价”成果为依据，启动实施耕地资源开发供给工作，充分挖掘流域各城市土地资源潜力，宜农则农、宜林则林，加强农林用地开发利用，进一步拓展农林用地规模，同步治理水土流失、沙化土地，坚决防止弃耕丢牧现象，最大限度盘活土地资源。深入推进高标准农田建设，共同提高嘉陵江流域耕地质量。二是全力推动“藏粮于技”。把农业科技摆在突出位置，持续推进农业科技创新与推广应用，用现代设施装备农业、用现代科学技术改造农业、用现代管理方法管理农业，推动流域从传统农业向现代农业升级。依托沿线城市高等院校和农科院所，强化山地丘陵农机装备、良种等研发推广。深化陕西、甘肃、四川、重庆四省市协同，以重庆农科院、西南大学为龙头，深化沿线城市高等院校、科研院所、农业科技园等平台农业科技对接，聚焦嘉陵江农业提质增效，联合争取一批国家区域性农产品加工技术研发中心、重点实验室、农业高新技术企业孵化器等农业创新平台，联合申报国家级农业科技项目。提高农业信息化水平，加快推进大数据、互联网、物联网等在农业领域中的应用，大力推广运用无人机、田间感应控制设备等智能化农业机械，打造一批智慧农业示范基地。

壮大区域优势农业集群。产业集群作为一种生产组织形式，能够更加有效地配置资源，促进区域产业提升竞争力，集群化发展是实现产业现代化的必经路径，农业实现现代化发展也不例外。嘉陵江流域农业现代化发展应立足和充分挖掘沿线城市特色资源，强化协同，突出品牌打造，持续做优优势农业集群，服务国家构建多元化食物供给体系。一是协同打造四大特色农业带。以平坝和浅丘地区为重点，中下游融入川渝现代高效特色农业带建设，上游侧重衔接关中平原城市群，强化上中下游农业协作、共融发展，协同壮大绿色果菜、经济林、生态畜牧、特色中药材等优势农业。打造嘉陵江优质柑橘产业带，覆盖北碚、合川、广安、南充、广元、汉中。其中，北碚拥有中国农业科学院柑桔研究所（西南大学柑桔研究所）、国家数字种植（柑橘）创新分中心等重要研发平台，其他城市是重要柑橘种植地和加工地，南充更是被誉为“中国晚熟柑橘之乡”，区域具备柑橘产业链分工合作基础。鉴于此，可以打造嘉陵江中下游柑橘产业带，支持北碚依托国家柑橘种质资源圃（中柑所）强化柑橘良种保护和培育，打造全国柑橘研发中心；支持其他城市建设柑橘种植和深加工基地，重点提升南充晚熟柑橘生产基地地位。打造蚕桑产业带，核心范围包括北碚、合川、南充，构建“北碚（研发科普）+南充、合川（蚕桑种养、丝蚕生产）”的蚕桑丝绸全产业链。北碚重点依托重庆市蚕科院、西南大学家蚕基因组生物学国家重点实验室等研发平台，强化蚕桑品种选育研发，建设一批蚕桑科普文化基地。擦亮南充“蚕桑之乡”“丝绸之城”的蚕桑种养、加工、集散等功能，打造全自动小蚕饲育示范区，建设蚕桑丝绸博物馆，深化“蚕桑+工业+文化+旅游”融合发展。合川发挥祥飞蚕桑龙头企业带动作用，重点扩大蚕桑种养规模，推进桑果、桑叶的多元化利用。鼓励沿线城镇建设一批蚕桑丝绸小镇。打造嘉陵江上游特色经济林业带，范围包括陇南、宝鸡、汉中。陇南是全国最大油橄榄生产基地，被誉为世界顶级油橄榄黄金产区；宝鸡是全国最大猕猴桃和矮砧苹果产业基地，汉中着力打造茶叶、中药材、食用菌3个单项冠军产业。基于以上基础，应支持陇南油橄榄、宝鸡猕猴桃和矮砧苹果、汉中茶等特色经济林木产业扩规延链增效，调结构、优品质。打造优质道地中药材产业带，范围包括嘉陵江全流域，推进沿线城市中药材产业转型升级，提升道地药材标准体系，开展从规范化种植、提取物到药品生产及其衍生品的全产业链开发。二是提升特色农业品牌。实施品牌战略，不断提升区域优势农业品牌的美誉度和影响力，以品牌提升促进价值提升。加强农产品“三品一标”建设，完善农产品从生产、流通到消费的质量全程追溯体系，推进标准化生产和全程质量监管，提高农产品品质。鼓励发展生态农业、设施农业、体验农业、定制农业，提高产品档次和附加值。加强特色农产品品种培优、品质提升，协同深化特色农产品精深加工，以全产业链思维持续擦亮合川凤山米、合川“桃片”、南充“中国蚕丝被之乡”、广元苍溪红心猕猴桃、“汉中仙毫”茶叶、宝鸡奶山羊、陇南油橄榄等产品品牌，借助西部陆海新通道、中欧班列等国际通道和《区域全面经济伙伴关系协定》（*Regional Com-prehensive Economic Partnership*，RCEP）等走出国门、走向世界。

健全新型农业经营体系。培育壮大新型农业经营主体，对推进农业供给侧结构性改革、转变农业发展方式、促进农民持续增收、增强农业农村发展新动能具有十分重要的意义。嘉陵江流域长期以来以小规模、分散经营为主的传统农业生产方式，已越来越难以适应现代农业发展的要求，构建与现阶段生产力发展水平相适应的新型农业经营体系成为嘉陵江流域农业现代化的重大任务，应着力健全家庭经营、集体经营、合作经营、企业经营等共同发展的新型农业经营体系，提高农业的集约化、专业化、组织化、社会化水平。一是培育新型农业经营主体。积极培育种粮大户、家庭农场、农民专业合作社、农业产业化龙头企业等新型粮食生产经营主体，培育现代新型职业农民。鼓励工商资本到农村投资适合产业化、规模化经营的农业项目，与当地农户形成互惠共赢的产业共同体。鼓励支持有实力的合作社、龙头企业流转土地、整治撂荒地实现规模经营。二是推广农业社会化服务。支持农业服务公司、农民合作社等开展农技推广、土地托管、代耕代种、统防统治、烘干收储、农产品初加工等农业生产性服务。整合农业社会化服务标准、物质装备、品种资源、农资供给、人才资源等各方面要素，建设农业社会化服务平台，提高资源配置水平和社会化服务能力。推行合作式、订单式、托管式等粮食生产经营模式，提高粮食生产社会化服务水平。三是完善升级农业平台载体。推动沿线城市农业发展平台升级，协同争取布局一批现代农业园区、农业科技园区、田园综合体等，如推动合川创建粮油主导型国家级现代农业产业园、国家级现代油橄榄产业园等。推动沿线城市依托自身物流园强化农产品分拣、加工、包装、预冷等一体化集配设施建设，搭建一批农产品产销平台。发挥合川作为中欧班列（渝新欧）综合物流服务“首站”功能，依托渭沱物流园，带动嘉陵江沿线城市大力发展农产品国际物流和冷链物流，融入国内国际农业大市场。

（四）加强流域产业分工协作

把握流域产业高质量发展的开放特性，推动在开放中促进产业共同发展、在合作中促进产业协同优化，强化上中下游产业协作联动、链条共建，推动嘉陵江流域生态经济走廊绿色产业全面融入国家现代产业体系和国家重大战略布局，推动形成开放型经济高质量发展的强劲合力。

深化流域内部产业分工。产业协作是流域协同的关键，从根本上决定着嘉陵江流域生态经济走廊的构建。沿线城市应该合力为嘉陵江流域产业协作创造良好的平台和机制。一是搭建流域内产业协作平台。借鉴成渝地区双城经济圈建设经验，以毗邻地区和先进制造业为重点，围绕嘉陵江流域有基础有条件协同壮大的汽车产业、高端装备制造业、绿色消费品工业、生物医药产业等制造业集群，探索以共同出资设立、“一区多园”、“飞地经济”等模式建设产业合作示范园区。发挥产业合作示范园区的平台效应，促进流域内产业优化布局、产业生态构建，实现产业合理分工、高效协作、集群成链发展。二是建立流域内产业协作机制。沿线省市应协同建立常态化的党政联席会议制度，下设产业协作专班，共商共议、统筹推进嘉陵江流域内产业规划布局、重大产业项目、产业配套服务一体化建设等事项。可围绕共同关切的产业，联合出台嘉陵江流域促进产业高质量发展的实施方案，在发展目标、发展方向上凝聚共识和行动力量。探索经济区与行政区适度分离改革，产业项目联合招商机制以及“一区多园”“飞地经济”GDP和税收分计、利益分享、成本分担机制，实现城市“共赢”。

深化国内外产业承接。产业分工协作不仅包括流域内部的协作，也包括积极融入服务“双循环”新发展格局和国家重大战略布局，深化国内外产业转移承接，在产业承接中夯实流域产业基础，助力国家现代化产业体系建设。一是立足比较优势承接产业转移。聚焦嘉陵江流域既有产业基础以及劳动力、成本、资源禀赋等优势，重点承接成本敏感型、劳动密集型、境外原产地需求型出口加工产业和资源型进口加工产业，尤其是汽车、装备制造、绿色消费品等主导产业集群发展，大力承接产业链薄弱和缺失的关键环节。下游的重庆主城区发挥“领头羊”作用，突出承接研发、市场等价值链高端环节，重点强化对接中央企业和东部地区头部企业，强化战略性产业和环节备份，打造我国产业向外转移的“拦水坝”。中游和上游城市强化特色配套环节的产业和企业承接，上中下游形成分梯度、系统化的承接产业转移体系，更好地服务国家战略。二是营造市场化法治化国际化营商环境。营商环境已经成为影响产业布局和集聚的重要制度性要素，嘉陵江流域整体落后，沿线城市应强化学习思维，对标东部地区和国际一流标准，不断优化流域营商环境。紧扣产业和企业转移的关切问题，建立对转移企业的全生命周期服务体制，重点围绕市场准入、审批制度改革、审批服务、贸易通关、公用事业、政商关系等方面持续创新服务方式，提升服务效率。尤其是重庆主城都市区应将数字重庆建设的经验做法向中下游城市推介，帮助中下游城市建设数字城市，丰富智能服务、智慧服务等政务商务应用场景，营造便捷高效的数字化营商环境，“让数据多跑路、让企业少跑腿”。

四、促进文旅融合，协同打造嘉陵江国际旅游目的地

文旅产业是国民经济战略性支柱产业，在促进经济结构转型升级、产业发展提质增效、满足人民美好生活需要等方面发挥着重要作用。特别是我国进入高质量发展新阶段，人民需求层次不断提升，对生态环境资源和历史人文资源更加看重，促使以文旅、健康、生态为代表的新产业新业态加快发展，逐步成为拉动区域经济增长的新引擎。嘉陵江流域地处我国羌藏文化、巴蜀文化、秦陇文化与荆楚文化交汇地带，跨越了我国地理的二、三级台阶，穿越了我国南北地理分界线（秦岭—淮河），自然风光和人文景观既有南方的清秀，又有北方的雄浑，交通大通道古有嘉陵道、荔枝道等古蜀道连接上下游，今有兰渝铁路、兰海高速等大动脉纵贯全流域，既有丰富的旅游资源，也有区域旅游合作的基础设施支撑，具备一定的合作基础。因此，要以资源要素整合、产品服务创新为着力点，深入实施“旅游+”“+旅游”战略，全面推进流域景区景点迭代升级，加快补齐旅游基础设施和公共服务设施短板，加强跨区域旅游联动发展，推动文旅资源共享、线路共推、客源互送、市场共建，协同打造产业、城市、景区

融合发展的国际旅游目的地，带动嘉陵江流域产业转型升级和城市提质增效。

（一）强化跨区域文化旅游联动发展

跨区域旅游合作核心是打破行政区划限制，在更大范围将景区、旅游产品、交通服务等资源进行整合，优化旅游资源配置，促进旅游资源跨区域自由流动，从而实现资源共享、市场共享。目前，在国家重大区域发展战略推动下，构筑区域联动大旅游，实现跨区域旅游景区资源共享、优势互补、协同发展、和谐共生，已经成为推动区域旅游业高质量发展的重要途径。嘉陵江流域作为跨区域空间尺度大的区域，要想推动旅游业高质量发展，就必须积极对接成渝地区双城经济圈建设、黄河流域生态保护和高质量发展等国家重大区域发展战略，积极融入巴蜀文化旅游走廊、丝绸之路旅游带、黄河文化旅游带建设，协同打造一批跨区域景区群，共同推出一批跨区域主题旅游线路，建立跨区域旅游合作机制，共同宣传推广旅游品牌，促进区域旅游一体化高质量发展。

联合打造六大景区群。嘉陵江流域南北跨度大，导致沿线自然景观和人文景观差异明显。因此，要立足区域旅游资源禀赋、比较优势，实施差异化、特色化发展战略，着力构建六大景区群，实现优势互补、协同发展。一是重庆都市圈景区群。聚焦“山水之城·魔幻之都”主题，深度挖掘“山城”“江城”山水人文资源，规划建设歌乐山·磁器口大景区，提档升级合川钓鱼城、铁山坪森林公园，积极创建国家5A级旅游景区。依托解放碑、观音桥等商圈，创建一批国家级旅游休闲街区、国家级夜间文化和旅游消费集聚区，做响美食购物之都品牌。依托北碚区十里温泉城，创建国家级旅游度假区，创新发展“温泉+康复”“温泉+娱乐”“温泉+文创”等产品和业态，打造世界温泉谷。充分发挥红色旅游资源优势，联动广安共同打造歌乐山红色大景区、邓小平故里等精品旅游景区，积极争创全国红色旅游融合发展示范区，打造红色教育新高地。二是广元—南充景区群。发挥地处嘉陵江主干线区位优势，以山、水、城和谐共生为主题，联动开发滨湖休闲、峡谷观光、亲水漫游、户外运动、山地滑雪等文化旅游产品和线路，共建嘉陵江生态文化旅游带。着力推进国家A级旅游景区、旅游度假区、生态旅游示范区提档升级，加快建成曾家山国家级旅游度假区，尽快启动米仓山大峡谷创建国家5A级旅游景区，全面启动印象嘉陵江旅游度假区建设，促进由观光旅游向休闲度假旅游转型。三是天水—陇南景区群。依托天水麦积山、陇南官鹅沟等国家5A级旅游景区，挖掘高山峡谷、冰雪温泉、山水人文等旅游资源，协同打造集山水生态观光、民俗风情体验、生态健康养生、休闲娱乐度假于一体的景区群。实施长征国家文化公园、黄河国家文化公园建设，联动黄河流域文化旅游高质量发展带、丝绸之路文化旅游产业带，讲好长征、黄河、丝路故事。四是巴中—达州景区群。以创建国家级旅游度假区、国家5A级旅游景区、国家生态旅游示范区为抓手，全面提升光雾山国家5A级旅游景区、光雾山—诺水河世界地质公园综合承载能力和服务品质，重点推动川陕苏区王坪创建国家5A级旅游景区，推动巴山大峡谷、八台山等景区创建国家4A级旅游景区，培育核心文旅品牌。依托川陕苏区将帅碑林、神剑园、巴山红军公园等红色旅游景点，打造“红色+教育”“红色+纪念”“红色+休闲”等特色鲜明的红色旅游精品景区，建设具有全国影响力的爱国主义教育和红色文化传承示范基地。五是宝鸡—汉中景区群。巩固提升太白山和法门寺国家5A级旅游景区管理水平，推动太白山申报世界自然遗产、世界地质公园，加快关山草原、大水川—九龙山、张良庙—紫柏山等创建国家5A级旅游景区，提升景区辐射带动能级。深度挖掘周秦文化、三国文化、秦岭山水等旅游资源，重点开发秦蜀古道自然旅游、两汉三国文化旅游、汉江溯源人文旅游、秦巴生态康养旅游等多元化旅游度假产品，着力塑造“朱鹮之乡”“熊猫家园”等旅游名片，大力提升景区品牌知名度和影响力。六是绵阳—遂宁—潼南景区群。以涪江为纽带，推动潼南、遂宁、绵阳携手共建“涪江诗画长廊”，推动大佛寺、双江古镇、梓潼七曲山等积极创建国家 5A级旅游景区，推动中国死海、观音湖等创建国家级旅游度假区，大力发展滨水度假、城市休闲、民俗体验、亲水运动等业态。依托陈抟故里、子昂故里、李白故里以及舍得酒文化旅游区等景区，发展宗教探秘、唐诗寻宗、酒文化溯源等旅游业态，做响遂宁国际诗歌周、涪江文化艺术节等节会品牌，争取承办中国诗歌节，共同打造涪江国际休闲旅游度假区。

共同打造三大主题旅游精品线路。根据流域旅游资源禀赋特质和区位条件，以特色文化旅游资源为基点，串点成线，以线带面，打造生态体验、历史文化、红色教育三大主题旅游线路。一是共同打造生态体验主题旅游线路。依托山水、森林、温泉、地质地貌等自然资源，构建铁山坪森林公园—广安华蓥山旅游区—南充印象嘉陵江旅游度假区—广元曾家山国家级旅游度假区—天水麦积山—陇南官鹅沟—成都九寨沟—绵阳窦圌山风景区—遂宁中国死海—九龙山生态康养景区—缙云山国家森林公园以及统景国际温泉度假区—广安龙女湖—南充鹤鸣山—广元米仓山大峡谷—白鸡太白山—汉中紫柏山—巴中光雾山—诺水河世界地质公园—巴川大峡谷—铁山坪森林公园两大环线，着力打造集康养度假、森林疗养、运动休闲、冰雪温泉于一体的生态体验游精品线路。二是共同打造历史文化主题旅游线路。依托古战场、古栈道、古关隘、历史名人故里等历史人文资源，构建渝中母城—广安神龙山巴人石头城—南充相如故城—广元剑门蜀道—天水伏羲庙—陇南陇蜀之城—北川羌城旅游区—陈子昂纪念馆—陈抟故里—磁器口古镇以及渝中母城—广安肖溪古镇—南充阆中古城—广元女皇故里—宝鸡炎帝陵—汉中张良庙—巴人故里—磁器口古镇两大历史文化旅游环线，构建融始祖文化、两汉文化、三国文化、唐宋文化、秦陇文化、巴蜀文化于一体的历史文化传承游精品线路。三是共同打造红色教育主题旅游线路。依托流域丰富的红色资源，构建歌乐山烈士陵园—邓小平故里—朱德故里—广元剑门关纪念馆—天水麦积区大革命纪念馆—哈达铺红军长征纪念馆—绵阳科技馆（以“两弹一星”为主题）—潼南杨闇公故里—合川革命烈士纪念碑—北碚张自忠烈士陵园以及歌乐山烈士陵园—邓小平故里—罗瑞卿故里—广元红军城—宝鸡军事博物馆—红四方面军陕南战役指挥部旧址—川陕苏区将帅碑林—万源（巴山）红军公园—红岩革命纪念馆两大红色旅游环线，发展“红色+教育”“红色+纪念”“红色+休闲”等旅游新业态，打造融长征丰碑红色教育、伟人将帅故里致敬于一体的红色文化教育旅游精品线路。

构建流域旅游合作机制。嘉陵江流域地处成渝地区双城经济圈、关中平原城市群、兰州—西宁城市群交会地带，旅游资源丰富，客源市场充足，具有得天独厚的合作基础和潜力。但是，要想真正实现流域旅游一体化发展，就必须建立互利共赢的长效合作机制，从源头保障流域旅游一体化高质量发展。一是建立多层次、多形式的旅游协调机构。建立包括川渝陕甘四省市党政联席会议制度、政府有关部门协调制度、有关市（区）协调制度三个层次的区域协调机制，着力解决旅游投资、资源开发、项目建设、市场拓展等方面合作存在的问题，共同争取将嘉陵江流域旅游发展上升为国家战略。同时充分发挥流域内各旅游企业及各类非政府组织的协调作用，成立嘉陵江旅游景区、酒店、交通运输、人才教育等各类旅游协会、旅游联盟、旅游合作基金会，与政府协调机构形成相互促进、相互补充的关系，共同打造嘉陵江流域旅游联合体。二是建立区域旅游利益分享机制。旅游区域合作必须基于各地的共同利益。因此，要加强流域内旅游企业合作对接，加大资源整合力度，共同成立集投资、开发、经营于一体的旅游平台公司，推进精品景区、精品线路、精品服务一体打造。同时遵循市场化原则，通过协商制定利益分享机制，以实现区域旅游利益在各合作成员之间的合理分配。加快推进流域景区景点国有独资旅游开发公司混合所有制改革，探索引进战略投资者和合作伙伴，有序推进资产重组，稳步推动上市，全面提升嘉陵江流域景区景点经营主体市场竞争力和经营活力。三是共同推动旅游品牌宣传营销。强化旅游机构、旅游平台、旅游组织等合作，依托各类特色节庆节事、展会论坛、推介会及热门体育赛事、影视节目等进行旅游宣传。创新旅游营销模式，运用“网红+直播”“节庆+微营销”“微电影”“微网微商”等方式进行营销，提升旅游景区品牌知名度。

（二）发展“旅游+”大旅游经济

大旅游经济是以景点景区为本底，以文旅融合为核心，以“旅游+”

新业态新模式为拓展，以外围专业旅游设施、专业旅游服务配套为支撑，加快提升“吃、住、行、游、购、娱”传统产品质量，持续推进“商、养、学、闲、情、奇”新兴产品开发，形成跨界融合、链式配套、供给有效、绿色生态的产业集群和产业生态。目前，大旅游经济作为三次产业联动发展以及城镇发展纽带，正在成为推动地方经济社会转型发展的新动能和新的生产力。嘉陵江流域拥有雄奇秀美的自然风光、积淀千年的历史文化底蕴等旅游资源，但尚未把特色旅游资源优势转化为经济发展优势。因此，要坚持“以旅带产、以旅促产、以旅兴产”，大力发展“旅游+”等新经济、新业态、新模式，加快建设以大旅游经济为引领的国际旅游目的地。

加快推进“旅游+文化”融合发展。推进文旅深度融合是党的二十大作出的重要部署，也是推动区域文旅产业转型升级、提质增效的重要抓手。嘉陵江流域是始祖文化、汉唐文化、三国文化、巴蜀文化、秦陇文化、红色文化等多元文化交流激荡的圣地，要深入挖掘历史文化资源，构建三大文旅融合集聚区，做大做强文旅文创产业，大力促进文化资源转化为文化产品、旅游产品。一是打造以始祖文化、秦陇文化为代表的文旅融合集聚区。以天水、陇南、宝鸡为核心，挖掘伏羲文化、秦早期文化，天水重点建设中华伏羲文化园、卦台山始祖文化产业园、轩辕文化产业园三大产业园，推动公祭伏羲大典升格为国家祭祀活动；陇南依托礼县建设早秦文化古城、陇蜀之城主题文化公园，打造华夏文明传承创新区；宝鸡重点打造炎帝陵景区、炎帝影视基地等，做响羲皇故里、炎帝故里等始祖文化品牌，共同策划开发寻根之旅、乡愁之旅、文博之旅等创新产品，建成全球华人寻根祭祖圣地和全球知名的华夏文化旅游体验目的地。二是打造以三国文化、两汉文化、唐宋文化为代表的文旅融合集聚区。以汉中、广元、绵阳、遂宁、合川为核心，深度挖掘三国古战场、古蜀道、唐诗宋词等历史文化品牌价值，推动广元剑门蜀道、合川钓鱼城、汉中定军山等景区提档升级，建设广元武则天文旅融合示范园、汉中定军山文化产业园，开发以两汉、三国故事、唐宋为主题的影视剧、网络游戏、创意动漫等数字文化产品。依托汉中张骞故里、广元女皇故里、绵阳李白故里、遂宁陈子昂故里等名人效应，联合打造一批历史文化博物馆、历史文化名城名镇名村、历史遗址遗迹等，大力提升文化旅游品牌知名度和影响力，打造集历史文化、科普教育、文化体验等为一体的国际休闲度假旅游目的地。三是打造以巴蜀文化、红色文化为代表的文旅融合集聚区。以渝中、沙坪坝为核心，联动北碚、渝北、广安、南充、巴中、达州，积极对接巴蜀文化旅游走廊建设，保护好重庆母城“九开八闭”城墙遗址、沙坪坝磁器口老街等传统风貌展示区，打造一批具有巴渝传统风貌的集聚区；依托达州三里坪全国巴文化综合展示中心、罗家坝和城坝国家考古遗址公园建设，打造集考古发掘、遗址保护、研究展示于一体的全国巴文化中心，塑造“巴人故里”品牌。深挖歌乐山烈士陵园、广安邓小平故里、南充朱德故里、川陕革命根据地等红色资源“富矿”，加快打造一批红色文化展陈馆、纪念馆、红色文化小镇和村落，创新开发红色系列主题文创产品，创排一批红色精品剧目，促进红色资源与研学旅行、文化创意等相融合，提升红色旅游发展空间，打造红色旅游融合发展示范区。

加快推进“旅游+农业”融合发展。农旅融合是以农业生产和生态景观功能为依托，将农业农村发展与旅游业发展相结合，通过培育发展乡村游、观光游、休闲游、体验旅游等新业态，延伸农业产业链、升级农业价值链和拓宽农民收入链，从而形成“以农促旅、以游兴农”的新型经济发展模式。目前，农旅融合已成为各级党委政府实施乡村振兴战略，推动农业转型升级、促进农村繁荣发展、拓宽农民增收渠道的重要抓手。因此，要加快推进嘉陵江流域“旅游+农业”融合发展。一是打造农旅融合的平台载体。依托嘉陵江沿线特色农业、田园风光、乡土文化等资源，以合川区、广元市剑阁县及绵阳市游仙区老龙山生态农业旅游区、华蓥山黄花梨度假村、绵竹市中国玫瑰谷等国家级、省级休闲农业和乡村旅游示范县（区）示范点、全域旅游示范区为重点，打造田园综合体、农业产业特色小镇、共享农庄、现代农业产业园、康养综合体等载体平台，培育发展田园度假、生态游憩、乡土游乐、农耕体验、休闲采摘、科技示范、研学科普等观光农业、休闲农业、体验农业，带动产业发展壮大，拓宽农民增收渠道。二是延长农业产业链、提升农业价值链。建立健全流域农业职业培训体系，搭建人才培养平台，提升农民职业技能。培育壮大一批农业产业化龙头企业，探索“旅游+”产业新模式、新业态，将农产品加工等特色产业与乡村休闲旅游相融合，带动农业向产业化、规模化发展。同时推动科技、文化等元素融入农业，积极发展多种形式的创意农业、景观农业、定制农业，举办草地音乐节、摄影节、动漫节、啤酒文化节、斗茶大会、采摘文化节等大型节庆活动，促进“旅游+农业”深度融合发展，提高农业附加值。

加快推进“旅游+体育”融合发展。国务院办公厅印发的《关于进一步激发文化和旅游消费潜力的意见》指出：“要大力发展体育旅游，推进幸福产业服务消费质量提升。”相关统计数据显示，全球体育旅游产业年均增速在15%左右，而我国体育旅游市场份额不足5%，潜在市场规模达5万亿元。随着观光旅游向休闲体验式旅游迅猛发展，体育日渐成为旅游业发展的关键要素和动力引擎。企查查数据显示，我国与体育旅游相关的企业从2019年的新增5.24万家到2021年的新增23.52万家，增长348.85%，体育旅游市场呈现快速增长趋势。因此，嘉陵江流域应充分发挥山地、湖泊、湿地等大山大水大森林资源优势，开发山地户外运动、水上运动、冰雪运动等健身休闲旅游产品。一是依托北碚金刀峡、宝鸡太白山、陇南官鹅沟、遂宁螺湖半岛旅游度假区、天水甘谷天门山生态公园，探索体旅融合发展模式，培育健身休闲、竞赛表演、体育培训等业态。二是大力推动登山步道、绿道、骑行道、体育休闲场所建设，加快建设一批山地户外运动基地、水上运动基地、自驾游基地、汽车露营基地和康体健身园。三是强化体育旅游产品研发，举办赛艇、垂钓、毅行、游泳、骑行、马拉松、登山等大众参与程度较高的健身赛事。

加快推进“旅游+商业”融合发展。商旅融合发展是适应人民日益增长的美好生活需要、满足人民群众更高水平消费需求的产物，是商业和旅游业相互促进、协同共生、向高附加值演进的动态过程。特别是近年来随着居民消费升级加快以及消费空间界限的不断突破，强调全景化体验、全时化消费、全业化融合、全民化共享的文商旅融合发展理念备受关注，已成为当前我国城市和地区促进消费提档升级、推动经济高质量发展的重要引擎。在消费升级背景下，嘉陵江流域要整合商业综合体、旅游景区、历史街区，积极构建消费新生态，不断推动城市文化、商贸、旅游等产业实现更高质量融合发展，让多种消费业态融合成为有吸引力的旅游产品。一是打造商旅融合的平台载体。发挥解放碑、观音桥等中心城市商圈引领作用，大力布局智慧型、融合型、体验型、国际化消费新业态，积极培育“高端化与大众化并存、快节奏与慢生活兼具”的消费体验新场景，以创新创意引流聚人兴商。深入挖掘流域各城市文化、民族、美食等特色，建设多元夜间消费场所，引导老字号、风味小吃、时尚酒吧进驻夜市街区，大力发展夜购名品、夜品美食、夜赏演艺、夜健美体等夜间消费体验活动，丰富夜间消费业态。二是创新商旅融合的模式。加快推动智慧商圈建设，培育直播带货、互联网推广、“云游商圈”等线上消费新场景，以互联化和物联化的方式全面动态感知、分析和整合商圈内方方面面的数据，从而营造更高效、更便捷、更繁荣的商业环境，打好商旅融合发展“组合拳”，实现消费体验便捷高效、经营服务精准优化。

加快推进“旅游+康养”融合发展。随着我国经济和国民生活水平的提升，以及加速步入老龄化社会，全社会对康养话题越来越关注，一些城市和地方政府也把康养作为新兴业态或产业经济来培育，纷纷提出建设康养市县或康养名城。嘉陵江流域气候宜人、景色优美、医疗条件较好，南北气候具有较好的互补性，适宜发展旅居度假、候鸟生活、康复疗养等“旅游+康养”新业态、新模式。一是依托缙云山、华蓥山、凌云山、米仓山等国家森林公园，精心打造一批国家级森林康养示范基地、休闲度假养生基地、康养民宿群、康养避暑度假村，建设成为国际生态康养旅游目的地。二是依托重庆等沿线城市医疗资源优势，推进医养、康养结合，引导医养、康养机构在旅游景区或周边开设分支机构，构建“互联网+康养”产业发展模式。三是发挥森林生态资源优势，开发自然教育、科学探险、森林体验、森林疗养、森林浴等森林康养旅游产品。四是发挥北碚十里温泉城等地热资源优势，开发温泉理疗、美容康体等特色温泉康养旅游产品，打响中国温泉之乡品牌。五是发挥中药材资源优势，开展食疗、药疗、理疗等中医药康养服务。

（三）提升跨区域旅游服务能力

文化旅游基础设施和公共服务设施是文化旅游活动的重要载体。随着全域旅游的发展，设施建设也成为全域旅游示范区的创建门槛和验收要点。2019年1月，国家发展改革委等18个部门联合印发《加大力度推动社会领域公共服务补短板强弱项提质量　促进形成强大国内市场的行动方案》，明确提出，推动全域旅游示范区创建单位加强旅游基础设施和公共服务设施建设，着力改善景区连接道路、停车场、污水垃圾处理设施，完善集散咨询服务体系、自驾游服务体系，规范旅游引导标识系统。因此，要推动嘉陵江全流域旅游发展，就必须以“人性化、品质化、智慧化”为导向，因地制宜科学规划旅游配套体系建设，加快建立旅游交通体系，建成功能完善、集散舒适便捷、环境安全友好的旅游公共服务体系，提升智慧旅游水平，增强旅游服务接待能力。

建设立体化旅游交通网络。交通是旅游的基础支撑和先决条件。随着多样化、个性化的高品质消费旅游蓬勃发展，交通的基础性、先行性作用将日益放大，与旅游产业的融合性、互补性开始逐步显现。推进交旅融合发展，加快构建多元化、高品质、层次清晰、结构合理的旅游运输服务体系，将有效激发旅游消费潜力，更好地满足人们对美好生活的需要。以嘉陵江山水文化为主题、沿岸骨干公路为经络，完成600千米沿嘉陵江两岸旅游环线快速通道建设，外部与G318等全国热门旅游线路有效连接；内部结合自然文化资源，建成产品丰富、设施齐全、功能完善、服务优质、游客可感知可体验的旅游风景道。一是畅通综合交通枢纽通达旅游景区的道路。重点实施国省干线、高速公路联络线与景区“最后一公里”通达工程，有效解决“大交通”与“小交通”的衔接问题。依托城市客运枢纽和道路客运站点，加强游客集散中心建设，提升各城市、各景区旅游集散能力和便利度。推进城市公共交通线路向景区、景点延伸，提升机场、高铁站、码头通达景区的便捷度。二是畅通景区与景区之间的道路。加快构建“城景通、景景通”漫游体系，做亮景区旅游环线和连接线，完善旅游观光巴士体系，打造景区间体验式交通和慢行系统。

完善旅游公共服务设施建设。旅游公共服务设施是指为满足旅游者的公共需求而提供基础性、公益性的旅游公共产品与服务的设施，是发展旅游业不可缺少的物质基础。较高的旅游公共服务质量能提高景区对游客的吸引力。因此，嘉陵江流域各城市要加快完善景点公共设施，改善景区环境，为游客提供高质量的产品和服务，从而吸引更多游客，进一步推动旅游产业发展。一是完善旅游交通引导标识系统。以集散服务场所、干线公路为骨架，以重要交通节点、换乘点道路出入口和接驳处为重点，以交通引导、全景导览为主要功能，打造规范、简洁、实用和国际通行的旅游交通引导标识系统，建立健全3A级以上主要景区、主要乡村旅游点、交通主干路的旅游交通引导标识系统。二是完善景区相关配套。推动重点旅游景区和度假区合理布局自驾车、房车停靠式营地和综合型营地，以及生态停车场、加油站、充电桩、绿色餐馆、废物垃圾处理厂等服务设施。深入推进“厕所革命”，提升旅游景区、交通沿线、旅游辐射地、商业街区等厕所的建设和管理标准化水平，实现旅游风景道沿线、交通集散点、旅游景区、旅游度假区、旅游街区、乡村旅游点、旅游餐馆、旅游娱乐场所等的厕所全部达到A级旅游厕所标准。

提升旅游智能化服务水平。在数字化、物联网等通信技术赋能下，智慧旅游成为数字时代的旅游新方式，为旅游者提供更加便捷、智能、个性化的旅游服务，也成为旅游行业高质量发展的重要一环。因此，嘉陵江流域要加快推进智慧景区建设与运营，不断提升旅游智能化服务水平。一是加强嘉陵江流域旅游景区合作，协同共建“一站式”旅游综合服务平台、旅游信息大数据中心和智能化监管平台等载体，推动旅游产品网络化定制、旅游商品全渠道营销、旅游服务在线预售预订、旅游管理在线实时调度，全面提升旅游智能化服务水平。二是加快“AI+旅游”体系建设，推进“智能店铺”“智慧商圈”等生活服务共享平台建设，实现城区、景区、度假区免费Wi-Fi、通信信号、视频监控、在线支付、终端支付全覆盖，实现一部手机游“嘉陵江”。

五、坚持生态优先，共筑长江上游重要生态安全屏障

嘉陵江跨陕西、甘肃、四川、重庆四省市而入长江，流域生态环境具有鲜明的整体性、综合性等原生特质，与人为赋予的碎片化、行政化管理形式容易产生难以调和的矛盾，因此以单个行政区划内部的体系和机制对整个流域生态环境进行保护和治理，推进流域生态经济高质量发展，难以达到预期的效果，同时嘉陵江流域拥有丰富的自然生态资源，绿色产业发展条件优良。因此，这必然要求嘉陵江流域各省市坚持生态优先，强化四省市跨界统筹，合力保护重要生态空间，切实加强生态环境联防联控，实现生态环境跨区域共建共保、绿色经济跨区域协同发展，进一步筑牢长江上游重要生态安全屏障。

但目前嘉陵江流域经济社会发展与生态环境保护的矛盾依然突出，将生态资源转化为经济价值的能力仍不足，各省市间利益协调、合作沟通、产业转移等机制也不完善，生态保护治理联防联控机制尚未建立，难以实现科学高效的流域生态保护和绿色经济发展。只有通过深入践行“绿水青山就是金山银山”的发展理念，努力推进在流域生态共建共保、环境污染联防联治、特色产业绿色转型三方面发力，才能促进嘉陵江流域生态环境保护合作、绿色产业一体化发展，构建流域生态经济体系，实现绿色经济、高品质生活、可持续发展的有机统一，塑造人与自然和谐共处的嘉陵风光画卷。

（一）推进流域生态共建共保

生态共建共保，即流域沿途省市共同参与生态建设、生态保护，是保障跨界流域生态系统健康运行、生态和谐发展、物质能源高效利用的新型发展模式，嘉陵江流域因其得天独厚的自然生态资源、地理位置和交通条

件，具有巨大的发展潜力，践行跨区域生态共建共保是构建嘉陵江生态经济走廊、实现流域经济协调发展的重要前提。但目前嘉陵江流域尤其是上游生态保护责任重大，区域发展极不平衡，迫切需要统筹区域发展，突破资源制约瓶颈，切实改善和提高区域生态环境质量，生态共建共保势在必行。因此只有推进嘉陵江流域四省市实施“生态共建共保”行动，深化生态保护合作，优化生态空间布局，开展生态屏障共建、生态修复与治理工程，夯实绿色发展生态基础，才能提升流域内生态系统质量和稳定性，形成生态环境共建共保的长效机制。

推进生态屏障共建。一是以秦岭、大巴山以及嘉陵江、西汉水、白龙江、涪江、渠江为骨架，以自然保护区、风景名胜区、森林公园、湿地公园、地质公园等各类自然保护地为支撑，联合申报嘉陵江国家文化公园，提升公共生态产品供给能力，共建生态屏障防护体系。二是加大自然保护区保护和天然林管护力度，实施生态修复、生物多样性保护、生态完整性保护、保护区基础设施建设、保护管理能力建设、科学研究、资源监测等工程，提高嘉陵江流域生态稳定性、景观特色性和功能完善性，全面提升生态服务功能。

实施生态修复与治理。一是实施生态修复工程，以嘉陵江、西汉水、白龙江、涪江、渠江等沿岸区域为重点，实施坡耕地退耕还林工程、天保工程和河岸林地保护工程，加大水土保持生态防护林建设和荒山荒坡水源涵养林建设力度，联合推进水土流失综合治理示范区建设，制定恢复方案并组织实施生态修补和恢复试验示范。二是实施矿区恢复与治理，对渝北、沙坪坝、华蓥山等区域的煤矿损毁土地、露天采石场进行植被恢复和复垦，加大矿山废水和废渣整治力度，开展煤矿等地下矿井的排危治理。

（二）加强环境污染联防联治

环境污染联防联治是地方政府为解决区域环境污染问题，对区域整体利益达成共识，以突破行政区域界限的方式，通过协商合作的集体行动共同参与环境污染的联合防治，最终实现区域环境治理。流域环境具有典型的跨行政区域特征，其污染问题的复杂性和治理目标的巨大压力要求各级政府积极探索跨区域环境污染联防联治的路径。但目前嘉陵江流域各省市在大气污染、土壤污染等环境领域的联防联控体制机制仍不够完善，多停留在理论和文件层面，在实践中缺乏推进和落实，环境污染问题治理成效不显著。因此只有推进嘉陵江流域四省市实施“污染联防联治”行动，聚焦跨界水体污染、大气环境污染、土壤固废污染等重点领域，合力管控生态环境风险，加强跨界污染协同共治，健全跨界环境污染治理联动机制，才能有效推动嘉陵江流域生态环境质量改善，助力长江上游生态安全屏障共建。

深化跨界水体污染联防联治。一是联合建立双河湖长制，做好嘉陵江、西汉水、白龙江、渠江、涪江等上下游、左右岸任务衔接，共同划定流域生态管控线，细化跨界河流水功能区划，完善跨界断面水质监测点位设置。二是组织实施跨界设施共建共享，包括区域污水、生活垃圾处理等方面的设施，共同构建水污染治理和水环境安全格局。

加强大气环境污染联防联控。一是联合开展嘉陵江沿岸工业园区和产业集群综合整治，按照统一标准提高节能环保准入门槛，对布局分散、装备水平低、环保设施差的小型工业企业实施分类治理，加快燃料清洁低碳化替代，逐步提升产业发展质量和环保治理水平。二是协同推进新能源汽车发展，大力推广新能源汽车，共同强化机动车污染防治，联合削减和控制挥发性污染物排放。三是加快建立重污染天气监测，强化预警和应急响应的通报和会商机制，提高重污染天气预测预报能力，统一制定重点大气污染物排放总量控制要求，完善跨界主要污染物总量指标调剂机制，联合应对重污染天气。

深化土壤固废污染协同处置。一是共同推进土壤污染修复与治理，以沿江工业园区、矿山企业为重点，降低土壤污染造成的健康和生态风险，联合开展土壤污染治理与修复试点示范。二是协调区域工业固废综合处置和利用，统一规划布局危险废物处置设施，推进毗邻地区的危废处置设施共建共享，加强联合监管，持续推进危险废物跨界运输管理协作，联合开展工业固体废物、危险废弃物大排查。三是协同开展“无废城市”建设，共同推进国家大宗固体废弃物综合利用基地和工业资源综合利用基地建设，鼓励开发使用工业固体废物处置新技术、新工艺，实现源头大幅减量、充分资源化利用和安全处置，大宗工业固体废物贮存处置总量趋零增长。

共同推进流域环境风险防范。一是共同推进区域、流域环境风险防范，优化流域企业和码头布局，严禁环境高风险产业、企业向嘉陵江、渠江、涪江沿岸地区转移，防范环境风险聚集，加强危险化学品跨区域运输风险联合管控，共建环境风险预警防范和应急指挥系统。二是健全突发环境事件应急联动机制，完善环境保护协调和信息通报机制，推动落实流域上下游联防联控机制，建立跨界河流应急管理预案，以联合培训演练、签订应急联动协议等多种手段，加强跨区域部门间的应急联动和协同处置能力。

（三）共同推进绿色转型发展

绿色发展就是发展环境友好型产业，保护自然生态环境，实现人与自然和谐共处，推进绿色发展就是要从人类发展与社会生态关系的角度出发，以绿色和可持续发展为基础，旨在实现地区经济发展与生态保护的和谐统一。但目前嘉陵江流域各省市生态资源转化能力不足、对传统资源依赖性强、资源综合利用率较低、绿色转型发展意识不强等问题突出，阻碍了流域沿岸地区经济的高质量发展，降低了流域内居民的社会生活质量，不利于流域的健康可持续发展。因此只有推进嘉陵江流域四省市实施“共推绿色发展”行动，坚持生态优先、绿色发展，构建以产业生态化和生态产业化为主导的绿色生态经济体系，加快传统产业升级、培育壮大绿色低碳产业、积极倡导绿色生活方式，才能有力促进嘉陵江流域经济社会全面绿色转型，推动四省市共建绿色低碳先行示范。

加快传统产业升级。一是加快传统优势产业绿色化改造，以装备制造、汽摩产业、冶金建材等传统优势产业为重点，推动传统产业升级改造，提高清洁生产、绿色生产水平。二是推进区域低碳化发展，依托璧山、合川、广安、南充、宝鸡、天水等产业园区，推进园区循环化改造，联合推进低碳发展试点示范，推动降低水耗、能耗，到2025年，万元地区生产总值用水量比2020年降低20%，万元GDP能耗比2020年降低10%左右。

培育壮大绿色低碳产业。一是协同推进生态文旅产业发展，依托嘉陵江流域良好的生态文化资源，大力发展碧道经济、康养旅游、乡村旅游等特色经济，联合流域沿线城市申报国家生态文明试验区，成为以生态文化引领特色发展的新典范。二是联合培育绿色新兴产业，共同出台绿色产业政策，积极发展以新能源、新材料、智能制造、节能环保产业等为代表的战略性新兴产业，形成门类齐全、装备先进、富有活力的绿色产业体系。三是积极壮大清洁能源产业，科学有序推进天然气（页岩气）勘探开发利用，建设全国重要天然气生产基地，联合创建全国清洁能源示范区。

倡导绿色生活方式。一是推动绿色低碳示范建设，共同开展节约型机关、绿色家庭、绿色学校、绿色社区、绿色商场、绿色建筑等绿色系列创建行动，推动居民在衣食住行游等方面加快向简约适度、绿色低碳、文明健康转变；联合实施政府绿色采购，共同推动优先节能、低碳、节水、环保、再生等绿色产品；联合出台政策鼓励家庭优先购买使用节能电器、节水器具等绿色产品。二是倡导践行绿色低碳行为，加强绿色生活方式宣传引导，鼓励绿色出行，推动区域铁路公交化运营，发展城市公共交通、共享交通和智能交通，推广节能和新能源交通工具，共同加强充电、加氢、加气等基础设施建设，增加电能、氢气、天然气、航空生物燃料等绿色能源供给和使用。

六、深化改革开放，释放流域高质量发展活力

习近平总书记指出，“改革开放是决定当代中国命运的关键一招，也是决定实现‘两个一百年’奋斗目标、实现中华民族伟大复兴的关键一招”。流域经济本身是具有开放合作基因的区域经济发展形式，构建嘉陵江流域生态经济走廊，必须坚定不移在更深层次、更大范围深化改革、扩大开放，厚植嘉陵江流域高质量发展的制度优势和开放动力。建设高标准

市场体系，构建公共服务共建共享机制，合力打造便捷高效的营商环境，激发嘉陵江流域发展活力，是夯实高质量流域生态经济走廊发展基础的必然选择和现实路径。

（一）构建要素市场一体化发展机制

嘉陵江流域覆盖陕西、甘肃、四川、重庆4个省市的12个市区，各部分资源禀赋、产业发展程度等具有较大差异。在加快建设全国统一大市场的重大机遇中，依托流域空间内已经形成的各类产业发展平台、各级政府间、行业间多元化的合作发展政策机制，聚焦土地、劳动力、资本、技术数据、能源、生态环境等领域，深化要素市场改革，加快建立区域统一的市场制度规则，打破地方保护和市场分割，优先探索积极开展区域市场一体化建设，在更大空间范围内实现各类资源要素的高效配置，为全国统一大市场建设创造条件、积累经验。

建设城乡统一的用地市场。充分利用嘉陵江流域经济梯度差异，积极推动城乡建设用地市场一体化建设，促进土地要素在流域内自由流动和高效集聚。总结借鉴大足、郫都、泸县集体经营性建设用地入市试点经验，探索建立嘉陵江流域统一的集体土地入市标准，创新集体经营性建设用地入市增值收益分配机制。依托重庆农村土地交易所，以城乡建设用地增减挂钩政策为基础，继续深化地票制度改革，探索开展嘉陵江流域建设用地、补充耕地指标跨区域交易试点，推动实现生态地票在嘉陵江流域跨区域交易，促进生态区人口向重庆都市圈、沿岸区域中心城市转移，拓展土地要素市场。建立覆盖嘉陵江流域所有城市的统一土地市场网络信息平台，及时发布三地土地供应情况、土地价格走势等信息，实现区域间土地市场信息资源共享、相关信息公开查询和远程交易。

建设统一的劳动力要素市场。以促进社会就业更加充分和优化社会人力资源配置为出发点，将嘉陵江流域人力资源潜力转化为产业和经济发展优势，构建统一规范的公共就业服务制度体系。统筹规划人力资源产业平台布局，在嘉陵江流域重要节点城市规划建设一批园区（市场），联合举办各类线上线下专项行动和招聘活动，共同增强对西部地区人力资源辐射集聚能力。完善人才评价区域协作、职称证书区域互认机制，推行双向兼职、互派挂职、技术联姻、项目合作等引才用才模式，促进劳动力在嘉陵江流域内自由流动。探索建立嘉陵江流域农村劳动力及农民工资源数据库，推进嘉陵江流域农村劳动力信息系统互通互联、资源共享共用。共同开展流域农村劳动力资源调查，完善农民工供求信息和岗位信息联合发布制度，互设劳务办事机构和农民工工作服务站（点）。面向嘉陵江流域产业发展需求，联合开展大规模职业技能培训，提高劳动者就业创业能力。

加快推动资本要素市场一体化发展。资本要素市场的发展程度是影响区域竞争力的关键，嘉陵江下游的重庆中心城区是西部地区金融发展基础最好的区域之一，抢抓成渝地区双城经济圈共建西部金融中心机遇，将重庆金融产业发展与培育嘉陵江流域生态经济走廊产业发展新动能结合起来，重点围绕支持流域生态保护重大项目、绿色低碳发展、乡村振兴、普惠金融等领域大力开展金融服务。争取在重庆设立西部证券交易所，探索开展各类资产支持证券融资、股权众筹、创新类债券、投资基金、股权交易转让以及企业境外上市辅导、技术信息合作等业务，为嘉陵江流域企业提供特色多元化资本市场服务。依托重庆金融科技认证中心，为嘉陵江流域科技型中小企业开展知识产权质押融资、融资担保、贷款贴息等科技金融服务提供支撑。

推进技术数据要素市场一体化建设。嘉陵江流域整体经济社会发展水平较低、发展不平衡，流域内大部分区域技术数据要素市场发展不充分，在流域生态经济走廊的构建中，积极推进技术数据要素市场一体化建设，将成为实现“弯道超车”的关键路径。加快推进技术市场一体化发展，着力推动在技术交易、招投标、技术项目申报、技术资格认证等领域废除排他性的政策壁垒或政策“隐形门”。统筹推进嘉陵江流域各级政府数据开放共享和跨区域数据流动清单化管理，构建嘉陵江流域政务数据资源目录体系，建立健全公共数据跨区域开放制度，促进数据资源开放和安全自由流动。探索建立嘉陵江流域数据要素登记确权体系，构建数据产生、运用、采集、存储、监测、收益、统计等各环节、全方位确权框架，推进数据资源资产化。依托成渝地区双城经济圈大数据交易所建设，构建农业、工业、城市管理、金融、物流等多领域数据开发利用场景以丰富数据产品，促进数据资源价值提升和有序流动。建立嘉陵江流域数据流动规范和风险防控机制，推动数据安全技术能力建设，提升数据使用的规范性及安全性。

建设区域统一的能源市场。依托嘉陵江流域丰富的天然气、页岩气资源以及重庆深厚的铝产业基础，在重庆探索设立天然气期货、再生铝期货等大宗商品期货交易所，开展现货交易、期货交割以及仓单业务、衍生品业务等服务，力促期货市场与商品现货市场联动发展。特别是利用现有国家级重庆石油天然气交易中心，加强天然气现货交易与期货交易的联动，积极探索引导形成区域性天然气价格指数。

培育发展区域统一的生态环境市场。发挥嘉陵江流域生态优势，争取国家支持嘉陵江流域开展生态补偿改革试点，探索建立生态产品“评估—定价—交易（补偿）”的价值实现机制。努力争取设立嘉陵江流域生态补偿与绿色发展基金，搭建嘉陵江流域生态环境投融资平台，策划一批生态产品价值实现类重大项目，通过市场化运作推进生态农产品、森林康养、生态旅游等生态产品产业化发展。依托重庆资源与环境交易中心，探索建立嘉陵江全流域排污权、碳排放权、用能权、水权等交易机制，探索联合推出生态保护专项债券，着力推动生态优势转化为经济社会发展优势。

（二）构建公共服务共建共享机制

强化公共服务共建共享是加快推动流域生态经济走廊建设的有效支撑，现阶段积极探索突破行政区划障碍，促进嘉陵江流域公共服务制度对接、待遇互认、要素趋同、流转顺畅、差距缩小，是提升区域公共服务质量和水平，引导嘉陵江流域经济走廊建设的重要手段。

建立公共教育共建共享机制。嘉陵江流域教育供给差距较大，基础教育、职业教育等领域共建共享具有合作的基础和现实需要。围绕缩小流域教育质量差距、促进公共教育均衡发展，采取校地合作、校校合作等模式，协同扩大优质教育供给，提升嘉陵江流域教育合作质量。面向嘉陵江流域产业发展需求，鼓励支持沿线城市高职院校，通过校地合作、校企合作等方式，积极开展订单培养和现代学徒制试点，推动建立校企联合招生、联合培养、一体化育人的长效机制。支持合作共建工程技术中心、产品研发中心、技能大师工作室等，主动融入流域产业生产、技术、管理、服务和创新体系，切实提升高职学校服务和支撑流域产业发展能力。鼓励重庆优质教育资源与流域其他城市建立教育结对帮扶机制，充分运用互联网、云计算、大数据等新一代信息技术，开发网络同步课堂、专递课堂、网络研修等教学教研产品，形成覆盖中小学各年级各学科版本、更新及时的互联网教育资源体系。借助网络直播形式进行联合教研活动，推动联盟内或校际教育资源共享，让流域师生能实时享受优质教育服务。

推进优质卫生医疗资源互惠共享。发挥重庆优质医疗资源辐射带动作用，与嘉陵江流域其他城市医院组建医疗联合体、医疗共同体、医院协同发展战略联盟，建设一批高质量的医疗机构，协同扩大优质医疗资源供给。鼓励重庆三甲医院建设互联网医院，开展互联网会诊、远程超声检查、远程机器人手术等远程医疗服务，让流域内其他城市的居民及时享受优质卫生医疗服务。完善嘉陵江流域基本医疗保险关系无障碍转移接续机制，将普通门诊和个人账户药店购药纳入流域异地就医直接结算，方便持卡人在流域内医疗保险定点机构刷卡购药就医。建设统一的临床检验质量控制标准和平台，实现同等级医学检验检查结果跨地区、跨机构互认。建立嘉陵江流域卫生应急和传染病疫情信息共享机制，对突发急性传染病疫情信息进行通报，实现预警信息及时共享。完善重大疫情联防联控、监测预警与重大突发事件应急协同处置机制，逐步建立统一的急救医疗网络体系，实现急救信息共享和急救网络联通。

推动流域社会保障政策对接。在社会保障、生活保障、住房保障等方面做好政策制度对接，促进制度体系渐进融合发展。加快流域社会保障制度的衔接，实现社会保险流域内异地办理，保险关系无障碍转移接续。推动工伤医疗康复协议服务机构、劳动能力鉴定结论和养老、失业、工伤保险待遇领取资格认证结论互认。探索“养老扶持政策跟着户籍老人走”

的机制，推进政策外哺和互惠共益，试行养老服务补贴异地结算制度，让流域异地养老的老年人享受户籍所在地的各类养老服务补贴，促进老年人共享各类养老服务资源。推动流域住房保障信息互联共享，探索在流域内开展异地互助公开对方城市的公租房保障政策、申请渠道、房源情况等信息，方便群众异地申请公租房。研究推动流域内居民纳入工作所在地住房保障范围的基础上，享受与本地市民同等的住房保障待遇。完善流域住房公积金转移接续、互认互贷机制，支持流域内居民购房享受同等待遇。

（三）合力打造便捷高效的营商环境

优化营商环境就是解放生产力、提升竞争力，事关发展、事关全局、事关长远。嘉陵江流域内营商环境还有待提升，学习借鉴国内外先进经验，聚焦政务服务、市场竞争、法治保障等重点领域，着力解决制约优化营商环境的深层次问题，共同营造国际一流的营商环境。

共同营造高效便捷的政务环境。借鉴北京、上海、重庆、杭州、广州、深圳等6个营商环境试点城市改革创新举措，加紧跟进完善、补齐政策短板。依托成渝地区双城经济圈建设，协同推进嘉陵江流域沿岸城市政务服务标准化规范化便利化建设。依托川渝网上政务服务平台及“渝快办”“天府通办”等有关移动端互联互通，加快设置嘉陵江流域跨区域通办一站式政务服务窗口，实现企业和群众异地办事“马上办、网上办、就近办、一地办”。聚焦政务服务、医疗教育、公共交通、文体旅游等领域，逐步实现身份证、驾驶证、营业执照、结婚证、社保卡、经营许可证等高频电子证照在嘉陵江流域共享互认。在嘉陵江流域率先探索跨区域工程建设项目技术审查与行政审批“适度分离”，明确地质灾害、地震安全、压覆矿产等领域评估的实施细则和技术要求，对不影响安全和公共利益的非关键要件探索“容缺后补”制度。推动嘉陵江流域电子不动产登记证书、不动产登记资料查询证明等信息共享互认，拓展电子权证应用场景，优化身份核验办理体验。

共同营造竞争有序的市场环境。协同打造便捷高效企业开办服务，探索建立“市场准入异地同标”机制，加快实施连锁网点招牌审批豁免制改革，逐步实现“批一次、管多次，批一时、管多时，批一店、管多店”。共同推进“证照分离”“多证合一”改革，有序将行政审批改为行政备案的事项纳入“多证合一”范围，积极开展“一企一证”改革试点。在嘉陵江全域推广企业简易注销登记改革，优化企业注销在线办理功能，企业注销信息实时与公安、银行、住房公积金管理等单位共享，实现快捷办理公章注销、银行账户注销、公积金账户注销等事项。推动嘉陵江流域税收资质互认，对纳税信用级别符合要求的企业在流域内跨省迁移不作注销清税处理。探索建立嘉陵江流域公平竞争审查工作专家咨询制度和第三方评估机制，及时纠正制止滥用行政权力排除限制竞争行为。协同推进建立嘉陵江流域政府采购和工程建设项目招标投标全流程电子化，加快实现远程电子开标、异地电子评审和在线信用评价。

营造公平正义的法治环境。强化嘉陵江流域沿岸城市在实体经济、中小企业保护等方面的政策互鉴和经验交流，充分听取企业和行业协会商会意见，提高决策科学化、民主化、法治化水平。推动监管执法协调联动，协同推进嘉陵江流域毗邻地区“双随机、一公开”监管，联合开展市场监管、生态环境、道路交通等领域行政执法监督检查。共同推进嘉陵江流域信用体系建设，促进公共信用信息平台互联互通，推动信用“红黑名单”和“信易贷”惠民便企场景共享互认。共同开展跨地区信用监管、守信联合激励与失信联合惩戒，实施失信名单披露、市场禁入和退出制度。统筹整合区域公共法律服务资源，建立嘉陵江流域法律服务联盟，共同组建民营经济法律服务团，构建一站式法律服务链条。完善嘉陵江流域跨区域立案诉讼服务机制，加强委托办理诉讼事项协作平台建设，加快实现诉讼服务事项全流域通办。加强在网上立案、网上交费、电子票据打印等方面协作，进一步压减民商事案件审判执行全流程环节、时间和成本。

（四）推动流域开放合作发展

推动陕西、甘肃、四川、重庆四个省市在流域共治、产业布局、城镇建设、开放合作等领域不断深化交流，提升协同发展质量，加快推动嘉陵江流域生态经济走廊建设在更多领域走深走实。

加快谋划重大战略合作平台。争取国家支持共建嘉陵江流域承接产业转移示范区、内陆开放型经济试验区，谋划布局高速铁路、开放口岸、综合保税（港）区、物流枢纽园区等大通道、大平台、大枢纽，培育发展物流经济、通道经济、枢纽经济，以点带线、以线带面，引领辐射带动沿线地区协同联动发展。一是共建共享开发平台体系。围绕电子信息、汽车制造、文化旅游等重点产业链与产业集群，以国家级新区、国家级高新区、国家级经开区等重点产业园区为支撑，增强嘉陵江流域产业链上中下游分工协同程度，共同搭建产业协作发展平台，完善平台体系，布局重大科技基础设施、科教基础设施，推动地方政府、科研院所和企业谋划建设一批科技创新基地和交叉研究平台，推动重点产业链、创新链融合，打造在国际上有显著影响力的重点产业集群。二是共举共塑开放平台体系。推动嘉陵江流域自贸试验区、综合保税区等开放平台互通互融，发挥西部陆海新通道重庆运营组织中心作用，共同建设跨区域平台，统筹设置境内外枢纽和集货分拨节点。实施中新（重庆）战略性互联互通示范项目，积极推动沿岸城市共同参与通道建设。深化区域服务贸易开放试点，强化"一带一路"、长江经济带、西部陆海新通道联动发展能力。

促进两大流域联动发展。充分发挥嘉陵江纽带作用，实施"江河联动"战略，推动长江与黄河两大流域有机互动，打造跨省市、跨流域经济合作示范走廊。推进产业链上下游对接合作，发展横向经济联合、经济技术协作，在基础设施互联、产业承接转移、合作平台共建、基本公共服务共享等方面形成紧密互补的联系，实现"1+1>2"的叠加效应。一是重点链接长江经济带。突出产业、生态功能，发挥嘉陵江流域生态和资源优势，向南充分链接成渝地区双城经济圈，推动西南、西北区域整体协同，增强战略大后方产业支撑能力。协同做强内河制造集群。依托重庆流域中心城市作用，突出电子信息、装备制造、新能源、消费品等门类，推动发达地区先进制造业相关配套环节向嘉陵江沿线城市链式转移，带动流域产业基础高级化、产业链现代化，打造西部地区内河绿色制造新兴支撑带。协同挖潜嘉陵江自然风光和巴蜀、秦陇等历史文化资源，共塑嘉陵江世界级新兴旅游目的地。二是共同推进黄河流域生态保护和高质量发展。推动嘉陵江上中下游联动，大力促进生态优势转化成产业优势、生态价值转变成经济价值，加快建设北向黄河流域文旅、绿色农业特色产业集群，依托蔬菜、柠檬、中药材等优质农业资源，共育西部地区现代高效特色农业带。加快实施川甘毗邻地区协同推进水源涵养和生态保护修复，推动建设黄河流域生态保护和水源涵养中心区。实施秦岭跨流域重点生态功能区协同保护和修复，加强生态保护政策、项目、机制联动，以保护生态为前提适度引导跨流域产业转移。

第六篇

措施建议

构建嘉陵江流域生态经济走廊是一项重大系统工程，涉及地域较广、人口较多，任务繁重艰巨。立足流域沿岸区域的资源特色、发展阶段和保护任务，把握好有所为与有所不为、先为与后为、快为与慢为的关系，分区分级、分类分时、有序推进流域保护开发，把嘉陵江流域生态走廊建设的宏伟蓝图变为现实。

一、加强组织领导保障

流域规划建设涉及面广，必须坚持高位推动，强化统筹协调，才能确保嘉陵江流域开发规划建设落实落地。

（一）建立高效的统筹协调机制

深化嘉陵江流域沿线合作是构建嘉陵江生态经济走廊的重要举措，要加快构建省、市（区）、县多级统筹协调机制，才能有效推动嘉陵江流域跨区域共建共享事项落地实施。目前，川渝两地已经在成渝地区双城经济圈建设协调机制之下，共同推进嘉陵江流域合作事项。由于嘉陵江在甘肃、陕西境内流域面积较小，前期较难争取甘肃、陕西两地省级层面对嘉陵江流域的重视，要加快建立健全沿线市（区）县层面的联席会议机制，统筹推进嘉陵江流域的开发合作。建立健全三省两市（甘肃、陕西、四川、重庆、成都）省级副省级和市地级政府两级定期会商协调机制，统筹协调嘉陵江流域跨省建设的重大事项。建立、完善全流域上中下游一体化水资源优化配置和水生态综合治理协调联动体制机制。条件成熟时可考虑设置嘉陵江流域管理局。

（二）积极争取国家支持

纵观国内外较为成熟的流域发展过程，均得益于国家级跨区域统筹协调机制的推动。水利部设立太湖流域管理局，生态环境部设立了太湖流域东海海域生态环境监督管理局，分别行使水行政职责和生态环境监管职责。目前，嘉陵江流域实行的是分级分段由所在行政区履行水资源保护、水域岸线管理、水环境治理、水生态修复等方面的职责。建议陕西、甘肃、四川、重庆共同推动嘉陵江流域发展上升到国家层面，争取国家有关部门在嘉陵江流域设立派出机构、嘉陵江流域调度协调组或建立省部级联席会议制度，统筹协调解决跨区域重大问题。建议争取国家支持编制《建设嘉陵江流域生态经济走廊指导意见》《嘉陵江流域生态经济走廊国土空间规划》，具体内容分别纳入流域各省市地（市、区）县经济社会发展规划，由国家发展改革委西部开发司具体负责统筹协调，三省一市政府及流域沿线市地县区政府分片分段实施。

二、分类分时有序推进

构建嘉陵江流域生态经济走廊不能一蹴而就，要把握时序、分区分类推进相关政策、工程和项目。

（一）分区推进嘉陵江流域发展

区域的主体功能差异决定了其发展方向和开发强度。嘉陵江流域上中下游发展阶段、资源优势、产业基础等方面具有较大差异，导致了上中下游区域城市在区域中的作用也不同。建议构建嘉陵江流域生态经济走廊，要发挥成熟区域和板块的引领带动作用，采取梯度开发模式，优先打造嘉陵江下游的城市，带动中上游地区发展；优先打造嘉陵江干流沿线，辐射周边地区发展。

（二）分领域推进嘉陵江流域合作

纵观国内外成熟流域发展历程，不难发现，流域的合作最先起源于生态环境的保护和治理，后拓展至水利、航运、产业、旅游等领域。建议优先以生态环境共保共治为突破口，在开展流域联合执法、建立生态补偿机制等方面加强合作。依托嘉陵江流域丰富的自然资源和文旅资源，加强文旅合作，共同谋划若干精品旅游线路。最后，加强产业、交通、水利、要素等领域的开发合作。建立健全流域经济走廊各地市区县行业协会和企业家定期对话、会商机制，鼓励组建流域重点产业经济联盟。

三、加强项目储备实施

项目是推动发展的第一动力，抓项目就是抓发展、争项目就是争位次、谋项目就是谋未来，要做好嘉陵江生态经济走廊项目储备实施。

（一）加强重点项目策划储备

发挥重大项目对嘉陵江生态经济走廊建设的支撑带动作用，推动沿线市（区）县围绕交通、产业、生态、水利、能源、城乡、开放等领域，谋划一批重大项目。推动沿线市（区）县建立生态经济走廊重大项目储备库，合理安排基础设施、城市建设、生态环保、产业发展、开放创新等项目纳入每年度投资计划，推荐重大项目进入国家和“三省一市”项目储备库。

（二）确保重大项目顺利实施

推动沿线各市（区）县建立重大工程、重大项目推进机制，围绕生态修复、污染防治、水土保持、节水降耗、防洪减灾、产业结构调整等领域，创新融资方式，积极做好用地、环评等前期工作，做到开工一批、建设一批、竣工一批。建立嘉陵江流域建设重大项目信息报送机制，跟踪调度项目实施进展情况。

四、强化规划政策保障

强化顶层设计，提高空间治理能力，促进嘉陵江流域生态经济走廊协调可持续发展。

（一）完善规划政策体系

争取“三省一市”组织编制嘉陵江流域生态经济走廊规划，以及嘉陵江流域生态保护和修复、环境保护与污染治理、水安全保障、基础设施互联互通、产业协同发展等专项规划，研究出台配套政策和综合改革措施，形成“1+N+X”规划政策体系。沿线各市（区）县研究制定本地区嘉陵江流域生态经济走廊建设规划和实施方案，细化落实目标任务。

（二）增强国土空间治理能力

全面评估嘉陵江流域及沿线市（区）资源环境承载力，统筹生态、经济、城市、人口以及粮食、能源等安全保障对空间的需求，开展国土空间开发适宜性评价，确定不同地区开发上限，合理开发和高效利用国土空间，严格规范各类沿黄河开发建设活动。协同开展嘉陵江流域生态保护红线、环境质量底线、自然资源利用上线和生态环境准入清单“三线一单”实施，加强区域重点产业发展布局研究。加强嘉陵江干流和主要支流、湖泊水生态空间治理，开展水域岸线确权划界并严格用途管控，确保水域面积不减。

五、强化发展要素支撑

推动产业、人口及各类生产要素合理流动和高效集聚，是提高嘉陵江流域生态经济走廊建设的要素保障。

（一）强化用地保障

优化土地资源配置，坚持土地要素跟着项目走，对项目用地计划指标实行分级分类保障，鼓励项目建设用地指标跨省域调剂。探索研究在嘉陵江流域合作共建区域试行跨区域统一指标、收储、出让机制以及跨区域交易。完善城乡建设用地增减挂钩政策，探索建立节约集约用地激励政策机制，完善流域内低效和闲置土地退出机制。稳步推进农村集体经营性建设用地入市，探索宅基地所有权、资格权、使用权“三权”分置的有效实现形式，加快建立产权流转和增值收益分配制度。

（二）强化资金保障

积极争取相关资金支持，探索设立嘉陵江流域生态经济走廊建设专项资金，引导产业发展、研发创新、人才等专项扶持资金支持嘉陵江流域发展。对文化旅游、生态产业等项目实施财政补贴支持政策，对生态环境保护实施奖励政策。发展农村数字普惠金融，开展金融科技赋能乡村振兴示范工程，完善“三农”绿色金融产品和服务体系。加大基础设施和公用事业领域开放力度，充分挖掘项目商业价值，创新工程项目投融资方式，大力撬动社会资本和金融资本投入嘉陵江流域发展。

（三）强化人才保障

按照嘉陵江流域生态经济走廊产业和城市发展实际，制定更加优惠和便捷的高层次紧缺人才引进政策，建立健全协同共享的人才服务保障政策，破除区域性劳动力流动壁垒，更好地吸引和配置人才资源。建设嘉陵江流域人力资源产业园和就业信息平台，引导培育人力资源服务企业，建设专业适用性人才培养基地。强化区域性劳动技能培训，全面探索提升区域劳动力素质和供给保障的政策。强化科技人才支撑，引导高等院校、科研院所的科技资源和人才向嘉陵江流域城市集聚。

附　录

调研报告

嘉陵江流域涉及陕西、甘肃、四川、重庆4个省市，由北至南分别流经上游的陕西省汉中市和宝鸡市、甘肃省天水市和陇南市，中游的四川省广元市、南充市、广安市、绵阳市、达州市、遂宁市和巴中市，下游的重庆市潼南区、铜梁区、璧山区、合川区、北碚区、渝北区、沙坪坝区、江北区和渝中区。《构建嘉陵江流域生态经济走廊思路研究》自2021年初启动以来，课题组在嘉陵江沿线分别选择陕西省汉中市以及四川省广元市、南充市、广安市开展实地调研，“面对面”了解情况、“点对点”深挖问题，掌握了大量的“第一手资料”，形成了系列调研报告，努力做到刨根问底、追本溯源，执好调查研究之笔，绘好基层情况“立体图”，为深度开展《构建嘉陵江流域生态经济走廊思路研究》奠定了坚实的基础。

遵循点面结合的研究思路，在实地调研掌握调研点发展实际的同时，通过文献调研的方法全面梳理了嘉陵江流域陕西、甘肃、四川、重庆各自空间范围内地级市比较优势、主要问题和融入嘉陵江流域生态经济走廊的思路目标以及重点任务，形成了点上梳理与面上研究相结合的4个省市《调研报告》。

一、实地调研情况

（一）陕西省汉中市

2023年2月28日，课题组一行8人赴陕西省汉中市考察调研。调研组在陕西省汉中市召开座谈会，宁强县政府、略阳县政府，汉中市科技局、工信局、自然资源局、生态环境局、住建局、交通局、水利局、农业农村局、林业局、商务局、文旅局、统计局、经合局、智慧城市建设局等有关部门负责同志参加了座谈会。会上，调研组介绍了调研目的和课题组前期研究成果的主要观点，汉中市发展改革委介绍了汉中市经济和社会发展现状规划以及嘉陵江汉中段的基本情况。与会部门负责同志分别围绕各自职能进行了详细介绍，并与调研组进行了深入交流。

2023年3月1日，调研组在嘉陵江流经的略阳县和宁强县开展了实地调研，并与县和乡镇领导同志进行了深入交流。在略阳县，调研组赴兴州街道和徐家坪镇，实地调研了西汉水大桥、上坪红色教育基地、徐家坪铁路风情小镇、略阳水文站、略阳乌鸡产业园等地。在宁强县，调研组赴汉源街道、阳平关镇，实地调研了宁强天麻产业园、羌族文化博览园。

1. 略阳县

西汉水大桥。调研点为西汉水和嘉陵江汇流点的两河口，其中西汉水是汉江的西源，嘉陵江源头还是在嘉陵谷，年径流总量29亿立方米，水资源总量50亿立方米；宝成铁路在嘉陵江干流，无法修调洪工程，2018年淹了1.4米，乐素河水电站在宁强，但是淹没区在略阳，水深1~6米，嘉陵夺汉，耕地都不具备灌溉条件，靠天吃饭。气候和植被偏西北的景观。

上坪红色教育基地。徐家坪历史悠久、文明兴盛，曾经是略阳西部粮仓，产生过书法瑰宝《郙阁颂》，拥有明水抛珠、白崖樵唱等多处胜景，还是红二方面军英勇奋战过的地方。2008年“5·12”汶川特大地震的危难时刻，习近平同志带来党中央的亲切关怀，深情抚慰受灾群众，全县人民深受鼓舞，迅速行动，全力抗震救灾，重建家园。2018年，汶川地震10周年之际，习近平总书记给徐家坪群众亲切回信，激励广大干部群众积极投身脱贫攻坚和乡村振兴，建设美丽家园。2020年，习近平总书记来陕考察，在讲话中再次表达对上坪群众的深切关怀与美好希望。习近平总书记对上坪人民群众的关怀和嘱托，时刻引领着上坪人民奋勇前进，奋力谱写新时代追赶超越新篇章。

徐家坪铁路风情小镇。调研点为传承和发扬宝成铁路文化、坚持文旅融合、发挥优势资源的典型，通过深入挖掘不怕苦、不服输、不含糊的“宝成精神”，打造具有铁路风情的3A级旅游景区，整理利用土地资源、维修改造部分原有建筑、闲置旧房等资源，规划设计铁路职工怀旧街区、宝成铁路纪念馆等“八大主题体验区”，发展集观光、休闲、康养、研学、体验为一体的旅游新业态，不断壮大集体经济，拓宽增加群众收入渠道，提升群众的获得感和幸福感。

略阳水文站。略阳县是汉中市乃至全省遭受洪涝灾害较为频繁的城镇，历史上水患严重，防治洪涝灾害历来是地方政府的重要任务，被汉中市列为防汛重点城镇。略阳水文站设立于1939年8月，是嘉陵江上游陕西省境内建成最早的干流控制站，1990年被水利部确定为国家重要水文站。流域内为秦岭山地，控制流域面积19206平方千米，流域呈扇形，海拔620~2500米，控制河长204千米，至长江口长度915千米，监测项目有：水位、流量、含沙量、泥沙颗粒、水温、水质，降水及蒸发。略阳共有国家级重点水质站、省级重点水质站、省界水质站6处，依据《地表水环境质量标准》(GB 3838—2002)，采用单因子评价法进行评价，白水江为Ⅰ类，其余5个断面均为Ⅱ类，水质状况良好。设站目的是收集嘉陵江略阳站以上基本水文资料，掌握其变化过程和规律，为下游防汛、水利工程的规划、设计、施工和管理以及水资源开发利用提供依据，承担着向国家防总、长江委、省、市、县防汛部门及下游四川、重庆防汛部门水雨情报汛任务。

略阳乌鸡产业园。该调研点包括略阳乌鸡文化博物馆和陕西百味园网络科技有限公司。略阳乌鸡文化博物馆系统展示了略阳乌鸡的特征、产地认证的历程、需要的生活环境概况、相关的政策支持等情况。略阳县位于秦岭南麓，陕西、甘肃、四川三省交界地带，是以中低山为主的山区县，属北亚热带北缘山地暖温带湿润季风气候，独特的地理环境和特有的水、土、植被等自然资源，既孕育形成了略阳乌鸡这个珍稀家禽品种，也是大力发展略阳乌鸡生态放养得天独厚的天然场所。陕西百味园网络科技有限公司着力打造完善的略阳乌鸡全产业链，成立了乌鸡产业发展研究院，设立研发机构、专家工作室、院士工作站，布控全局、把控质量，“源头的保种、孵化、养殖”与“后期的屠宰、深加工开发系列产品销售体系”自成一体，建立物流配送体系、构建营销网络和销售渠道，形成略阳乌鸡的核心竞争力，确保略阳乌鸡产业可持续发展。

2. 宁强县

宁强天麻产业园。该产业园区基础设施建设项目于2021年11月4日批复立项，位于阳平关镇小鱼山村，总占地面积62104.61平方米，建筑面积67940平方米。主要建设内容包括：生产服务区（天麻加工厂、保鲜气调库）14740平方米、公共服务区（天麻博物馆、天麻研究院）5400平方米、展示交易区（产品交易市场）4100平方米、产业配套区（产销服务中心、展销中心、人才公寓）20330平方米、三产融合区（天麻培训中心）9000平方米、地下建筑部分14370平方米，道路及场地硬化、绿化、给排水、消防、电气等配套设施。

羌族文化博览园。该调研点位于阳平关镇，是中国西部唯一以羌族博览观光为主题的博物园，也是宁强县建设“羌族文化生态保护实验区”的重要支撑，以羌族文化遗产、非物质文化遗产保护为载体，为旅游要素齐全、功能完备、历史文化底蕴厚重、民族特色浓郁的“大观园”，其意义在于弘扬和传承羌族文化。该项目自2008年底启动，建设项目规划占地约0.67平方千米，总建筑面积拟为25000平方米，文化广场及室外展示中心约10000平方米。羌博园主体建筑羌族文化博物馆项目于2010年3月9日开工建设，建筑面积共5033.78平方米，包括展览楼、报告厅、行政管理中心、羌碉等单体建筑及配套设施。截至2012年底，羌博园一期公共设施工程已全面完工，累计投资9500万元。后期建设主要包括民族文化教研中心、民族村、羌族风情街及行政管理接待中心、羌族民俗广场等36个子项目。

（二）四川省广元市

2023年7月18日，课题组一行7人赴四川省广元市开展实地调研。调研组在广元市发展改革委三楼会议室召开座谈会，广元市发展改革委、经济和信息化局、自然资源局、生态环境局、住房城乡建设局、交通运输局、水利局、商务局、文化广电旅游局、林业局有关负责同志参加了座谈会。7月19日调研组先后赴广元高铁快运物流基地、广元经济技术开发区开展实地调研。

1. 广元高铁快运物流基地

依托广元动车存车场及动货线，立足高铁在运输条件、运输时效等方面的先发优势，创新打造以高铁快运为核心的物流基地，这是全国首个高铁快运物流基地。总体定位为川陕甘多式联运现代物流枢纽、全球贸易供应链综合服务平台、“一带一路”进出口加工生产基地，重点发展现代物流、服务贸易、进出口加工三大主导产业。规划“一心、两轴、四组团”空间布局，“一心”即多式联运枢纽中心；“两轴”即依托西二环形成物流贸易产业发展轴，依托下西大道形成进出口加工产业发展轴；“四组团”即公路物流组团、普铁物流组团、进出口加工组团、高铁快运组团。发展目标是到2026年，基本建成具有货物贸易、集散分拨、仓储配运、临港加工等功能的区域性物流枢纽。

2. 广元经济技术开发区铝基新材料产业园

广元铝产业已有30年的发展历史。规划到2035年，形成100万吨电解铝、100万吨循环铝、100万吨外购铝锭资源的产业集群，形成300万吨原铝资源精深加工产业集群，铝产业年总产值达到3000亿元。广元经济技术开发区已入驻涉铝企业60余家，其中铝产业规模以上工业企业33家，具备61.5万吨电解铝、40万吨再生铝原铝规模，电解铝产能占全省的58%，已建成48万吨铝板带箔、25万吨高精铝棒、30万吨建筑型材、7万吨电工圆铝杆、150万只汽车轮毂、600万套摩托车零配件、120万平方米泡沫铝、4万吨铝合金电缆等180万吨下游铝精深加工产能。2022年，全区铝产业实现规模以上工业总产值321.6亿元，同比增长22.1%，上缴税收7亿元，解决5400余人就业问题。依托区内铝产业建设集原材料生产加工、货物商贸物流、供应链服务于一体的中国西部（广元）铝锭交易中心，通过广元高铁快运、港口运输等方式，降低铝矿、原铝、循环铝等原材料物流成本，并引进中储集团、厦门象屿、中信期货、中信建投期货等头部企业，建立大型仓储基地和铝锭现货交易市场，提升铝产业发展质量。

（三）四川省南充市

2023年7月19日下午，调研组在南充市进行调研，并召开座谈会，南充市发展改革委、经济和信息化局、交通运输局等相关部门参加了座谈会。2023年7月20日上午，调研组分别赴中景航天、中科九微、南充现代物流园开展了实地调研。

1. 中景航天军用高端装备智能制造项目

中景航天军用高端装备智能制造项目由四川中景航天科技有限公司投资建设，该企业于2020年11月成立，主要从事航空航天、武器装备等高端装备及核心零部件研发、生产、服务。公司是航天科工集团的重要战略合作伙伴和科研生产基地。主要产品为武器发射筒、舱段、舵翼、电缆、核心结构组件、电磁炮结构件、雷达部件等。项目总投资21亿元，占地9.2万平方米，总建筑面积12万平方米，规划建设增材制造中心、精密加工中心、新一代电装中心、装配集成中心、产品展示中心、技术研发中心等六大中心及综合办公大楼、生活保障区，项目全面投产后预计可实现年产值30亿元，年创利税8000万元以上，可解决900人以上的就业问题。项目于2022年3月开工建设，办公楼B栋、展厅已建设完成，2号厂房于2022年12月投入试生产，目前有1亿元订单，4号厂房主体已完成，正在进行设备调试。

2. 中科九微项目

中科九微科技有限公司由中国科学院微电子研究所、中科九微控股集团于2018年联合投资设立，是针对半导体装备和核心部件的需求，打造的集研发、设计、精密制造、营销和服务于一体的全产业链半导体设备智能制造企业。项目分三期建设，总投资108亿元，占地近千亩。项目一期已于2020年建成投产，主要研发生产磁悬浮分子泵、渐变式螺杆真空泵、芯片加工室等，2021年实现年产值10亿元，2022年实现年产值20亿元，同比增长100%，纳税7560万元，解决就业820人。项目二期51亩区域厂房完成建设，正在进行设备调试，人才公寓正在进行精装修，13万平方米区域正在进行场地重夯，预计2023年底建成投产，主要研发生产大口径磁悬浮分子泵、大抽速真空泵、大尺寸半导体芯片加工室等，建成达产后将实现年总产值50亿元。项目三期计划用地26.67万平方米、总投资约43亿元，正在进行市场调研和前期规划。整个项目建成达产后，预计可实现年总产值100亿元以上、年创利税20亿元以上。该公司已成功研发国家重大核心技术5项，其中高精度薄膜规、磁悬浮分子泵等核心技术属于国家“卡脖子”工程，能完全替代同类进口产品，渐变式螺杆真空泵、磁悬浮分子泵、芯片加工室等产品，广泛用于晶圆片生长、薄膜沉积、离子注入、刻蚀等半导体制造工艺60%以上制程，市场占有率15%。中科九微科技有限公司正在进行上市辅导，计划于2024年6月实现主板上市。

3. 南充现代物流园区

南充现代物流园位于南充市省级新区—临江新区高坪片区，是国家示范物流园区，是省内八大次区域物流中心之一，是川东北地区唯一的对外开放平台，也是南充市规划的千亿物流产业集群和成渝北部多式联运国际港的核心区。园区规划面积12.16平方千米，计划总投资500亿元，着力建设六大功能板块（进出口岸、公路集散、多式联运、城际配送、物流加工、生活配套）和九大物流产业生态圈（汽车、建材、农产品冷链、粮食、保税、医药、油气、装备、应急），配套学校、医院、会展、金融、商住等功能。预计2025年全面建成时，年货物吞吐量将达到6000万吨，实现社会物流总值1500亿元，物流交易额350亿元，年创利税50亿元以上，并带动8万人入园就业，辐射川东北地区4000万人口。2018年，园区被国家发展改革委、自然资源部、住房城乡建设部联合评为国家示范物流园区。目前，园区累计完成投资155亿元，建成面积10.8平方千米，仓储面积290万平方米。招引浙江传化、四川南鑫、深圳友信崧锋、中国物流、新加坡丰树、中通等知名物流企业33家，产业链关联企业650家，商户1517户，建成了川东北地区“五个最大、一个唯一”（川东北最大公路港、建材城、农产品交易中心、粮食仓储中心、快递快运电商产业园，是唯一的物流中心B型对外开放平台）。2022年，园区实现社会物流总额906亿元，物流交易额189亿元，税收2.232亿元，保税物流中心实现进出口额8.85亿元。

（四）四川省广安市武胜县

2023年10月20日下午，调研组在武胜县开展实地调研。

1. 成渝地区双城经济圈合（川）武（胜）共建产业园

2020年，成渝地区双城经济圈合（川）武（胜）共建产业园分别在合川高新技术开发区、武胜经济技术开发区挂牌成立，在产业协作配套、畅通经济内循环、培育发展新动能、交通互联互通、公共服务等方面探索园区共建新模式，打造区域协作示范样板。目前，共同组建开发投资有限公司，统筹园区规划建设、投资开发、招商引资、经营管理、利益协调，建立合作共建协调小组和议事协调机构。拟总投资30余亿元，实施园区融创中心建设、综合提质等项目，规划建设40万平方米标准厂房，规划建设武胜县城—合武共建产业园—合川钱塘快速通道，完善园区基础设施和公共服务。

2. 武胜经济技术开发区

武胜经济技术开发区于2003年5月设立，规划面积20.79平方千米，建成面积8平方千米。2019年1月，经省政府批准为省级开发区，是国家小微企业创业创新示范基地、四川省新型工业化产业示范基地、四川省特色产业示范基地。截至2020年底，入驻规模以上企业83家，实现工业总产值294亿元。目前，县经开区正按照“一区两组团（经开区、中滩组团、街子组团）”空间布局，着力构建涵盖农产品加工、节能环保及新材料、装备制造和数字化赋能的“3+1”产业集群发展体系。

3. 四川嘉陵江桐子壕航电枢纽工程

四川嘉陵江桐子壕航电枢纽工程位于四川省武胜县境内的嘉陵江干流，是“九五”国家交通重点建设项目和四川省重点建设项目，是嘉陵江梯级渠化开发规划中的第13级工程，嘉陵江渠化开发中的第一个枢纽工程。项目总投资7.27亿元，电站装机容量10.8万千瓦，年发电量5.25亿千瓦时，建四级船闸1座，渠化航道45千米，远期年通航能力250万吨。

4. 嘉陵江利泽航运枢纽工程

嘉陵江利泽航运枢纽工程是国务院确定的长江经济带发展中的重点建设项目，是实现交通运输部规划的全面渠化嘉陵江目标的控制性工程。枢纽位于重庆市合川区钱塘镇与大石街道交会处的嘉陵江河段，上游与四川省武胜县桐子壕航电枢纽衔接，下游与重庆市草街航电枢纽相连。工程开发任务以航运为主，航电结合，以电促航，具有航运、发电、防洪、拦沙减淤、水生态修复等综合效益。工程等别为Ⅱ等，工程规模为大（2）型。枢纽正常蓄水位为210.725米，总库容6.19亿立方米。船闸按照Ⅳ航道标准规划建设，可通行500吨级船舶和1000吨级船队，设计年通过能力1000万吨。电站装机容量达7.4万千瓦，年平均发电量达3.17亿千瓦时。

二、调研启示

（一）嘉陵江流域是推动西部地区高质量发展的重要力量

古往今来，流域是人类繁衍生息的主要场所，是人类文明的摇篮。在人类通过经济活动集聚和流域治理开发过程中，流域的自然功能逐步向经济功能转变，形成了以流域为主要空间载体的流域经济。嘉陵江连接我国西南地区与西北地区，是长江流域面积最大的支流，发源于秦岭北麓，自北向南串联了甘肃、陕西、四川和重庆三省一市，自古以来就是联系黄河流域和长江流域、沟通我国南北的大动脉，是长江水系的水运主通道和国家重要战备航道，也是连接我国西南地区和西北地区的重要经济纽带。依托嘉陵江沟通南北的天然优势，加快形成流域城镇群和新兴经济增长区域，强化流域内城市节点功能和物流通道功能，打造连接我国西南地区和西北地区的物流大通道和经济联动主轴，将加快提升西部经济高质量发展的战略纵深，培育西部地区发展新动能。

（二）全域统筹是实现嘉陵江流域高质量发展的关键

高质量发展的一个基本特征是对相关各个领域的全面兼顾，而不能顾此失彼。嘉陵江流域高质量发展的战略思维同样要体现出全域性、统筹性和协调性。由此，推动嘉陵江流域的高质量发展必须权衡三省一市政策目标的协同多元、规划时序的协调融合。调研中发现，受地理环境的客观约束，当前嘉陵江沿线各地的联系尚不够紧密，特别是处于中下游地区的四川、重庆与处于上游的甘肃、陕西之间对流域经济开发缺乏整体谋划，缺乏科学有效的区域、流域、产业规划，相互间尚处于两两合作阶段，零散、小规模合作占据主流。区域间利益协调、合作沟通、产业转移等机制尚不完善，流域生态经济合作的机制不健全，难以实现高效联动和协调发展。因此，推动嘉陵江流域高质量发展，不但需要在政府层面加强规划制定、政策投放、项目安排、资金使用等方面的统筹协调，还需要三省一市智库机构、高等院校、社会研究智库等学术机构在学术研究活动等方面共同开展研究，也需要各类社会团体、新闻媒体、企业组织等机构深化交流合作，强化社会交往，广泛凝聚共识。

（三）推动产业协同是流域经济高质量发展的重要保障

产业协同有利于优化产业链供应链管理，促进不同产业或同一产业链上不同环节的企业之间知识交流和技术融合，实现上下游企业的紧密合作；也有利于形成区域分工协作、优势互补的产业布局，促进区域经济的协调发展，提升区域经济的综合竞争力。调研中发现，嘉陵江流域产业梯度布局特征极为明显。上游的陇南、汉中、宝鸡依托丰富的矿产资源，有色冶金、绿色建材等产业发展迅速；中游的广元铝基新材料，广安的清洁能源、农药化工、生物化工、电子化学品，南充的汽车汽配及关键零部件产业较为突出；下游的重庆则已构建起汽车、电子产业双轮驱动，装备、材料、消费品等产业多点支撑的现代工业体系。整体看，嘉陵江流域上中下游产业梯度发展布局明显，产业协同发展具有广阔空间。因此，推动上下游产业协同，需要发挥嘉陵江上游矿产资源开发、中游初级加工制造和下游汽车装备等产业的协同配合优势，推动下游“链主”企业与上游“链属”企业形成紧密协同发展态势，提升嘉陵江流域产业配套协作能力。同时，强化现代物流合作，加快广元、南充、广安江运港口建设，加强与重庆果园港联动，形成嘉陵江上下游水运联动发展格局。加强跨区域旅游联动发展，积极融入巴蜀文化旅游走廊、丝绸之路旅游带、黄河文化旅游带建设，共同打造产城景融合发展的国际旅游目的地。

（四）现代化城镇节点是推动流域经济加快发展的空间载体

流域沿线城镇“依水而生、因水而兴”。在漫长的发展历史中，城镇既是流域经济的核心承载区，也是与外部区域信息要素的流动枢纽港。调研中发现，当前嘉陵江流域已基本形成了上游小城市、中游大城市、下游特大城市的城镇发展格局。从城镇化水平看，嘉陵江下游的重庆中心城区城市化率超90%，城镇化进程步入稳定发展期；中游的南充、广元、广安以及上游的宝鸡、汉中等地城市化率相对较低，均在50%以下，城镇化发展仍处于快速增长阶段。综合来看，嘉陵江沿线城镇发展水平同样呈现梯度分布特征，重庆都市圈引领带动作用尚不明显，广元、南充、广安、汉中等中心城市协同辐射支撑力度不明显，一般中心城市和经济强镇发展实力较弱。因此，必须立足突出城镇发展对嘉陵江流域高质量发展引擎作用，统筹生态保护和经济发展，发挥成渝地区双城经济圈、关中平原城市群和核心城市带动作用，统筹各级城镇战略定位、功能配置、生产力布局，放大节点传递效应和分工协同效应，推动嘉陵江流域高质量发展。

（五）生态保护是嘉陵江流域高质量发展的生命底线

“绿色”是嘉陵江流域高质量发展的“底色”和“底线”。调研中发现，嘉陵江流域上中下游生态系统差异较大，上游的甘肃和陕西段山高坡陡，高山高原地貌突出，河谷狭窄，水流湍急；中游的四川段则逐渐过渡到浅丘区，与涪江、渠江的中下游构成川中盆地，地势较为开阔平坦，多平缓的丘陵和台地，农田集中；下游的重庆境内地势复上升为山区地形，以平行岭谷区为主，形成峡谷相间的台地、丘陵和小起伏山地区，沿江区域人口稠密，工农业发达。同时，由于嘉陵江尚未建立统一的流域水环境治理法规标准体系和水污染防治规划，缺少统一的操作流程、规则和统一的环保信息大数据共享平台，上中下游之间的流域生态治理保护尚未形成统一协同机制。因此，既需要在国家层面加快建立健全嘉陵江流域的污染治理、生态补偿机制，协调解决好上游、中游、下游之间开发建设时序，最大限度地发挥流域水资源在经济、社会与生态方面的综合效益；也需要建立上下游之间产业协同发展机制，积极引导各地优化产业结构，因地制宜，顺势而为，大力推行清洁生产、节水减污、节能减排技术和应用；还需要采取税收贷款等优惠政策措施，鼓励社会资本投入生态环境保护基础设施建设，完善多元化生态投融资机制，促进嘉陵江生态环境保护、治理与使用的良性互动发展。

（六）人民宜居共享是嘉陵江流域高质量发展的根本目标

宜居共享是和谐社会重要标尺，是促进共同富裕关键落脚点。调研中发现，嘉陵江流域“三省一市”经济发展水平差异较大。下游的重庆整体处于工业化后期向后工业化迈进的阶段，中游的四川整体处于工业化中后期阶段，上游的陕西、甘肃分别处于工业化后期、工业化中期向工业化后期迈进的阶段。流域内各市（区）经济差距尤其明显，2023年流域上游的甘肃陇南市人均地区生产总值约为2.57万元，流域下游的重庆渝中区人均地区生产总值达到28.3万元，差距超过10倍。嘉陵江流域经济发展整体处于低水平不平衡状态，为流域生态经济走廊的高质量建设增加了难度。从人均可支配收入看，呈现甘肃（2.5万元）、陕西（3.21万元）、四川（3.25万元）、重庆（3.76万元）由北至南逐步增加的特点，甘肃仅为重庆的66%。因此，必须加快推进嘉陵江流域各省市形成实现生态保护和高质量发展新的动力机制，使嘉陵江流域真正成为人民宜居和共享高质量发展成果的美好大地和文明社会。

附录一

嘉陵江流域生态经济走廊（甘肃省）调研分析报告

甘肃省陇南市、天水市地处陕西、四川、甘肃三省交界处，是连接丝绸之路经济带与长江经济带、成渝地区双城经济圈与关中平原城市群的重要节点区域，参与构建嘉陵江流域生态经济走廊，有利于筑牢嘉陵江上游生态屏障，推动嘉陵江流域上中下游地区协同发展、东西南北四向开放合作。《调研分析报告》相关数据资料主要源于国家、甘肃省、陇南市、天水市出台的系列规划文件，从国家、省级层面赋予的战略定位和陇南市、天水市自身的战略定位出发，在分析区位交通、资源条件、经济实力、产业基础、开放水平等方面发展现状和比较优势基础上，找出制约陇南市、天水市融入嘉陵江流域发展的主要问题，并提出参与构建嘉陵江流域生态经济走廊的思路举措，为《构建嘉陵江流域生态经济走廊思路研究》的深入开展提供前期研究支撑。

主要参考的资料：一是国家出台的有关规划。主要包括《全国主体功能区规划》《“十四五”旅游业发展规划》《“十四五”生态环境监测规划》。二是甘肃省出台的有关规划和文件。主要包括《甘肃省城镇体系规划（2013—2030年）》《甘肃省国民经济和社会发展第十四个五年规划和二〇三五年远景目标纲要》《“十四五”陇东南区域发展规划》《甘肃省“十四五”科技创新规划》《甘肃省“十四五”综合交通运输体系发展规划》《甘肃省新型城镇化规划（2021—2035年）》《甘肃省“十四五”公路水路交通发展规划》《甘肃省“十四五”市场体系建设规划》《甘肃省“十四五”文化和旅游发展规划》《甘肃省“十四五”能源发展规划》《甘肃省“十四五”制造业发展规划》《2022年甘肃省政府工作报告》。三是陇南市、天水市出台的有关规划和文件。主要包括《陇南市国民经济和社会发展第十四个五年规划和二〇三五年远景目标纲要》《陇南市工业和信息化发展“十四五”规划》《2022年陇南市政府工作报告》《天水市国民经济和社会发展第十四个五年规划和二〇三五年远景目标纲要》《天水市“十四五”教育事业发展规划》《天水市“十四五”交通运输发展规划》《天水市公园城市“十四五”规划》。

一、嘉陵江流域甘肃省空间范围及“十四五”总体定位

（一）空间范围

嘉陵江流域甘肃省空间范围包括陇南市和天水市，面积约4.21万平方千米，2022年常住人口约534.35万人，地区生产总值约1376.28亿元。其中，陇南市位于嘉陵江流域生态经济走廊核心区域，面积2.78万平方千米，现辖武都区和成县、文县、宕昌县、康县、西和县、礼县、徽县、两当县8个县，2022年常住人口约238.91万人，常住人口城镇化率达38.49%，地区生产总值562.4亿元。天水市位于嘉陵江流域生态经济走廊远期辐射区域，面积1.43万平方千米，现辖秦州区、麦积区2个区和甘谷县、武山县、秦安县、清水县、张家川回族自治县5个县，2022年常住人口295.44万人，常住人口城镇化率47.66%，地区生产总值813.88亿元。

（二）“十四五”总体定位

1. 国家规划赋予的定位

秦巴山区生态文化旅游区。陇南市和天水市因其自然资源环境和历史文化底蕴，在全国区域发展中肩负着重要使命。《全国主体功能区规划》将天水纳入关中—天水重点开发区域范围，将陇南市的武都区、康县、文县、宕昌县、两当县5个县（区）纳入秦巴生物多样性生态功能区。国家《“十三五”旅游业发展规划》提出，培育秦巴山生态文化旅游区，统筹天水市、陇南市等城市旅游集散功能。国家《“十四五”旅游业发展规划》再次提出，“持续推进跨区域特色旅游功能区建设，重点建设秦巴山区生态文化旅游区等”，进一步明确陇南市、天水市跨区域特色旅游功能区定位，要求其联合周边区域进行跨行政区旅游资源整合、利用和保护。此外，

国家《“十四五”生态环境监测规划》提出，“嘉陵江流域甘陕川交界开展铊、锑等重金属自动监测预警”，明确了陇南市在嘉陵江流域生态环境保护中的重要任务。

2. 甘肃省规划赋予的定位

（1）陇南市

区域中心城市、能源化工基地、全球华人寻根祭祖圣地、区域性综合交通枢纽、长江上游生态文明先行示范区。《甘肃省城镇体系规划（2013—2030年）》提出“省域中心、省域副中心、地区中心、县域中心、重点镇（乡）”五级中心城市，并将陇南市纳入地区中心城市，发挥区域性辐射带动作用。《甘肃省“十四五”规划纲要》提出，“在陇东南[①]形成经济总量占比高、综合承载能力强、创新发展动能强、区域带动作用强的多个经济中心”，再次明确陇南市在“十四五”时期“区域中心城市”的定位。陇南市在甘肃省制造业、文旅、交通、生态等领域发展中也扮演着重要角色。

制造业领域：能源化工基地、先进制造业基地。《甘肃省“十四五”规划纲要》对陇东南地区赋予了打造国家能源化工基地、西部先进制造业基地的使命。作为陇东南地区的重要组成部分，陇南市自然肩负起建设国家能源化工基地、西部先进制造业基地的责任。《甘肃省“十四五”能源发展规划》提出，“建设陇东南部多能互补综合能源开发利用区，陇南市要承接煤炭资源异地转化利用，有序发展风电、光伏发电等非化石能源和抽水蓄能”。《甘肃省“十四五”制造业发展规划》提出，“打造陇南先进制造产业集聚带：以天水、陇南、平凉和庆阳四市为重点，发展石油（天然气）化工、清洁生产、装备等产业”。可见，“十四五”期间，陇南市制造业发展重点方向为能源化工、装备制造等。

文旅领域：全球华人寻根祭祖圣地、全球知名的华夏文化旅游体验目的地。《“十四五”陇东南区域发展规划》提出，“天水陇南地区，打造

①　陇东南包括庆阳市、平凉市、天水市、陇南市、甘南州等5个市州。

全球华人寻根祭祖圣地”“建设陇南—甘南生态经济与民族文化特色发展区”。《甘肃省“十四五”文化和旅游发展规划》提出，“建成全球华人寻根祭祖圣地和全球知名的华夏文化旅游体验目的地”。

交通领域：区域性综合交通枢纽城市、物流区域中心。《甘肃省“十四五”公路水路交通发展规划》提出，“将陇南打造为区域性综合交通枢纽城市”“推进中新互联互通南向通道陇南节点智慧物流中转集散中心建设”。《甘肃省“十四五”规划纲要》明确了“打造陇南物流区域中心”任务，《甘肃省“十四五”市场体系建设规划》再次提出“打造陇南冷链物流区域中心”。陇南市在甘肃省南向开放中具有重要的门户枢纽功能。

生态领域：秦巴山地区长江上游生态安全屏障、长江上游生态文明先行示范区。陇南市作为秦巴生物多样性生态功能区，“十四五”时期被甘肃省赋予了“持续巩固提升秦巴山地区长江上游生态安全屏障”的重要使命。《“十四五”陇东南区域发展规划》《甘肃省新型城镇化规划（2021—2035年）》均提出，“培育陇南—甘南组团，建设白龙江合作治理示范区和黄河、长江上游生态文明先行示范区”“建设陇南—甘南生态经济与民族文化特色发展区”。《2022年甘肃省政府工作报告》明确“支持陇南建设‘绿水青山就是金山银山’实践创新基地”，表明陇南市在甘肃省生态保护格局中具有重要作用。

（2）天水市

省域副中心城市，先进装备制造业基地、区域性消费中心城市、区域性综合交通枢纽城市、全球华人寻根祭祖圣地。《甘肃省城镇体系规划（2013—2030年）》提出，将天水市作为三个省域副中心城市之一，建设成为丝绸之路经济带重要的国际文化交往门户，国家重要的新能源装备制造基地及研发中心，全国区域性的交通枢纽和物流中心。《“十四五”陇东南区域发展规划》和《2022年甘肃省政府工作报告》再次强调“支持天水建设省域副中心城市”。《甘肃省新型城镇化规划（2021—2035年）》还提出，培育天水都市圈，发挥区域辐射带动作用。天水市在甘肃省各领域发展中扮演着重要的角色。

制造业领域：先进装备制造业基地、高新技术成果产业转化基地、现代特色农产品加工基地。作为陇东南地区的重要组成部分，天水市同样也肩负着打造国家能源化工基地、西部先进制造业基地的重要使命。《“十四五”陇东南区域发展规划》提出，“天水建设为陇东南区域中心城市，积极打造先进装备制造业基地、高新技术成果产业转化基地、现代特色农产品加工基地”。《甘肃省新型城镇化规划（2021—2035年）》明确，天水市主要发展机械制造、电子信息、电工电气、新材料、智能制造、食品医药、特色农产品加工等产业。《甘肃省“十四五”制造业发展规划》提出，“建成天水电工电气装备制造基地”“重点打造天水电子信息产业基地”“打造陇南先进制造产业集聚带”。《2022年甘肃省政府工作报告》提出，“打造天水集成电路封测产业集聚区”。可见，天水市在电子信息、电工电气、集成电路等方面具有产业优势。

商贸领域：区域性消费中心城市、区域性商贸中心。天水市拥有甘肃（天水）国际陆港、中国（天水）跨境电子商务综合试验区等平台，商贸物流、消费集聚功能较为突出。《甘肃省“十四五”规划纲要》提出打造天水物流区域中心。《甘肃省“十四五”市场体系建设规划》提出，“形成天水等若干区域性商贸中心”“加快培育天水等一批特色化区域性消费中心城市”“打造天水冷链物流区域中心”。《2022年甘肃省政府工作报告》再次提出“支持天水培育建设区域（特色）消费中心城市”。

交通领域：区域性综合交通枢纽。《甘肃省“十四五”综合交通运输体系发展规划》《甘肃省“十四五”公路水路交通发展规划》均提出将天水打造成为区域性综合交通枢纽城市、陇东南经济带发展核心枢纽节点。“十四五”期间，甘肃省将推动天水至陇南铁路、天水军民合用机场迁建等项目建设。

文旅领域：全球华人寻根祭祖圣地，全球知名的华夏文化旅游体验目的地。《“十四五”陇东南区域发展规划》提出，“建设天水历史文化与生态经济综合发展区”“天水陇南地区，打造全球华人寻根祭祖圣地”。《甘肃省"十四五"文化和旅游发展规划》提出，"打造以天水为中心的'陇东南始祖文化旅游经济区'，辐射带动陇南、平凉、庆阳文化旅游发展。建成全球华人寻根祭祖圣地和全球知名的华夏文化旅游体验目的地"。可见，"十四五"时期，文旅产业是天水市的发展重点。

甘肃省相关规划对陇南市、天水市的定位见附录表1–1。

附录表 1–1　甘肃省相关规划对陇南市、天水市的定位

<table>
<tr><th>规划</th><th>陇南市</th><th>天水市</th></tr>
<tr><td>甘肃省城镇体系规划（2013—2030年）</td><td>区域中心城市</td><td>省域副中心城市</td></tr>
<tr><td rowspan="2">甘肃省国民经济和社会发展第十四个五年规划和二〇三五年远景目标纲要</td><td colspan="2">陇东南地区整体定位：国家能源化工基地、特色文化旅游保健养生基地、西部先进装备制造基地、绿色优质农产品生产加工基地</td></tr>
<tr><td>区域物流中心；秦巴山地区长江上游生态安全屏障</td><td>区域物流中心</td></tr>
<tr><td rowspan="2">"十四五"陇东南区域发展规划</td><td colspan="2">陇东南地区战略定位：维护国家生态安全的重要支撑、推动转型发展的国家现代能源经济示范区、促进陕甘宁川青接壤区发展的重要增长带、连接国家重要经济带的重要通道</td></tr>
<tr><td>区域中心城市和战略支点；生态经济与民族文化特色发展区；白龙江合作治理示范区、长江上游生态文明先行示范区；全球华人寻根祭祖圣地</td><td>省域副中心城市；国家文化旅游高地、先进装备制造业基地、高新技术成果产业转化基地、现代特色农产品加工基地和区域性综合交通枢纽；陇东南职业教育基地；全球华人寻根祭祖圣地</td></tr>
<tr><td>甘肃省"十四五"科技创新规划</td><td>陇南特色农产品科技创新示范区</td><td>—</td></tr>
<tr><td>甘肃省"十四五"综合交通运输体系发展规划</td><td>—</td><td>陇东南经济带发展核心枢纽节点</td></tr>
<tr><td>甘肃省新型城镇化规划（2021—2035年）</td><td>白龙江合作治理示范区、长江上游生态文明先行示范区</td><td>培育天水都市圈</td></tr>
<tr><td>甘肃省"十四五"公路水路交通发展规划</td><td>区域性综合交通枢纽城市；中新互联互通南向通道陇南节点</td><td>区域性综合交通枢纽城市</td></tr>
<tr><td>甘肃省"十四五"市场体系建设规划</td><td>大陇东南市场体系增长极；冷链物流区域中心</td><td>区域性消费中心城市；区域性商贸中心；大陇东南市场体系增长极；冷链物流区域中心</td></tr>
<tr><td>甘肃省"十四五"文化和旅游发展规划</td><td colspan="2">陇东南始祖文化旅游经济区；全球华人寻根祭祖圣地和全球知名的华夏文化旅游体验目的地</td></tr>
<tr><td>甘肃省"十四五"能源发展规划</td><td colspan="2">陇东南部多能互补综合能源开发利用区</td></tr>
</table>

续表

规划	陇南市	天水市
甘肃省“十四五”制造业发展规划	打造陇南先进制造产业集聚带：以天水、陇南、平凉和庆阳四市为重点，发展石油（天然气）化工、清洁生产、装备等产业	
	—	建成天水电工电气装备制造基地；重点打造天水电子信息产业基地
2022年甘肃省政府工作报告	支持陇南建设“绿水青山就是金山银山”实践创新基地	打造天水集成电路封测产业集聚区；支持天水培育建设区域（特色）消费中心城市；支持天水建设省域副中心城市

3. 陇南市、天水市自身的战略定位

（1）陇南市

连接“一带一路”和长江经济带的重要节点城市、融合甘陕川元素的特色城市、长江上游重要生态屏障。“十三五”期间，陇南市基本实现建成甘肃南向开放的桥头堡、甘陕川结合部重要的交通枢纽联结地、长江上游生态安全屏障的目标。“十四五”期间乃至未来一段时间，陇南市拔高了目标定位，要建成连接“一带一路”和长江经济带的重要节点城市、融合甘陕川元素的特色城市、长江上游重要生态屏障、宜居宜游宜商的美丽家园，成为生态之城、活力之城、陇蜀之城。

产业方面：有色金属产业精深加工基地、特色农产品加工基地。《陇南市“十四五”规划纲要》和《陇南市工业和信息化发展“十四五”规划》均提出“把陇南打造成南向通道上重要的有色金属产业精深加工基地、服务和交易中心”。此外，还提出“打造陕甘川现代中药技术产业新高地”“甘肃南部信息新高地和‘一带一路’上重要的数据节点城市”“全省乃至全国有影响的特色农产品加工基地和西北酿酒基地”等发展目标。

开放方面：甘肃省南向的桥头堡。“十四五”期间，陇南市提出，“加强与天水、庆阳、平凉等地的战略合作，打造‘陇东南始祖文化旅游经济圈’”“加强与兰州中川机场空港物流园、兰州铁路货运中心等物流园区的衔接，打造甘肃—广西—东南亚、甘肃—重庆—新加坡经济贸易走廊上的重要节点”“加强与广元、阿坝、汉中、宝鸡等区域合作，打造陕甘川交界区域协同发展的增长极”。《2022年陇南市政府工作报告》提出，未来五年要打造“一带一路”和西部陆海新通道的节点城市。由此可见，陇南市是甘肃省联动川陕协同发展，融入“一带一路”建设和西部陆海新通道的重要节点城市。

与川渝合作方面：成渝地区优质特色农产品供应基地、劳动密集产业转移示范地。《陇南市“十四五”规划纲要》提出，“积极融入成渝地区双城经济圈建设，推动与成渝地区政策贯通、通道互通、产业融通、信息畅通，建成成渝地区优质特色农产品供应基地、中药药膳为主的康养目的地、劳动密集产业转移示范地”“开通兰渝通道农产品冷链物流班列，推动南向通道货运班列常态化运行”“聚焦成渝地区主导产业，高效引进一批引领性项目”“依托农特产品优势，推进与成渝地区在农业、制造业、商贸物流、金融以及文旅健康等方面的合作”。

“十四五”期间陇南市发展定位情况见附录表1–2。

附录表1–2 “十四五”期间陇南市发展定位情况

规划	定位
陇南市国民经济和社会发展第十四个五年规划和二〇三五年远景目标纲要	总体定位：连接“一带一路”和长江经济带的重要节点城市、融合甘陕川元素的特色城市、长江上游重要生态屏障、宜居宜游宜商的美丽家园。 其他定位：陕甘川现代中药技术产业新高地；把陇南打造成南向通道上重要的有色金属产业精深加工基地、服务和交易中心；甘肃南部信息新高地和“一带一路”上重要的数据节点城市；成渝地区优质特色农产品供应基地、中药药膳为主的康养目的地、劳动密集产业转移示范地；全省深耕南向的桥头堡；甘肃—广西—东南亚、甘肃—重庆—新加坡经济贸易走廊上的重要节点
陇南市工业和信息化发展“十四五”规划	到2025年，把陇南打造成为甘肃南向通道上重要的有色冶金产业精深加工基地、服务和交易中心，全省乃至全国有影响的特色农产品加工基地和西北酿酒基地
2022年陇南市政府工作报告	今后五年，要努力把陇南建设成为甘肃绿色发展的典范城市、甘陕川结合部的魅力城市、“一带一路”和西部陆海新通道的节点城市；要坚定不移打造绿色发展高地、文旅康养胜地、交通物流要地、投资创业洼地、美好生活福地

（2）天水市

省域副中心城市、区域性中心城市、西汉水流域产业聚集区。“十四五”期间，天水提出了建设“三城三地三中心”总体目标定位，即建设“省域副中心城市、区域性中心城市、关中平原城市群重要城市，特色农产品生产加工基地、先进制造业基地、全球华人寻根祭祖圣地，区域现代科技创新中心、现代交通物流中心、现代商贸服务中心”，力争建成人文厚重、生态优良、产业兴盛、宜居宜游的西部新兴崛起城市。此外，还提出建成“陇东南教育发展高地”“西北地区公园城市的典范”“区域消费中心城市”的目标定位。

与川渝合作方面：区域性中心城市。天水市提出，“十四五”期间将“以融入成渝地区双城经济圈为契机，发挥区位优势，提升综合承载力，不断增强对周边地区的聚集、引领、辐射、支撑功能，建设区域性中心城市”。此外，还提出“十四五”期间，南北方向联通平凉、庆阳、陇南，融入“成渝地区双城经济圈的‘十字形’综合交通枢纽功能”“向南对接成渝地区文化旅游圈，发展文化游、田园游，吸引成渝地区游客资源”“联系友好城市，加强与四川绵阳、德阳等友好城市联系，促进产业、项目合作”。

融入嘉陵江流域方面：西汉水流域产业聚集区。西汉水地处嘉陵江上游，是嘉陵江一级支流。《天水市“十四五”规划纲要》提出，“抱团陇南，加快产业融合、园区合作，共同打造西汉水流域产业聚集区，打响‘陇上江南’名片”。

“十四五”期间天水市发展定位情况见附录表1–3。

附录表 1–3　“十四五”期间天水市发展定位情况

规划	定位
天水市国民经济和社会发展第十四个五年规划和二〇三五年远景目标纲要	总体定位：省域副中心城市、区域性中心城市、关中平原城市群重要城市，特色农产品生产加工基地、先进制造业基地、全球华人寻根祭祖圣地，区域现代科技创新中心、现代交通物流中心、现代商贸服务中心。 其他定位：甘肃省技术研发、科技创新和成果转化的重要高地；区域消费中心城市；全省特色农业主导区；西汉水流域产业聚集区
天水市“十四五”教育事业发展规划	陇东南教育发展高地
天水市“十四五”交通运输发展规划	南北方向联通平凉、庆阳、陇南，融入成渝地区双城经济圈的“十字形”综合交通枢纽功能
天水市公园城市“十四五”规划	到 2025 年，将天水打造成为西北地区公园城市的典范

二、发展现状和比较优势

（一）历史进程

历史源远流长、地理位置突出，为陇南市和天水市社会发展奠定了坚实基础。陇南，早在7000多年前就已有人类活动，在夏商时期是中国古代西部民族氐人的居住地，周朝时期是羌氐民族活动的核心地区。秦朝时期设置武都道，两汉三国时期名为武都郡，地处魏、蜀两国边界，地理位置十分重要。东晋、南北朝时期，陇南境内先后建立仇池、宕昌、武都、武兴、阴平5个胡人政权，称为“陇南五国”。唐朝时期，陇南地区设置文、武、成、迭、宕、岷等州[①]，其间曾被吐蕃占据。宋朝时期，因地处宋、金两国边境，战争频繁，于南宋端平三年被蒙古军占领。明清时期，陇南经历了李自成起义、白莲教之乱、太平天国等事件。陇南在清朝属甘肃布政使司，尔后经历了多次更名和范围调整，于1985年确定了现在的辖区范围，并更名为陇南地区。2004年，国务院同意撤销陇南地区，设立地级市陇南市，原武都县改为武都区。在漫长的历史进程中，陇南市既是中原中央政权与西北少数民族接触交往的前哨阵地，又是各种政治军事力量激烈争夺的战场。攻伐消长与民族交往，是陇南市社会历史的重要内容。天水，是我国远古“三皇五帝”时期氏族集团的聚居地，素有“羲皇故里”之称。夏商时期属雍州，为戎族所据。周朝时期，秦民族以天水为中心建立了秦国，秦武公在境内设置了我国最早的县级行政建制县（冀县），后又设陇西郡。西汉时期，从陇西、北地二郡析置天水郡，从此有“天水”的名称。自三国时期开始，该地区一直名叫“秦州”，直至1913年撤秦州设天水县，1949年天水县解放并属天水专区。尔后也是经历了多次范围调整，于1985年确定了如今的行政范围，并更名为天水市，属省辖地级市，正式进入全国中等城市行列。2005年1月经国务院批准，天水市秦城区、北道区更名为秦州区、麦积区。

---

① 常嘉怡. 陇南地区方言俗短语研究［D］. 兰州：西北师范大学，2022.

（二）区位和资源条件分析

战略区位优势明显。陇南市和天水市位于甘肃省东南部，地处秦岭西段，居陕西、四川、甘肃三省交界处，是连接丝绸之路经济带与长江经济带的重要区域。陇南市素称“秦陇锁钥，巴蜀咽喉”，是西部陆海新通道的组成部分和成渝地区双城经济圈辐射区；天水市是丝绸之路经济带和关中平原城市群的重要节点城市，具有承东启西、连接南北的重要区位优势。

地理环境复杂。陇南市和天水市位于秦巴山区、青藏高原、黄土高原三大交会区域，第二级阶梯向第三级阶梯地形的过渡带，地势西北高、东南低，平均海拔1000多米，境内形成高山、河谷、丘陵、盆地相间的复杂地形。境内部分地区属于亚热带气候，部分地区属于大陆性暖温带半湿润气候和温带季风气候，年平均气温为11℃。境内江河溪流纵横密布，陇南市内河流均属于嘉陵江水系，天水市白家河、花庙河、红崖河等属嘉陵江水系，其余属黄河水系。

历史文化底蕴深厚。陇南市是秦人的发祥地、中国古代西部民族氐人和羌人活动的核心地区，文县白马人被誉为“东亚最古老的部族”，因其在历史进程中处在重要的地理位置上，也是兵家必争之地。天水市是中华民族和华夏文明的重要发祥地，是国家历史文化名城，有8000多年的文明史、3000多年的文字记载史和2700多年的建城史，以伏羲文化、大地湾文化、秦早期文化、麦积山石窟文化、三国古战场文化为代表的“五大文化”，共同构成了独具魅力的丰富历史文化资源[①]。陇南市和天水市共拥有全国重点国家级文物古迹29处、省级文物古迹93处、市县级文物古迹727处。

附录专栏1-1　陇南市和天水市的全国重点文物保护单位

陇南市（9处）：大堡子山遗址及墓群、西狭颂摩崖石刻、哈达铺会议旧址、《新修白水路记》摩崖、石沟坪遗址、栗川砖塔、吴挺墓、福津广严院、西狭古栈道遗址及题刻。

① 张振.“羲皇故里”：全域旅游驶入新时代［N］.平凉日报，2017-08-09.

天水市（20处）：麦积山石窟、大地湾遗址、兴国寺、伏羲庙、胡氏古民居建筑、水帘洞—大像山石窟、玉泉观、后街清真寺、秦安文庙、木梯寺石窟、仙人崖石窟、狼叫岖遗址、李崖遗址、鲁恭姬造像碑、马家塬遗址、放马滩墓群、毛家坪遗址、武山圣寿寺、天水纪信祠、河峪摩崖石刻。

注：根据国家文物局官网数据整理。

生态功能地位突出。陇南市和天水市地处华北、华中、蒙新和喜马拉雅植物交会处，森林资源丰富，覆盖率超40%，拥有水杉、红豆杉、珙桐等国家保护植物和大熊猫、金丝猴、云豹、梅花鹿等多种珍稀动物，是秦巴山长江上游生态安全屏障，发挥着长江上游水源涵养、秦巴地区生物多样性保护等重要生态功能。境内拥有国家级自然保护区4个、国家森林公园5个、国家湿地公园2个。

附录专栏1-2　陇南市和天水市国家级自然保护区、森林公园、湿地公园情况

国家级自然保护区：白水江国家级自然保护区、小陇山国家级自然保护区、秦州珍稀水生野生动物国家级自然保护区、裕河国家级自然保护区。

国家森林公园：麦积国家森林公园、鸡峰山国家森林公园、官鹅沟国家森林公园、小陇山国家森林公园、文县天池国家森林公园。

国家湿地公园：文县黄林沟国家湿地公园、康县梅园河国家湿地公园。

矿产资源禀赋良好。陇南市和天水市的地质构造环境复杂，成矿条件优越，矿产资源丰富，勘查开采潜力大。陇南市已探明金属矿和非金属矿34种、矿产地450余处，有全国第二大矿体——西成铅锌矿带，铅、锌、金、锑、重晶石储量位列全国前十，被著名地质学家李四光誉为“宝贝的复杂地带”。天水市已探明资源储量矿产22种，矿床、矿（化）点335处，已开发利用的矿产有金、铁、铜、萤石、水泥用石灰岩（大理岩）、水泥配料用砂岩、建筑用石材等12种，2020年矿石产量1230.7万吨。

（三）经济社会发展

综合经济实力稳步提升。陇南市和天水市坚定不移稳增长求发展，综合经济实力大幅提升，2022年GDP分别达562.4亿元、813.88亿元，人均GDP分别为2.35万元、2.75万元。陇南市、天水市三次产业增加值占GDP比重分别由2015年的18.5：28.7：52.8、17.61：33.51：48.88调整至2022年的18.5：26.4：55.1、19.1：27.1：53.8，经济结构更趋合理，经济转型稳步推进。陇南市、天水市金融机构存款分别突破1300亿元、1900亿元，城乡居民收入比分别由2015年的3.5：1、3.46：1缩小至2.99：1、3.13：1，城乡收入差距逐步缩小。从区县看，GDP超过百亿元的区县有陇南市的武都区和天水市的秦州区、麦积区。

2022年陇南市和天水市的主要经济指标见附录表1–4，2022年陇南市和天水市各区县的主要经济指标见附录表1–5。

附录表1–4 2022年陇南市和天水市的主要经济指标

指标		陇南市	天水市
地区生产总值	总量（亿元）	562.4	813.88
	同比增长（%）	7.8	5.3
第一产业增加值	总量（亿元）	104.2	155.65
	同比增长（%）	6.1	6
第二产业增加值	总量（亿元）	148.4	220.32
	同比增长（%）	7.6	4.9
第三产业增加值	总量（亿元）	309.8	437.91
	同比增长（%）	8.4	5.2
人均GDP（元）		23548	27538
三次产业结构		18.5：26.4：55.1	19.1：27.1：53.8
一般公共预算收入（亿元）		27.8	45.38
年末金融机构存款余额（亿元）		1377.5	1937.8
社会消费品零售总额（亿元）		180	279.37
城镇居民人均可支配收入（元）		29899	33541
农村居民人均可支配收入（元）		10013	10716

附录表 1-5　2022 年陇南市和天水市各区县的主要经济指标

区县	GDP（亿元）	人均 GDP（元）	三次产业结构	社会消费品零售总额（亿元）	城乡收入比
陇南市	562.4	23548	18.5：26.4：55.1	180	2.99：1
武都区	167.69	30757	19.7：10.7：69.6	87.16	3.01：1
成县	82.21	34111	11.85：47.99：40.16	18.5	2.44：1
文县	70.11	28160	12.18：57.3：30.52	7.75	3.03：1
宕昌县	36.97	14871	24.65：3.97：71.38	15.26	3.08：1
康县	28.84	17836	18.23：17.33：64.44	8.29	3.07：1
西和县	44.41	12732	21.14：22.04：56.82	10.51	3.07：1
礼县	51.68	12291	24.7：14.1：61.2	17.01	2.94：1
徽县	67.2	35542	17.9：39.7：42.4	13.84	2.39：1
两当县	13.22	33639	32.82：3.77：63.41	1.71	3.31：1
天水市	813.88	27538	19.1：27.1：53.8	279.37	3.13：1
秦州区	253.7	33417	8.61：30.08：61.31	87.25	3.12：1
麦积区	213.34	38600	9.9：45：45.1	72.5	3.14：1
清水县	42.36	17776	36.2：6.1：57.7	10.14	3.24：1
秦安县	93.99	23042	29.0：9.9：61.1	38.05	3.03：1
甘谷县	96.48	19070	35.74：5.28：58.98	30.26	3.23：1
武山县	76.89	21210	26.25：10.20：63.55	26.33	2.97：1
张家川回族自治县	37.12	12553	33.89：8：58.11	10.09	3.21：1

注：数据源于各市、县（区）2022 年国民经济和社会发展统计公报。

现代产业体系加快构建。陇南市、天水市坚持把经济发展着力点放在实体经济上，强化传统产业转型升级和新经济新产业培育，现代产业体系加快完善。农业产业稳步发展。陇南市已形成油橄榄、花椒、核桃、苹果、中药材、茶叶、蚕桑、食用菌等特色优势产业，农业特色产业年产值达210亿元，对农村居民人均可支配收入贡献率达到42%。天水市实施“4+2”农业产业[①]振兴行动，粮食产量连续10年稳定在110万吨以上，2022年果品、蔬菜、中药材产量分别为188.42万吨、226.72万吨、5.84万

① “4+2”农业产业：果品、蔬菜、畜牧、劳务四大传统主导产业和中药材、乡村旅游两个新兴优势产业。

吨。工业转型升级稳步推进。陇南市已经形成现代农产品及食品加工、有色冶金、绿色建材三大传统优势产业，新材料、生物及中医药两大产业加快培育，2022年规模以上工业完成营业收入201.2亿元，同比增长12.6%。天水市已经形成电子信息、电工电气、医药食品、机械制造、绿色建材等五大优势传统产业，新材料、航空维修制造、节能环保、智能制造等战略性新兴产业加快培育，2022年规模以上工业增加值比上年增长4.5%。现代服务业发展迅速。陇南市商贸流通、文化旅游、餐饮住宿、家政服务、金融保险、数据信息等现代服务业加快发展，其中文化旅游、商贸流通、金融保险等现代服务业对经济发展贡献率超过50%。天水市加快旅游产业发展，2022年累计接待游客2892.62万人次、旅游综合收入167.51亿元，分别同比增长26.3%、17.7%；天水市商贸服务业快速发展，天水商贸城、京东天水TDC城市仓等投入运营，2022年电商交易额达110亿元，成功创建全国跨境电商综合试验区。

城镇化水平稳步提升。陇南市、天水市积极推进新型城镇化战略，城镇发展水平不断提升，2022年常住人口分别为238.91万人、295.44万人，常住人口城镇化率分别为38.49%、47.66%，处于城镇化加速阶段。稳步推进城市建设，2020年陇南市城区人口15万人、建成区面积13.8平方千米，尚属于Ⅱ型小城市；天水市城区人口64.72万人、建成区面积73平方千米，属于中等城市。从各区县来看，陇南市武都区、成县、徽县和天水市的秦州区、麦积区、甘谷县、武山县常住人口城镇化率超过40%。城区人口超过10万人、建成区面积超过10平方千米的有陇南市武都区、西和县和天水市秦州区、麦积区、秦安县、甘谷县。

2022年陇南市和天水市各区县的主要社会指标见附录表1–6。

附录表1–6　2022年陇南市和天水市各区县的主要社会指标

区县	常住人口（万人）	城镇化率（%）	城区人口（万人）*	建成区面积（平方千米）*
陇南市	238.91	38.49	—	—
武都区	54.52	46.91	15	13.8
成县	24.11	52.52	6.7	11.80
文县	19.4	33	3.73	3.5

续表

<table>
<tr><th>区县</th><th>常住人口（万人）</th><th>城镇化率（%）</th><th>城区人口（万人）*</th><th>建成区面积（平方千米）*</th></tr>
<tr><td>宕昌县</td><td>24.86</td><td>30</td><td>3.38</td><td>6</td></tr>
<tr><td>康县</td><td>16.17</td><td>32.17</td><td>2.86</td><td>2.53</td></tr>
<tr><td>西和县</td><td>34.88</td><td>30.06</td><td>10.98</td><td>12.3</td></tr>
<tr><td>礼县</td><td>42.06</td><td>32.94</td><td>4.85</td><td>7.16</td></tr>
<tr><td>徽县</td><td>18.92</td><td>43.59</td><td>5.06</td><td>7</td></tr>
<tr><td>两当县</td><td>3.97</td><td>12.47</td><td>1.29</td><td>2.6</td></tr>
<tr><td>天水市</td><td>295.44</td><td>47.66</td><td>—</td><td>—</td></tr>
<tr><td>秦州区</td><td>65</td><td>66</td><td rowspan="2">64.72</td><td rowspan="2">73</td></tr>
<tr><td>麦积区</td><td>55.27</td><td>60.16</td></tr>
<tr><td>清水县</td><td>23.83</td><td>34.7</td><td>7.09</td><td>7.72</td></tr>
<tr><td>秦安县</td><td>40.75</td><td>36.05</td><td>12.51</td><td>13.6</td></tr>
<tr><td>甘谷县</td><td>50.59</td><td>45.5</td><td>12.94</td><td>16.82</td></tr>
<tr><td>武山县</td><td>36.25</td><td>43</td><td>7.13</td><td>9.2</td></tr>
<tr><td>张家川回族自治县</td><td>24.37</td><td>31.3</td><td>5.8</td><td>7.5</td></tr>
</table>

注：常住人口、城镇化数据来源于各市、县（区）2022年国民经济和社会发展统计公报，“*”为2020年的数据。

开放合作扎实推进。抢抓共建“一带一路”、长江经济带发展、西部陆海新通道建设等机遇，陇南市、天水市抱团对接融入成渝地区双城经济圈发展，与重庆市铜梁区、四川省绵阳市等多个区市签订战略合作框架协议。陇南市已与四川省广元市、汉中市联合开展嘉陵江流域跨界水污染联防联控，与嘉陵江流域城市的10家中级人民法院签署《嘉陵江流域环境资源保护司法协作框架协议》，共同探索嘉陵江流域生态环境跨区域一体化保护。天水市作为关中平原城市群重要组成部分，拥有甘肃（天水）国际陆港、中国（天水）跨境电子商务试验区等重要开放平台，是嘉陵江流域城市对接关中平原城市群北向开放的重要支点。

交通网络基本形成。境内宝兰客专、兰渝铁路、陇海铁路、天平铁路4条铁路和海兰高速、连霍高速、平绵高速、十天高速、九绵高速、武九高速等高速公路横贯东西、纵通南北，构成了四通八达的陆运网络。拥有成县机场和麦积山机场，分别开通航线12条、8条，通达国内北京、西安、重庆等10余个主要城市，空中通道逐步形成。陇南市白龙江文县碧口至罐子沟（甘川界）水运工程加快建设，南下融入长江经济带发展的水上通道有望打通。

三、主要问题

陇南市、天水市融入嘉陵江流域发展还面临经济社会发展水平不高、产业发展基础较为薄弱、交通基础设施尚不完善、区域协同发展机制不健全等问题。

（一）经济社会发展水平不高

陇南市、天水市地处嘉陵江流域上游，2022年人均GDP分别仅2.35万元、2.75万元，地均GDP分别仅202万元/平方千米、569万元/平方千米，均低于嘉陵江流域其他城市，三次产业结构中第一产业占比均较高、第二产业占比较低，尚处于工业化前期阶段，综合经济发展水平较低，对嘉陵江流域高质量发展的支撑能力较弱。2022年，陇南市常住人口城镇化率不足40%、人口密度仅86人/平方千米，天水市常住人口城镇化率仅为47.6%、人口密度209人/平方千米，明显低于嘉陵江流域中下游城市，人口集聚能力较弱，城市化水平较低。

（二）产业发展基础较为薄弱

陇南市、天水市工业发展尚未摆脱依赖矿产资源和初级加工的模式，传统产业比重大、链条短、附加值低，难以支撑经济高质量发展。例如，陇南市以铅锌、黄金、硅铁为主的金属采掘，主要依靠扩大产能提高企业效益；以油橄榄、中药材加工为主的特色农产品加工和中医药制造业尚处于产业链分工中低端环节；规模以上工业中没有装备制造和数据信息产业，抵御市场风险能力弱。2022年，陇南市规模以上工业增加值约90亿元，占全市GDP比重仅为16%，占甘肃省规模以上工业增加值比重仅3%左右，工业发展水平较低。

（三）交通基础设施尚不完善

甘肃省陇南市、天水市已经形成了公铁空立体交通网络，但对外的快速交通网络尚不完善，内部路网等级结构偏低，高等级公路覆盖率较低。陇南市、天水市公路网密度分别为每百平方千米68.3千米、98.9千米，其中高速公路密度分别仅为每百平方千米2.1千米、1.9千米，密度较低。成县机场和麦积山机场航空旅客吞吐量、货邮吞吐量均不及嘉陵江流域周边的广元盘龙机场、汉中城固机场，对周边的人流和货物的组织能力有待提升。陇南市、天水市南下通过嘉陵江融入长江经济带发展的水上通道尚未打通。

2022年陇南市和天水市交通运输基本情况见附录表1–7。

附录表1–7　2022年陇南市和天水市交通运输基本情况

指标	陇南市	天水市
铁路里程（千米）	222	105
公路通车里程（千米）	19263	14270
高速公路通车里程（千米）	644.8	300.01
航空旅客吞吐量（万人次）	19.1	2.03
航空货邮吞吐量（吨）	108.79	5.7

数据来源：各市、县（区）2022年国民经济和社会发展统计公报，2022年全国运输机场吞吐量排名表。

（四）区域协同发展机制不健全

嘉陵江流域涉及的陕西省、甘肃省、四川省、重庆市等四省市尚未建立嘉陵江流域开发的统筹协调机制，导致陇南市、天水市难以积极有效融入嘉陵江流域发展。合作机制有待完善，陇南市仅与广元市、汉中市等嘉陵江流域上游城市签订了嘉陵江流域跨界水污染防治联防联控协议，尚未与中下游地区建立有效的合作关系。目前，陇南市与周边地区主要围绕嘉陵江流域污染治理、资源环境保护等方面开展合作，区域产业协作、流域经济探索、市场化生态补偿等方面合作尚处于空白，亟须拓展融入嘉陵江流域发展的深度和广度。

四、融入嘉陵江流域绿色经济走廊发展的思路举措

（一）主要思路

甘肃省陇南市、天水市地处陕西、四川、甘肃三省交界处，是连接丝绸之路经济带与长江经济带、成渝地区双城经济圈与关中平原城市群的重要节点区域，参与构建嘉陵江流域生态经济走廊，有利于推动嘉陵江流域上中下游地区协同发展、东西南北四向开放合作。因此，必须抢抓长江经济带发展、新时代西部大开发、革命老区振兴发展、西部陆海新通道建设等重大战略和共建“一带一路”的机遇，重点以陇南市、天水市抱团对接融入成渝地区双城经济圈发展为契机，坚持生态优先、绿色发展，以凝聚合作共识、产业互补协作、生态共保共治、交通互联互通、城镇协同发展、对外开放合作等为抓手，深化与嘉陵江流域地区其他城市合作，高质量参与构建嘉陵江流域生态经济走廊，筑牢嘉陵江上游生态屏障。

（二）主要举措

1. 加快完善现代化的产业体系

坚持把“绿色”作为产业发展的主色调，巩固提升传统优势产业，培育壮大新兴产业，推动产业基础高级化、产业链现代化，加快构建与嘉陵江流域其他地区错位发展、互补协作的现代产业体系，为嘉陵江流域生态经济走廊发展注入强劲动力。一是提升制造业发展水平。坚持传统工业高端化、智能化、绿色化改造，推动陇南市有色冶金、白酒酿造、农产品精深加工、新型建材、清洁能源等传统优势产业向价值链高端发展，加大矿产资源勘探力度，努力培育有色冶金、非金属矿等产业集群，把陇南市打造成南向通道上重要的有色金属产业精深加工基地、服务和交易中心。持续提升天水市电子信息、电工电气、机械制造产业，强力突破航空维修制造、新型建材、军民融合、医药大健康产业，加快发展农产品深加工和新材料产业，全面提升产业综合竞争力。二是加快发展文化旅游产业。做好秦文化、三国文化、伏羲文化、大地湾文化、陇蜀古道等历史文化大文

章，整合自然风光、历史遗迹、民俗风情、红色文化等四大板块，做精寻根游、生态游、自驾游、乡村游、红色游等主题旅游，大力发展休闲养生、体育健身、康体旅游、健康管理等健康服务业，建设国家文旅康养融合发展示范区。加强嘉陵江流域跨区域旅游资源整合、利用和保护，推进秦巴山区生态文化旅游区建设，打造嘉陵江流域生态经济走廊上的重要旅游目的地。三是提质发展现代农业。坚持农业特色产业规模化、标准化、品牌化、集群化发展，巩固提升油橄榄、花椒、核桃、苹果、中药材、茶叶、蚕桑、食用菌等特色优势产业，积极创建国家和省级现代农业产业园，打响"陇南油橄榄""来陇去麦""花牛苹果""武都花椒"等区域农产品品牌，将陇南市、天水市打造成为嘉陵江流域生态经济走廊上的优质特色农产品供应基地。

2. 提升交通基础设施联通水平

以提升内联外通水平为导向，加快完善现代交通基础设施，形成安全高效、四通八达的现代综合立体交通运输体系，提升陇南市、天水市枢纽城市功能层级，建成嘉陵江流域生态经济走廊的重要枢纽节点。一是完善航空服务网络。完善航空基础设施，推进陇南机场改扩建、天水军民合用机场迁建。积极拓展航线，争取开通陇南至天津、南京、重庆等城市航线，天水至北京、广州等城市航线，全面融入重点城市群机场网络。进一步加密陇南至成都、天水至重庆和成都往来航班，加强与重庆、四川、陕西相关支线机场合作，共建航空旅游市场。二是完善铁路基础设施建设。围绕主动融入成渝地区双城经济圈发展，打造连接西部陆海新通道的快速铁路通道，加快天水至陇南铁路建设、天水至平阳铁路改造升级，有序推进兰州至重庆、兰州至汉中高速铁路、陇南至九寨沟铁路前期工作。三是构建高效现代公路网。推进西和至宕昌、两水至九寨沟、成县至天水、余家湾至凡昌、天水至平凉、静宁至天水等高速公路建设，谋划实施一批连接周边地区的高速公路，实现内部县县高速、外部地区高效互通。推进普通国道提质升级，畅通连接周边宝鸡、汉中、广元等市重点省道的"断头路""瓶颈路"。改造提升县乡道路，推进产业路、旅游路、资源路、联网路、自然村组路等建设，提升内部公路通行质量。四是打通南向水运通道。谋划打造融入长江经济带发展的水上通道，推进白龙江文县碧口至罐子沟（甘川界）水运工程前期工作，尽快打通陇南市南向融入长江经济带发展的水上通道。五是构建现代物流体系。开通兰渝通道农产品冷链物流班列，推动南向通道货运班列常态化，把陇南建设成为甘陕川结合部新的交通物流枢纽。推进天水国际陆港“港产城”融合发展，打造区域性物流枢纽港。

3. 建立协调联动发展的城镇体系

深入落实区域协调发展战略，推进以人为核心的新型城镇化，促进城乡融合发展，构建以市区为引领、县城为载体、重点镇为补充的城镇体系，建成带动嘉陵江流域高质量发展的区域中心城市。一是增强中心城区功能。围绕提高城市品质、推动高质量发展，按照陇南市“橄榄之乡，陇蜀之城”、天水市“省域副中心”的城市定位，优化中心城区城市风貌和空间结构，依托资源禀赋优势和地域优势，整合甘肃、陕西、四川文化元素，营造生态之城、文化之城，塑造陇上江南城市名片，提升中心城区发展能级和核心竞争力，成为嘉陵江流域生态经济走廊上综合承载能力和辐射带动能力较强的区域中心城市。二是提高县城综合承载能力。加快补齐县城短板，促进县城公共服务设施提标扩面、环境卫生设施提级扩能、市政公用设施提档升级、产业配套设施提质增效，优化县城用地布局和规模，提高县城服务能力和承载能力。根据产业基础和资源优势，推动形成协同互补、特色鲜明的县域产业格局，增强县域经济高质量发展的内生动力。三是培育壮大重点镇、特色小镇。引导交通、市政等基础设施和教育、医疗、文化、体育等公共服务资源向重点镇布局，将重点镇建成农业转移人口就业、居住和生活的重要载体[①]。培育各具特色的小城镇，打造一批产业强镇、商贸重镇、旅游名镇、康养小镇，完善生活居住、教育医疗、集贸市场等配套功能，增强对农村人口的吸纳能力。

---

① 中共陇南市委关于制定陇南市国民经济和社会发展第十四个五年规划和二〇三五年远景目标的建议［N］.陇南日报，2021-01-14.

4. 推进嘉陵江生态环境共保共治

深入践行“绿水青山就是金山银山”理念，坚决贯彻“共抓大保护、不搞大开发”方针，强化上游意识、担好上游责任，加强生态环保和绿色发展，筑牢嘉陵江上游生态安全屏障。一是加强生态保护与修复。统筹山水林田湖草沙一体化保护和修复，推进嘉陵江干流和白龙江、白水江、西汉水等支流绿色生态廊道建设，构建以嘉陵江干流及其洲滩湿地、沿江丘陵山地为主体的生态安全格局。稳步推进重点河流环境保护“河长”责任制，以重点河湖生态保护修复和水土流失综合治理为基础，加强河流生态功能保护，恢复河流的生态功能，不断提高用水效率和效益。二是加强环境综合治理。积极推进嘉陵江上游环境综合治理工程、龙沟煤矿生态修复工程、长江大保护陇南市“三江一水”河道生态治理及综合开发项目，争取将“三江一水”区域纳入国家长江上游生态安全屏障建设。深化嘉陵江流域上中下游协作，协同开展大气污染治理、跨界水体治理、土壤污染治理、水土流失综合治理等，强化能源消费总量和强度“双控”，共同探索实现“双碳”目标的有效路径。三是健全嘉陵江流域生态共保共治机制。推动嘉陵江流域地区建立统一环境监测体系、联合巡查制度、跨省界河流环境污染联防联控制度、流域生态环境事故处置制度等，加强跨区域生态环境数据共享。建立长江大保护陇南市“三江一水”河道生态治理及综合开发项目域上游之间横向补偿机制，支持共同探索建立长江上游生态产品价值实现路径。

5. 加强区域交流和开放合作

积极主动对接共建“一带一路”、成渝地区双城经济圈等国家重大战略和部署，深化国内国际交流合作，构建高水平对外开放新格局。一是全面融入共建“一带一路”。借助陇南市“一带一路”美丽乡村论坛永久会址，打造高水平对外开放窗口。充分挖掘陇南市、天水市历史文化优势，加强与“一带一路”国家和地区文化交流合作，联合开展文化遗产保护，促进民心相通。积极融入西部陆海新通道，拓展东盟国家市场，加快建设区域物流中心和贸易节点。深化与嘉陵江流域地区合作，共同开拓“一带一路”国家和地区新兴市场。二是对接融入成渝地区双城经济圈建设。聚焦成渝地区主导产业，紧盯市场需求方向、企业投资导向，高效引进一批引领性项目。加强与成渝地区在现代农业、装备制造、教育医疗、休闲康养、文化旅游等特色优势产业以及数字经济、智能制造、现代金融等新产业新业态上的对接合作。三是加强与国内其他地区合作。发挥区位优势，加强与四川广元市、陕西汉中市和宝鸡市等省际毗邻地区合作，打造陕甘川交界区域协同发展的增长极。加强与长三角、珠三角、京津冀、粤港澳大湾区等发达地区交流合作，重点在有色金属、文旅、中药材、油橄榄等产业开展先行先试，落实优惠招引政策，跟踪做好项目落地服务，推动招商引资取得新突破。

附录二

嘉陵江流域生态经济走廊（陕西省）调研分析报告

嘉陵江因流经陕西省凤县东北嘉陵谷而得名。陕西省境内属于河流上游段，涉及宝鸡市和汉中市，嘉陵江流经凤县，入甘肃再回陕西，经略阳县和宁强县出陕，是长江上游重点水源涵养区和重要生态屏障。共建嘉陵江流域生态经济走廊，推动生态与经济双翼齐飞，促进嘉陵江流域一体化发展，先期必须扎实开展陕西相关地市社会经济发展情况调研。本调研主要参考依据为《陕西省入河排污口监督管理工作实施方案》《陕西省贯彻落实第二轮中央生态环境保护督察报告整改方案》《陕西省长江流域生态空间治理十大行动》《嘉陵江流域环境资源保护司法协作框架协议》《陕西省嘉陵江上游尾矿库治理实施方案》《嘉陵江绿色发展朝天宣言》《中共陕西省委关于制定国民经济和社会发展第十四个五年规划和二〇三五年远景目标的建议》《宝鸡市国民经济和社会发展第十四个五年规划和二〇三五年远景目标纲要》《汉中市国民经济和社会发展第十四个五年规划和二〇三五年远景目标纲要》，以及陕甘川渝四省市联手打造嘉陵江文旅产业、政府工作报告、统计年鉴和统计公报。

一、嘉陵江流域陕西省空间范围及“十四五”总体定位

（一）空间范围

嘉陵江流域陕西省范围包括宝鸡市凤县、汉中市略阳县和宁强县，位于嘉陵江上游，均为嘉陵江流域生态经济走廊的核心区域，面积约为9278.3平方千米，占陕西全省面积的4.5%，占嘉陵江流域总面积的25.8%。该区域城镇化率、人口密度和地均产出均低于陕西省平均水平，整体处于工业化城镇化加速发展时期。

（二）在上位规划中的战略定位与要求

1. 国家对陕西省的战略定位与要求

2015年2月和2020年4月，习近平总书记先后两次去陕西考察并发表重要讲话，作出“五个扎实”“五项要求”重要指示[①]，即扎实推进经济持续健康发展、扎实推进农业现代化建设、扎实加强文化建设、扎实做好保障和改善民生工作、扎实落实全面从严治党，推动经济高质量发展迈出更大步伐、打造内陆改革开放高地、推动生态环境质量持续好转、加强民生保障和社会建设、推动全面从严治党向纵深发展，奋力谱写陕西新时代追赶超越新篇章。

2. 国家、区域和省级规划对宝鸡市、汉中市的战略定位与要求

宝鸡市和汉中市虽同处嘉陵江流域，但因为三秦历史文化差异和大山大水分割，彼此间发展联系性并不强，在上位规划中属不同的区域板块，宝鸡隶属关中地区，是关中平原城市群的重要组成城市；汉中隶属陕南地区，为汉江生态经济带的重要组成城市。

宝鸡市突出交通物流枢纽和先进制造功能，打造关中平原城市群副中心城市[②]。国家层面和省级层面相关规划中，尤其重视提升宝鸡的交通物流枢纽功能和先进制造功能。交通物流领域，2018年颁布的《国家物流枢纽布局和建设规划》，明确提出宝鸡为生产服务型国家物流枢纽承载城市，《关中平原城市群发展规划》以及陕西省“十四五”综合交通运输、物流业高质量发展等规划均提出将宝鸡打造成全国性综合交通枢纽。先进制造领域，陕西省“十四五”规划纲要和制造业高质量发展规划提出，依托现有制造业基础，推动宝鸡产业结构调整升级，将宝鸡打造成全省先进制造业示范基地、国家产业转型升级示范区、全国重要的高端装备制造业基地。陕西省“十四五”规划纲要中明确要求将宝鸡打造成关中平原城市群副中心城市。

---

① 中共陕西省委关于制定国民经济和社会发展第十四个五年规划和二〇三五年远景目标的建议［N］.陕西日报，2020-12-14（001）.

② 宝鸡市第十五届人民代表大会第六次会议关于宝鸡市国民经济和社会发展第十四个五年规划和二〇三五年远景目标纲要的决议［N］.宝鸡日报，2021-06-29（005）.

汉中市突出文旅和生态宜居功能，打造区域中心城市[①]。汉中作为汉朝发祥地和汉江发源地，文化源远流长，生态战略地位重要，文旅和生态功能突出。2018年，国家发展改革委印发的《汉江生态经济带发展规划》将汉中作为区域性节点城市，明确提出，“加快汉中绿色循环发展，建设重要的装备制造业基地、循环经济产业集聚区和物流中心，打造具有‘两汉三国’文化特色的生态宜居城市”。陕西省“十四五”规划纲要明确提出支持汉中建设区域中心城市，要求汉中积极发挥区位优势，深化与广元、达州、巴中等城市协同发展，积极融入成渝地区双城经济圈。

上位规划中宝鸡市、汉中市的战略定位见附录表2–1。

附录表 2–1　上位规划中宝鸡市、汉中市的战略定位

规划	宝鸡市	汉中市
一、国家级和区域性规划		
国家物流枢纽布局和建设规划	生产服务型国家物流枢纽承载城市	—
国家骨干冷链物流基地建设实施方案	鲁陕藏大通道国家物流冷链基地承载城市	—
关中平原城市群发展规划	1. 重点节点城市； 2. 积极建设宝鸡全国性综合交通枢纽	—
汉江生态经济带发展规划	—	区域性节点城市
二、陕西省级规划		
陕西省“十四五”规划纲要	1. 关中平原城市群副中心城市； 2. 支持宝鸡加快产业结构调整，发展智能制造、高端制造，建设全省先进制造业示范基地和国家产业转型升级示范区	1. 区域中心城市； 2. 支持汉中深化与广元、达州、巴中等城市协同发展，积极融入西安都市圈、成渝地区双城经济圈发展格局，积极创建国家循环经济建设示范城市
陕西省“十四五”制造业高质量发展规划	依托现有装备制造业基础，重点发展智能制造装备、先进轨道交通装备、节能环保装备、石油装备等优势产业，建设全国重要的高端装备制造业基地	重点发展智能制造装备和应急装备等产业，建设中国现代航空新城

① 汉中市发展和改革委员会. 汉中市国民经济和社会发展第十四个五年规划和二〇三五年远景目标纲要［EB/OL］.［2021–03–16］. http://fgw.hanzhong.gov.cn/hzfgwwz/ghjh/202404/84afcfbd7eb74f3292b709dbca7fb881.shtml.

续表

规划	宝鸡市	汉中市
陕西省“十四五”服务业高质量发展规划	创新型城市	创新型城市
陕西省“十四五”综合交通运输发展规划	全国性综合交通枢纽城市	—
陕西省“十四五”物流业高质量发展规划	国家物流枢纽	区域交通商贸物流中心

（三）宝鸡市、汉中市自身规划定位

宝鸡和汉中积极对接国家、区域和陕西省上位规划中的定位目标，在各自“十四五”规划和政策文件中，进一步明确细化发展定位、发展思路。

宝鸡市的总体定位和战略定位。宝鸡市“十四五”规划纲要中围绕“关中平原城市群副中心城市”这一总体定位，进一步明确了“一带一路”上的国际化城市、装备制造业名城、彰显华夏文明的历史文化名城、宜居宜业美丽幸福城市4个功能性战略定位，建设区域先进制造业中心、区域优质农产品供应中心、区域货物集散中心、区域旅游休闲度假中心、区域文化中心、区域开放交往中心、区域国际会展中心、区域科创中心、区域医疗康养中心、区域教育培训中心等10个区域中心，持续提升经济竞争力、科技创新力、区域辐射力、文化影响力和环境吸引力。

汉中市的总体定位和战略定位。《汉中市人民政府关于加快打造“六个中心”建设区域中心城市的指导意见》（汉政发〔2019〕6号）提出，奋力打造区域特色产业、信息物流、对外开放、交通枢纽、金融服务、科教文化“六个中心”[①]。汉中市“十四五”规划纲要中提出以“区域中心城市”为统领、以“生态经济强市”为支撑、以“幸福宜居名市”为目的的“三市共建”总体定位，并结合自身比较优势提出了“国家生态文明建设示范市、绿色制造业示范基地、幸福产业发展示范区、国际知名汉文化旅游目的地、西部重要交通物流枢纽”五大战略定位。

---

① 汉中市人民政府关于加快打造“六个中心”建设区域中心城市的指导意见［EB/OL］.［2019-03-18］. http://www.hanzhong.gov.cn/hzszf/zwgk/zfwj/szfwj/hzfwj/201904/t20190411_577265.shtml.

关于嘉陵江流域的规划思路。宝鸡市“十四五”规划纲要对嘉陵江流域的发展规划侧重于嘉陵江源头文旅开发建设和生态建设，突出嘉陵江流域综合治理和环境风险联控。汉中市对嘉陵江流域的规划思路相对完善和丰富，不仅提出要主动融入成渝地区双城经济圈，推动嘉陵江流域生态共治，更是注重嘉陵江流域的生产力开发，提出构建“一圈、两屏、两区”国土空间总体格局，打造嘉陵江综合发展区，促进人口、经济、资源环境协调发展。

宝鸡市、汉中市的自身规划定位见附录表2-2。

附录表 2-2　宝鸡市、汉中市的自身规划定位

规划	定位	嘉陵江相关表述
宝鸡市“十四五”规划纲要	总体定位：关中平原城市群副中心城市 战略定位：“一带一路”上的国际化城市、装备制造业名城、彰显华夏文明的历史文化名城、宜居宜业美丽幸福城市	有序推进嘉陵江源头等景区创建； 完成嘉陵江等 13 条中小河流生态治理； 深入实施嘉陵江、汉江流域综合治理； 规划改建危化品运输专用通道，缓解嘉陵江流域生态环保压力； 统筹推动嘉陵江流域相关地区突发环境事件联防联控，以推进同域共责、协调协同、信息共享、有序有效的突发环境事件应急联动工作为重点，建立长效协作、突发环境事件联合防控预警、跨市突发环境事件联合应对以及跨市突发环境事件协同后期处置等 4 项工作机制
汉中市“十四五”规划纲要	总体定位：区域中心城市、生态经济强市、幸福宜居名市 战略定位：国家生态文明建设示范市、绿色制造业示范基地、幸福产业发展示范区、国际知名汉文化旅游目的地、西部重要交通物流枢纽	以嘉陵江为轴线，兼顾生态环境保护与生态经济发展，加强矿产能源开发保护，建设嘉陵江综合发展区。 构建“两屏、两区、多廊”生态保护格局。其中“两区”为汉江生态保育区、嘉陵江生态保育区。 深入推进汉江、嘉陵江等重点流域综合治理；到 2025 年，汉江、嘉陵江出境水质稳定在Ⅱ类标准；进一步完善汉江、嘉陵江、西汉水、褒河等主要支流防洪体系建设。 主动融入成渝地区双城经济圈，推动省际区域交通畅联、装备制造与大健康等产业协同配套、嘉陵江流域生态共治

（四）凤县、宁强县和略阳县规划定位

凤县、宁强县和略阳县积极对接宝鸡市和汉中市对自身的战略布局，并协调国家、区域和陕西省上位规划中的定位目标，细化和明确总体定位、发展思路，抢抓政策机遇，突出县域特色。

凤县的战略定位。“十四五”期间，凤县依据“全县经济实力稳中有升，产业结构更趋合理，在绿色发展、改革开放、生态环境、民生福祉、社会文明、治理效能等方面取得新突破”的总体发展目标，战略定位涉及着力建设全国“绿水青山就是金山银山”实践创新基地、全国林麝全产业链战略基地、全国绿色矿业发展示范区、秦岭生态康养旅游目的地、全国绿色生活先行区5个方面。

略阳县的战略定位。“十四五”期间，略阳县实施“一立四振兴”的发展战略，打造陕陇毗邻地区投资兴业洼地、全国著名的区域特色生态产品供给基地、陕西绿色循环发展示范县、西部地区特色文化旅游目的地、乡村振兴省级示范基地、陕陇交界处区域商贸中心、建设汉中市医养研学、旅居兴业优选之地和兴业在汉中的示范基地。

宁强县的战略定位。以习近平新时代中国特色社会主义思想为指导，完整、准确、全面贯彻新发展理念，加快构建新发展格局，以打造羌文化特色县城建设示范县为目标，深入实施“六大战略”，更好统筹疫情防控和经济社会发展，更好统筹发展和安全，全面深化改革开放，努力实现“六个跃升”，推动经济运行整体好转，实现质的有效提升和量的合理增长，为全力开创县域经济高质量发展新局面奠定坚实基础。

凤县、宁强县和略阳县的规划定位见附录表2–3。

附录表 2–3　凤县、宁强县和略阳县的规划定位

规划	凤县	宁强县	略阳县
产业规划	宝鸡市进行“一核引领、四带协同、多极支撑”现代产业空间布局，其中“多极”包括凤县凤州现代科技产业园、凤县省级现代农业产业园；以凤县等部分镇村为重点，打造高山蔬菜产业集群、蜂产业集群，力争进入全省县域排名前35位	以县循环经济产业园区为抓手，大力发展绿色食药、天然气综合利用等产业，创建陕南绿色循环发展示范县；以西起宁强、东至西乡为范围构建汉江生态经济带；加速推动宁强循环经济园区创建省级高新区；	充分发挥略阳特色优势生物资源优势，促进“一县三品”产业大发展、农产品加工水平大提高、品牌建设大突破、产业化带动能力大提升，通过现代中药产业示范园建设，打造一二三产高度融合产业链：略阳天麻。提升天麻加工能力，建成现代化中药产业示范园，建立2个种质种苗基地，重点培育10个天麻初加工基地，8个天麻基地镇，30个天麻基地村，辐射带动全县天麻发展。

续表

规划	凤县	宁强县	略阳县
产业规划		以宁强祺欣等企业为骨干，构建国内规模较大的动植物提取产业聚集区； 实施略阳县高山优质粮油种植加工、宁强县生猪繁育场及屠宰场建设等项目； 以宁强等为重点区域，带动略阳、洋县、汉台茶产业发展； 加快食用菌生产规模化、工厂化、标准化、智能化发展，以宁强等县为重点； 在宁强等县区建设1000万羽特色家禽养殖产业带	略阳杜仲。将杜仲嫁接作为杜仲产业发展的二次革命，以“果园化”模式建成杜仲籽、叶、皮专业化生产园区，改良现有杜仲低产林10万亩，建设育苗基地2个、产地初加工基地4个、杜仲基地质量追溯监测站1个。 略阳乌鸡。到2025年，建成10个乌鸡养殖示范镇、25个乌鸡养殖示范村，基本建成品种选育、良种扩繁、规模养殖等功能配套、衔接紧密的全产业链发展体系，提升略阳乌鸡产业整体发展水平，带动农民群众增收致富
基础设施规划	加快推进G342凤县凤州至双石铺等国省干线公路升等改造工作，稳步推进S219市区至凤县段等危化品集中运输通道建设； 建设凤县等一批储气调峰设施建设项目，推进凤县天然气长输管线项目建设	实施宁强县市政道路建设等工程； 加快宁强等通用机场前期工作； 推进宁强客运枢纽站等7个客运场站建设及改造； 加快建设宁强天然气综合利用产业园和中心城区热电联产项目； 超前启动宁强330千伏输变电工程前期工作； 重点实施宁强电子商务基地等项目	—
文旅规划	宝鸡市发展“一核、一带、两区、三组团”的旅游休闲度假发展格局，其中“三组团”包括以凤县为核心的岭南山水风情组团； 推进凤县凤凰湖等创建省级旅游度假区；有序推进嘉陵江源头、凤县革命纪念馆等4A级旅游景区创建； 重点发展文化旅游产业，力争进入全省县域排名前35位； 支持凤县等创建国家级全域旅游示范县	重点实施宁强羌族文化产业园等项目； 重点实施宁强秦巴生态研学基地、秦岭人与自然国际研学基地等项目； 重点实施宁强白龙湖休闲度假区等项目	继续推进国家全域旅游示范县创建工作，指导五龙洞国家森林公园、灵岩寺、徐家坪A级旅游景区对标提升，进一步完善基础设施和服务设施建设； 培育特色农业园、示范园区等新业态，全面构建共建共享的全域旅游大格局； 持续推进灵岩寺景区梅花洞栈道、郙阁田园综合体建设、驼粮窖非遗工坊（康养）、高家峡文旅产业孵化基地等项目，全力抓好灵岩寺4A级旅游景区创建工作

续表

规划	凤县	宁强县	略阳县
城镇空间规划	着力培育凤县等宝鸡市的八个卫星县城	陕南绿色循环发展示范县，汉江源头幸福宜居名县，中国最美文化旅游名县	打造城隐绿现的县城中央会客厅，构建极具秦巴山区特色的小城镇群，将略阳建成“健康养生地、秦岭会客厅”
生态文明建设规划	重点推进凤县矿区生态环境综合治理； 巩固提升凤县等国家生态文明建设示范县创建成果，支持凤县、太白县创建全国“两山”实践创新基地； 以凤县等有色金属采选集中区为重点，支持凤县土壤污染治理与修复技术应用试点建设	以宁强等保护区域为主，以生态修复为抓手，全面加强水土保持、水源涵养、生物多样性保护，构筑秦岭生态屏障和巴山生态屏障； 完善宁强青木川等国家级自然保护区设施； 宁强县等严格执行重点污染物特别排放限值	推动形成“一心两区”绿色新发展格局； 推动“三线一单”生态环境分区管控体系落地实施； 全面落实以控制断面和水功能区相结合为基础的地表水环境质量目标管理，严格落实河（湖）长制，严守生态保护红线、水环境质量底线和水资源利用上线，统筹推进水陆污染治理与生态保护修复

二、发展历史进程

嘉陵江自古就是连通陕陇和巴蜀的大通道，陕西宝鸡、汉中与成渝地区历史渊源深厚，文脉相连、人文相通，往来密切。党的十八大以来，随着区域协调发展理念的深入推进，嘉陵江流域开发合作开启新篇章，陕西上游与川渝下游地区的联动协作更加密切。

古代：嘉陵江成为秦陇地区与巴蜀地区交往交流的重要纽带。早在商周时期，嘉陵江水陆交通体系就已经得到开发，沿嘉陵江河谷修建了北启宝鸡、中经汉中、南入巴蜀的故道，又称嘉陵道、陈仓道①。嘉陵道作为开辟最早的巴蜀古道，是秦地与巴蜀之间重要的军事要道、商贸通道，有效沟通了关中与巴蜀，促进了区域经济文化交流，在秦一统巴蜀以及大汉王朝建立中发挥了重要作用。秦汉时期，秦朝以嘉陵江为主要通道之一向巴蜀大量移民，西汉间陕西汉中与巴蜀地区同属益州刺史部。元朝早期，嘉陵江流域陕西汉中、安康与四川广元、广安、南充等地区同属陕西四川

① 邹一清.先秦秦汉蜀地南北交通线研究综述［J］.中国史研究动态，2013（4）：48-56.

行中书省。在古代很长一段时间里，嘉陵江流域陕西上游地区与川渝下游地区的联系密不可分。

近代：嘉陵江水陆联运成为抗日战争时期渝川陕重要战略物资运输线和抗战生命线。抗日战争爆发后，1937年，国民党中央和国民政府内迁并把重庆作为陪都，川渝地区作为战时大后方抗战基地的作用更加凸显。为加强水陆联运，满足战时战略物资交流运输需要，国民政府于1939年派江汉工程局对嘉陵江进行险滩治理、航道疏浚工程，将嘉陵江航线从战前的合川向上延伸至南充、广元，再对接川陕公路联通陕西地区，开辟了一条以重庆为中心、嘉陵江与长江联通的川渝陕甘水陆联运线，嘉陵江成为沟通西南和西北的重要通道，为支援抗战和后方的经济建设发挥了重要作用。

现代：新中国成立初期，为保障宝成铁路修建，嘉陵江水运曾短暂繁荣。此后，随着铁路、公路网络加密，以及受上游通航条件较差等影响，嘉陵江航运逐渐衰落，陕西与川渝的交流主要通过陆运。党的十八大以来，嘉陵江综合开发、流域联动发展意识增强、协同步伐加快。尤其是2014年新型城镇化战略实施以来，以文旅协同、生态共建为牵引，嘉陵江流域综合开发、协作联动开启新序章。2016年，嘉陵江流域四川范围广安市、南充市、遂宁市和重庆市合川区签署旅游战略合作协议，共推区域城市旅游协调发展。2018年，陕西、甘肃、四川、重庆四省市协同成立了“嘉陵江国际文化旅游产业联盟”，联合发表《嘉陵江绿色发展朝天宣言》[①]，携手打造“嘉陵江文化旅游产业带”和“嘉陵江绿色经济走廊”。2021年，陕西、甘肃、四川、重庆四地11市中院签署《嘉陵江流域环境资源保护司法协作框架协议》，开启嘉陵江全流域生态环境保护司法协作[②]，协同保护嘉陵江一江碧水。

---

① 川陕甘渝携手打造“嘉陵江文化旅游产业带”［N］.重庆日报，2020-10-26.

② 川陕甘渝4省11家中院启动司法协作 共同推进嘉陵江流域生态环境保护［EB/OL］.陕西法院网. http://scfy.scssfw.gov.cn/article/detail/2021/04/id/5989105.shtml.

三、汉中市发展现状和比较优势

（一）综合区位优势

汉中是沟通关中平原城市群和成渝地区双城经济圈、西南和西北的重要节点城市，战略和交通等区位优势突出。位于陕西省西南部，地处秦巴山区西段和汉江、嘉陵江上游谷地平坝地带，东接安康，西靠甘肃陇南，北联宝鸡，南邻四川广元、巴中、达州，是长江经济带、黄河流域生态保护和高质量发展、关中平原城市群、成渝地区双城经济圈、汉江生态经济带国家战略的交会点，已初步建成以公路、铁路、航空为主，通达四方的现代化综合立体交通网络，战略地位举足轻重、交通区位优势明显。

略阳县位于嘉陵江上游、汉江北源，秦岭南麓西段，地处陕甘川毗邻地带，素有秦蜀要冲、陕甘纽带之称，千百年来一直被视为兵家必争和商旅辐辏之所在。其位于陕西省西南部，东、南与陕西勉县、宁强县接壤，西、北与甘肃省康县、成县、徽县接壤。宝成铁路纵贯南北，309省道和十（堰）天（水）高速公路横穿东西，是汉中的西大门和陕甘川三省重要的物资集散地。

宁强县位于陕西省西南角、汉中市西部，北依秦岭、南枕巴山，地界三省、襟陇带蜀，是联结大西北与大西南的主要门户和黄金通道，也是长江最大支流汉江的发源地，素有“蜀道明珠”和“三千里汉江第一城”之美誉。是一个南北交会、襟陇带蜀的山区县，是大西北进入大西南的主要门户和黄金通道。

（二）自然地理资源

1. 地理环境丰富

汉中北倚秦岭，南靠米仓山（大巴山西段），中为汉中盆地，汉江东西横贯于武汉汇入长江、嘉陵江南北纵穿于重庆汇入长江，嘉陵江水系在汉中市境内流程141.7千米，流域面积7554平方千米，占全市总面积的

27.4%，是南水北调中线工程的重要水源地和水源涵养生态建设区。地势南北高、中间低，形成了“两山夹一川”的地貌骨架，地形以山地为主，占总土地面积的75.2%（其中低山占18.2%、高中山占57.0%），丘陵占14.6%，平坝占10.2%[①]。属于北亚热带气候区，气候温和湿润、干湿有度，雨量充沛。

略阳县处于陕甘川三角地带，全县东西长75千米，南北宽54千米，总面积2822.92平方千米[②]。略阳县地处秦岭西段南坡山区，东北高，南部低，境内地质结构复杂，群山林立，沟壑纵横，三座中山主峰形成三角对峙，其间以河流为走向，呈现三高三低相互交错的三个中山区及三个浅山区，中山区平均海拔1227.3米、平均坡度34度，浅山区平均海拔980米、平均坡度36度。全县平均海拔1148米，土地平均坡度34.6度。略阳县境内地质结构复杂，地层发育完整，有略阳大断层和略阳大斜背等特殊地质构造。

宁强县东西长101.65千米，南北宽65.32千米，全域总面积3260.3平方千米[③]。宁强县地势受秦岭纬向构造和巴山弧形褶皱带影响，以嘉、汉分水岭为骨架，形成南北略高、东西较低的地形，境内有山峦起伏沟谷发育充分的典型山地地貌。嘉陵江自北朝南贯穿全境，是汉江的发源地，最高海拔青木川镇红岩观主峰2146.1米，最低点海拔嘉陵江入川处520米。

2. 自然资源富集

嘉陵江是长江上游的重要一级支流，在汉中境内，嘉陵江干流由北向南纵穿略阳、宁强两县，流程141.7千米。汉中市嘉陵江流域，位于秦岭南麓、嘉陵江上游，在秦巴地区生态保护和长江流域生态安全格局中战略地位十分重要。

林地资源。汉中市嘉陵江流域现有林地719.08万亩，森林覆盖率达79.08%，占全市林地总面积3045.47万亩的23.61%，其中，宁强县林地面

① 葛继暄.基于生态安全格局的汉中市生态空间修复研究［D］.西安：西安工业大学，2024.
② 秦贺营.略阳县城乡一体化空间模式及规划策略研究［D］.西安：西安建筑科技大学，2020.
③ 郭文霞.基于生态足迹的宁强县土地利用总体规划评价［D］.西安：长安大学，2018.

积362.95万亩、略阳县林地面积356.13万亩。嘉陵江流域现有国家级自然保护区2个、国家级湿地公园1个、省级湿地公园1个。

动植物资源。汉中市嘉陵江流域动植物资源数量丰富、品种多样，是秦巴生物多样性生态功能区的重要组成部分。已查明的陆生野生动物有18目50科142属，属于国家一、二级重点保护的野生动物50种。鸟类11目30科107种；爬行动物2目5科8种；哺乳动物3目16科17种。森林植被中，列为国家重点保护的一、二类树种有连香、杜仲、银杏、鹅掌楸、黄檗、厚朴、棣棠、香果树等8种；列为省级保护的有粗框、铁坚杉、白皮松等12种。

矿产资源。汉中已发现矿产资源4大类、12小类、92种，探明资源储量的矿产62种，矿产地293处，已开发利用铁、锰、铅、锌、金、磷、石膏、花岗岩、石英岩、水泥用石灰岩、砖瓦用黏土等优势矿产。“勉略宁金三角”地区属于自然资源部划定的陕甘川渝有色贵金属矿产资源集中区，矿种齐全，资源配套，分布集中，利于开发利用，但贫矿多，富矿少，技术开采难度大。

汉中市生物资源、矿产资源情况分别见附录表2-4、附录表2-5。

附录表 2-4　汉中市生物资源情况

区域	生物资源类别和总量
汉中市	高等植物（包括苔藓、蕨类、种子植物）有 282 科、1160 属、2942 种。列入国家和省级重点保护的珍稀植物有 74 种（国家级 30 种、省级 44 种）。 已查明有陆生野生脊椎动物 618 种。其中鸟类 405 种、兽类 142 种、两栖类 27 种、爬行类 44 种，列入国家和省重点保护的野生动物共有 118 种（其中国家一级重点保护动物 13 种、国家二级重点保护动物 62 种、陕西省重点保护动物 43 种）
略阳县	森林覆盖率达 68.7%，是陕西省核桃、黑木耳、香菇的重要产区之一，还有桑、漆、油桐、青冈、棕榈等经济作物以及天麻、杜仲、猪苓、当归、黄连、党参等可供药用的植物 479 种，地存中药材面积达 66 万亩，杜仲、天麻以及猪苓均通过了国家地理标志产品认证。生物资源丰富，有野生动物 140 余种，兽类 50 多种，鸟类 70 多种，其中珍稀兽鸟 20 多种，家畜家禽有黑河猪、乌鸡等，特别是居中国四大乌鸡之冠的略阳乌鸡，于 2010 年获得国家工商总局地理标志认证，为陕西省唯一获得保护的家禽品类
宁强县	境内有木本植物 586 种，分属 85 科 202 属；牧草 62 科 500 余种；农作物有 70 多种。森林植被中，列为国家重点保护的一、二类树种有连香、杜仲、银杏、鹅掌楸、厚朴、香果树等 8 种。 已查明的陆生野生动物有 18 目 50 科 142 属，属于国家一、二级重点保护的野生动物 50 种

附录表 2-5　汉中市矿产资源情况

区域	矿产资源类别和储量
汉中市	天然气储量巨大，略阳、勉县、宁强三县交界处的“金三角”地带，被李四光先生誉为“中国的乌拉尔”，是全国五大黄金生产基地之一。 已发现矿产资源 4 大类、12 小类、92 种，探明资源储量的矿产 62 种，矿产地 293 处。铅锌矿：铅金属量 13.5 万吨、锌金属量 55.8 万吨。铁矿保有资源储量 28437.3 万吨。铜矿保有资源储量铜金属量 8.66 万吨。金矿保有资源储量 32.8 吨。硫铁矿保有资源储量 924.7 万吨。煤矿保有资源储量 5799.2 万吨。水泥用石灰岩保有资源储量 13.5 亿吨。磷矿保有资源储量 10400.4 万吨
略阳县	地处宁、略、勉“金三角”中心位置，素有“富山盛矿”之美誉，全县矿产资源种类多、分布广、储量大、品位高、易开采。已探明的金属和非金属矿藏主要有金矿、银矿、铜矿、铁矿、镍矿、磷矿、硫矿、铅矿、锌矿及石棉、白云石、蛇纹石等 33 种，矿体及矿点 134 处，中型以上矿床 28 个，其中铁矿、镍矿、蛇纹石、白云石等矿储量居陕西省之首，矿产资源潜在经济价值超过 1000 亿元。已探明黄金矿床 10 个；黄金储量为 50 吨，远景储量为 150 吨，居陕西省第二位，特别是煎茶岭镍金矿，储量达 21 吨，为中国第三大镍金矿床
宁强县	境内已探明有金属、非金属矿产 8 类 31 种 200 余个矿点，已探明储量 6 类 18 种，矿产地 26 处，总蕴藏量达 3.09 亿吨，居汉中市第二位。主要分布在五丁关以北的大安、代家坝、阳平关、燕子砭、广坪一带。其中金属矿有铁、铜、锰、金、镍、铅、锌、铬、银等 10 种 70 余个矿点；非金属矿有磷、硫、重晶石、蛇纹石、花岗岩、铝土、海泡石、大理石等 12 种 20 余个矿点，太阳岭镇大理石（汉白玉）储量最大

耕地资源。汉中市耕地393.31万亩，其中南郑区、洋县、宁强县、勉县、西乡县、城固县6个县（区）耕地面积较大，占全市耕地面积的76.66%。园地54.47万亩，主要分布在城固县、西乡县、南郑区，占全市园地的54.98%。略阳县耕地15866.16公顷，其中水田371.83公顷，占全县耕地面积的2.34%；水浇地225.22公顷，占全县耕地面积的1.42%；旱地15269.11公顷，占全县耕地面积的96.24%。宁强县耕地32753.33公顷，其中水田3146.67公顷，占全县耕地面积的9.61%；水浇地113.33公顷，占全县耕地面积的0.35%；旱地29493.33公顷，占全县耕地面积的90.05%。

（三）文化旅游资源

汉中文旅产业比较优势突出，自古有“汉家发祥地、中华聚宝盆”之美称，是国家历史文化名城、中国优秀旅游城市，在全国地级市中率先提出“全域旅游”战略构想。汉中嘉陵江流域主要涉及宁、略二县，沿线生态优良、风光秀丽、商贸水运历史文化厚重，旅游资源多，发展早，后劲足。嘉陵江流域沟壑纵横，地势奇特，景观独特，江水与峡谷景观雄浑壮丽，古道与人文遗存荟萃深厚。早在2014年，汉中市编制《汉中市全域旅游发展总体规划》时，就提出“一核、两路、六组团”的汉中全域旅游空间结构，其中氐羌民俗文化旅游组团就是依托略阳、宁强两县自然文化资源，以特色民族文化为核心吸引，带动相关重要资源整合发展，开发打造中国重要的民族文化旅游目的地。

汉中市拥有世界文化遗产点1处（张骞墓）、世界灌溉工程遗产1处（汉中“三堰”——山河堰、五门堰和杨填堰），不可移动文物点4188处，国家级文物保护单位20处，建成国家A级旅游景区31家。

经过持续发展，在嘉陵江流域开发建成A级旅游景区4家，略阳县有五龙洞4A级旅游景区、灵岩寺3A级旅游景区、徐家坪3A级旅游景区，宁强县有青木川4A级旅游景区；培育创建省级特色旅游名镇1个（宁强县青木川镇）、省级乡村旅游示范村1个（略阳县五龙洞镇埡河村）、乡村旅游点多个。同时，沿线还有众多文物古迹，略阳宋代吴王城、仙人关遗址、嘉陵江栈道遗址、《郙阁颂》遗址、灵岩寺摩崖、江神庙、紫云宫、宁强子龙山遗址、三泉县及龙门洞遗址、燕子砭老街等。

汉中市文旅资源情况见附录表2-6。

附录表2-6　汉中市文旅资源情况

区域	A级旅游景区（家）	3A级以上（含）旅游景区
陕西省	502	460家
汉中市	31	3A级旅游景区（16家）：汉中博物馆、拜将坛、南湖、蔡伦墓祠、桔园、南沙湖、张骞纪念馆、天台国家森林公园、午子山、红寺湖、草坝、陕钢汉钢工业旅游、鲤鱼仙山、灵岩寺、渔渡风景区、徐家坪 4A级旅游景区（15家）：张良庙—紫柏山、长青华阳、黎坪、青木川、朱鹮梨园、石门栈道风景区、武侯墓、武侯祠、五龙洞国家森林公园、熊猫谷、留坝县水世界景区、骆家坝、兴汉胜境、龙头山、汉江源
略阳县	3	3A级旅游景区（2家）：灵岩寺、徐家坪 4A级旅游景区（1家）：五龙洞国家森林公园
宁强县	1	4A级旅游景区（1家）：青木川

（四）交通基础设施

汉中市基本形成了由1座空港（汉中城固机场）、3条铁路、4条高速（西汉、十天、宝汉、西镇高速）、5条国道、11条省道、4条公路环线和水运组成的立体综合交通网。

铁路。汉中市境内，有2条普铁（阳安铁路、宝成铁路）和1条高铁（西成高铁），其中宝成铁路全段基本沿嘉陵江走廊由略阳白水江、兴周、乐素河镇进入宁强，再经巨亭、阳平关、燕子砭后向南出市进入四川省，境内全长146千米。略阳县境内铁路里程96千米，宝成铁路纵贯南北。宁强县由宝成、阳安铁路纵横县境。

公路。汉中市有4条高速公路（西汉高速、十天高速、宝汉高速、西镇高速）、5条国道、11条省道、4条公路环线，其中嘉陵江流域主要由高速和国省道覆盖。十天高速覆盖略阳县白水江至县城区域。G345在略阳县横现河镇至县城与嘉陵江平行，S317由略阳白水江顺河向南而下，经略阳县城至宁强巨亭镇后，东绕至代家坝镇，再由S103向西沿江至燕子砭镇。略阳县有309省道和十堰—天水高速公路横穿东西，高速公路总里程72千米，国道81千米，省道155千米，县道276千米，乡道342千米，村道1025千米。宁强县有108国道、西汉高速公路穿境而过。

水运。汉中市内河航道现通航里程260.12千米，其中嘉陵江干流航道（略阳徐家坪—乐素河段）为7级航道，长41千米。因等级低、船舶吨位小、运距短，逐渐被公路代替，20世纪90年代中期后就没有运输船舶，加之嘉陵江地处山区，其河床变化多端，公路运输更为便捷，1992—2023年嘉陵江航线再未通航，码头渡口也随之废弃。其支流白龙江宁强县金山寺—安家坝航道为7级10.12千米的库区航道。

（五）城镇化体系建设

宁强县、略阳县处于嘉陵江流域生态经济走廊，均属于山区县，县域规模偏小，常住人口逐年减少，老龄人口比重偏高。推进以县城为重要载体的城镇化建设，有利于略阳县、宁强县新型城镇化建设稳步提升。

宁强县围绕“汉江之源、羌族故里”规划定位，高标准编制《宁强县打造羌文化特色县城建设示范县实施方案》《宁强县羌文化特色县城建设专项规划》。聚焦“生态、旅居、康养”，坚持以羌族民俗文化融入展示为基础，把羌文化元素融入城市建设肌理，提升城市功能品质，建设有味道、有风骨、有温度、有故事的小城，更加彰显“三千里汉江第一城”的独特魅力。2022年实施县城建设项目52个，完成投资14.02亿元，人均完成投资20865元。

略阳县以建设“市政功能完善、人居环境舒适、自然景观优美、文化底蕴深厚”的山水园林城市为目标，科学制定城市建设专项规划及片区建设规划，以创新城市建设为理念，加大城市绿色低碳建设投入，将城市规划、绿色低碳建设与城市管理有机结合，着力打造宜居生态园林城市，全县城乡建设工作再上新台阶。2022年实施县城建设项目22个，完成投资5.4亿元，人均完成投资7910元。

从第七次全国人口普查数据看，汉中市常住人口为321.1万人，与第六次全国人口普查相比，汉台区中心城区人口吸引力稳步增强，常住人口增长8.3万人，每平方千米集聚人口达到1111.9人，显著高于陕西省平均人口密度（192.3人/平方千米），全市城镇化率为50.96%，较第六次全国人口普查提升了13.88个百分点；略阳县常住人口为14.4万人，常住人口城镇化率为47.43%，较第六次全国人口普查提升了10.73个百分点；宁强县常住人口为25.64万人，常住人口城镇化率为45.48%，较第六次全国人口普查提升了12.17个百分点。

（六）经济社会发展水平

1. 经济规模具有区域相对优势

一是综合经济发展水平。汉中经济规模居陕南地区首位，分别是安康市和商洛市的1.5倍、2.1倍，产业结构为15.5∶42.7∶41.8，工业和第三产业是带动全市经济发展的双引擎。2022年，汉中市经济呈现稳中有进、进中提质的良好态势，高质量发展取得新成效，实现生产总值1905.45亿元，同比增长4.3%，规模以上工业增加值增长5.4%，固定资产投资增长13.3%，社会消费品零售总额增长7.6%。略阳县2022年地区生产总值77.41亿元，同比增长7.9%，规模以上工业增加值增长25.1%，固定资产投资增长31.1%，社会消费品零售总额增长2.7%。宁强县2022年地区生产总值139.13亿元，同比增长7.4%，规模以上工业增加值增长15.1%，固定资产投资增长25.3%，社会消费品零售总额增长10.1%。

汉中市经济发展基本情况见附录表2–7。

附录表 2–7　2022 年汉中市经济发展基本情况

区域	GDP（亿元）	人均 GDP（万元）	产业结构
陕西省	32772.68	8.3	7.9：48.6：43.5
汉中市	1905.45	6.0	15.3：43.5：41.2
宁强县	139.13	5.5	16.3：47.8：35.9
略阳县	77.41	5.5	15.2：42.2：42.6

二是工业规模总量发展水平。2022年，嘉陵江领域实现规模以上工业总产值219.3亿元，占全市工业总量的11.3%。其中，略阳县34户规模以上企业实现工业总产值79.7亿元，同比增长21.8%，占全市工业总量的4.1%，较上年提高0.6个百分点，规模以上工业增加值增长25.1%，增速居全市第1位，占GDP的29%左右。宁强县7户规模以上企业实现工业总产值139.6亿元，同比增长9.4%，占全市工业总量的7.2%，较上年提高0.3个百分点，规模以上工业增加值增长15.1%，增速居全市第3位，占GDP的38%左右。

2. 特色主导产业具有一定的区域引领力

一是产业发展方面。略阳县工业主要由材料业和能源产业构成，其中材料业2022年规模为61.9亿元，占全县工业总量的77.7%，占全市产业规模的9.8%，代表企业有略钢公司、嘉陵矿业；能源产业规模为15.4亿元，占全县工业总量的19.3%，占全市产业规模的11.2%，代表企业为大唐略电公司。宁强县工业主要由装备制造、材料和绿色食药业构成，其中装备制造业2022年规模为45.9亿元，占全县工业总量的32.8%，占全市产业规模的8.4%；绿色食药业规模为35.7亿元，占全县工业总量的25.6%，占全市产业规模的6.9%；材料业以金、锰、铁、铜矿产开采和建材为主，规模为21.9亿元，占全县工业总量的15.7%，占全市产业规模的3.5%，代表企业有龙达矿业、纵达矿业。

二是工业园区方面。嘉陵江流域共有2个省级县域工业集中区，其中略阳县绿色循环经济产业园区规划面积7.64平方千米，工业用地已建成5.78平方千米，主要建设冶金矿产工业园、食品医药、化工建材、乌鸡产业园和新材料工业园5个区中园，2022年工业产值80.5亿元，同比增长22.6%，占全市园区工业总量的5.2%。宁强县高新技术产业开发区是省级高新区和特色专业园区，规划面积7500亩，已建成2550亩，主要围绕“一核、三园”空间布局，建设大健康产业园、新材料产业园和新能源产业园3个特色“区中园”，重点发展中药健康、绿色食品、绿色建材、天然气等产业，2022年工业产值95亿元，同比增长15%，占全市园区工业总量的6.1%。

三是特色产业方面。略阳县相对具有特色的是钢铁产业，在上游矿产开采、中游冶炼上有比较优势，2022年产业规模59.2亿元，占全市钢铁产业总量的16.6%，其龙头企业略阳钢铁有限责任公司是集铁矿石采选、钢铁冶炼、建材轧制及销售服务为一体的钢铁联合企业。自有矿山铁矿资源储量1亿多吨，年产铁精矿65万吨、钢190万吨。宁强县相对有特色的是金属制品、食品和医药产业，金属制品主要是生产高频直缝焊管，属钢铁下游深加工领域，代表企业有盛发钢管、承乾工贸。食品制造以茶叶及蔬菜、食用菌等农副产品加工为主，代表企业有千山茶业、青木食品等。医药制造以中成药为主，代表企业为唐王天洋制药。

四、宝鸡市发展现状和比较优势

（一）综合区位优势明显

宝鸡是沟通关中平原城市群和成渝地区双城经济圈、西南和西北的重要节点城市，战略和交通等区位优势突出。位于陕西省关中西部，东连咸阳和杨凌示范区，南接汉中，西北毗邻甘肃天水和平凉，是古丝绸之路西出长安第一站和国家向西开放重要节点城市。陇海铁路、宝成铁路、宝麟铁路、宝中铁路、宝西高铁、宝兰高铁等多条铁路在此交会，初步建成辐射西南、西北、华北和中原地区的铁路运输网络，被确定为全国性综合交通枢纽、生产服务型国家物流枢纽承载城市、国家骨干冷链物流基地、国家绿色货运配送示范城市，是欧亚大陆桥上承东启西、连接南北的交通枢纽。

宝鸡市立体交通情况见附录表2-8。

附录表 2-8　宝鸡市立体交通情况

类型	内容
高速公路	“三横五纵一环”公路网络： 三横：G30、西宝南北线 五纵：乾县—法门寺—汤峪、麟游—益店—常兴—斜峪关—太白、麟游—凤翔—潘家湾—太白—浑水沟、周公庙—蔡家坡—五丈原、陇县—千阳—宝鸡—凤县 一环：关中环线宝鸡段
铁路	普通铁路：陇海铁路、宝成铁路、宝麟铁路、宝中铁路 2 条高铁：宝鸡—西安高铁、宝鸡—兰州高铁
机场	1 个机场：宝鸡机场（4C）

（二）地理环境丰富多样

宝鸡地跨黄河、长江两大水系，黄河的第一大支流渭河从西向东横穿而过，长江的重要支流嘉陵江发源于秦岭脊岭南侧向南流去，地貌南、西、北三面环山（南屏秦岭、西阻关山、北横千山）①，中部为地势平坦的渭河平原和黄土台塬，中间凹平，西窄东宽，呈尖角开口槽形和东西向发展特点，山、川、原兼备（山地占总面积的56%、丘陵占总面积的26.5%、川原占总面积的17.5%），呈“六山一水三分田”之势，巍峨峻峭的秦岭群峰与平畴沃野的渭河平原互为映衬。境内的秦岭主峰太白山海拔3767米，是中国大陆东部的最高山峰，市区平均海拔618米，海拔差异悬殊。属暖温带半湿润气候，冷暖干湿四季分明，光、热、水资源

① 周超凡，王毅勇.基于DPSR模型的宝鸡市生态环境安全评价及其障碍因子研究［J］.环境科学与管理，2023，48（6）：167-172.

较丰，年日照1860~2250小时，年平均气温7.6℃~12.9℃，年平均降水量590~900毫米，是关中地区降水量最多的地区。凤县境内主要山脉呈东西走向，地势东北高、西南低，嘉陵江自东北向西南穿境而过。嘉陵江、中曲河谷，发育有小型断陷盆地与宽谷坝子，其余山地大部为林草所覆盖。凤县海拔为900~2700米，西北隅与甘肃省两当县交界处的透马驹山海拔2739米，为境内最高点①。属暖温带山地气候，在大气环流及秦岭阻隔作用下，气候特点表现为垂直变化明显，小气候差异大，光热条件不足；降水集中，分布不均，北部降水最多，南部次之，西部偏少；冬季不严寒，夏季无酷热；气温日差较大。

（三）自然资源富集

宝鸡境内拥有资源植物2100多种，其中包括药用植物在内的经济植物1000余种，森林覆盖率55.3%。境内拥有大熊猫、金丝猴、羚牛、秦岭虎、云豹、豹、朱鹮、大鸨、黑鹳、白肩雕等国家一级保护珍稀动物10种，国家二级保护动物18种。拥有多种内生矿床和沉积矿床，已发现矿产地190处，发现金属和非金属各类矿种资源45种，其中列入陕西省矿产资源储量表的矿种29种，矿区94处，水泥用灰岩、磷、煤三类矿产已探明储备资源/储量潜在价值居全市前三。

（四）文旅资源丰富

宝鸡历史文化源远流长，是华夏始祖炎帝故里，姜炎、周秦文化发祥地，是享誉世界的青铜器之乡，青铜器文化、周礼文化、周易文化、《诗经》文化等多种文化交融荟萃②。拥有中国最大也是世界唯一的青铜器博物馆——宝鸡青铜器博物院，已建国家A级旅游景区47个。

宝鸡市文旅资源情况见附录表2-9。

---

① 耿珊珊.基于GIS的凤县综合自然区划方法研究［D］.西安：西安科技大学，2019.

② 高姣姣.关中平原城市群建设视域下宝鸡文化产业高质量发展路径与对策［J］.新西部，2022（5）：95-97.

附录表 2-9 宝鸡市文旅资源情况

区域	A 级旅游景区（家）	3A 级以上（含）旅游景区
陕西省	502 家	460 家
宝鸡市	47	3A 级旅游景区（24 家）：钓鱼台风景名胜区、嘉陵江源头景区、大唐秦王陵、鸡峰山景区、灵官峡景区、古大散关景区、东湖风景区、黄柏塬原生态风景区、西武当风景区、蒙牛乳业工业旅游区、千湖国家湿地公园、紫柏山景区、宝鸡民俗博物馆、炎帝陵景区、关中风情园、西部兰花园、宝深逸乐生态园、灵宝峡景区、炎帝影视基地、西虢水上乐园、扶风七星河湿地公园、五丈原风景名胜区、眉县张载祠、秦公 1 号大墓 4A 级旅游景区（15 家）：岐山周文化景区、凤凰湖景区、通天河景区、中华石鼓园、红河谷景区、关山草原景区、青峰峡景区、消灾寺景区、龙门洞景区、九成宫景区、大水川旅游景区、金台太极源文化景区、九龙山景区、扶眉战役纪念馆、野河山景区 5A 级旅游景区（2 家）：法门文化景区、太白山旅游景区

（五）经济社会发展

经济规模具有区域相对优势。宝鸡经济规模居关中地区第2位、陕西省第4位（次于西安、榆林和咸阳），产业结构为8.5∶57.0∶34.5，第二产业增加值为1453.95亿元，居陕西省第3位，工业是全市经济发展的主引擎。渭滨区、金台区、凤翔县和陈仓区GDP超过200亿元，居全市前四，是全市经济发展“领头雁”。

特色主导产业具有一定的区域引领力。宝鸡是国家“一五”和“三线”建设时期布局的工业重镇，目前形成35个工业大类、317个行业小类，形成了高端装备、新材料、钛及钛合金、汽车及零部件等优势制造业集聚，享有“中国钛谷、世界钛都”之称。2021年，宝鸡工业总产值突破4000亿元大关，工业增加值为1201.0亿元，占全市GDP总量的47.1%，占陕西全省工业增加值总量的10.7%。近年来，宝鸡集聚了宝钛集团、秦川机床、中铁宝桥、中车时代等一批具有全国影响力的“链主”企业，生产的万米深海石油钻采机填补了国内行业空白，为神舟系列飞船、C919大型客机、万米深潜“奋斗者”号、“嫦娥号”等大国重器生产提供关键零部件，汽车零部件、数控机床、轨道交通、石油机械等60多种产品销量居全国或世界同行业前列。

中心城区人口集聚能力稳步提升。从第七次全国人口普查数据看，宝鸡市常住人口为332.2万人。十年间，宝鸡渭滨区、金台区中心城区人口吸引力稳步增强，与第六次全国人口普查相比，常住人口分别增长8.8万人、6.6万人，每平方千米集聚人口分别达到636.3人、1489.6人，显著高于陕西省平均人口密度（192.3人/平方千米）。

宝鸡市经济发展基本情况见附录表2-10。

附录表 2-10 宝鸡市经济发展基本情况

区域	GDP（亿元）	人均 GDP（万元）	产业结构
陕西省	29801.0	7.5	8.1 : 46.3 : 45.6
嘉陵江流域	4317.4	6.7	11.4 : 51.2 : 37.4
宝鸡市	2548.7	7.8	8.5 : 57.0 : 34.5
凤县	91.5	11.8	—

五、融入嘉陵江流域绿色经济走廊发展的思路举措

（一）融入思路

纵观发展大势，以推动嘉陵江流域生态治理、产业创新、协同发展、资源共享为主要抓手，对墨守成规的行政区管理方式加以改进，打开一体化发展思路，共建长江上游重要生态屏障。强化流域合作顶层设计和制度建设，加强各省市跨区域统筹协调，加强流域水环境联防联控一体化，利用陕西省现有的新时代推进西部大开发形成新格局、黄河流域生态保护和高质量发展、关中平原城市群等国家战略和共建“一带一路”赋予的重要机遇，依托坚实的工业基础、丰富的自然资源、宜居宜业的城市和良好的生态环境，凝聚人心、开拓创新、共谋发展，把机遇优势转化为发展胜势，高质量参与构建嘉陵江流域生态经济走廊。

（二）任务举措

1. 高效筹划流域基础设施建设

发挥基础设施对流域经济发展的牵引作用，统筹推进交通、能源、水利基础设施和新型基础设施建设，加快构建“安全、便捷、高效、绿色、

经济”的现代化基础设施网络体系，促进要素集聚循环流通，为嘉陵江流域生态经济走廊建设提供强大支撑。一是提升交通物流枢纽建设。坚持以路网和物流集散网建设为抓手，加快构建以航空、铁路、公路为一体的多式联运立体综合交通网络。围绕畅通双循环新发展格局，着力补齐物流基础设施短板，对内整合区域内物流资源，提高规模化组织能力和效率，加快构建铁路港、公路港和空港相结合的现代物流体系；对外衔接国内国际主要物流通道和干线运力，密切与全国和全球重要物流枢纽、能源与原材料产地、制造业基地、贸易中心等的联系，打造制造业物流供应链服务平台，推动现代物流与装备制造、特色优势产业融合发展。二是加快推进水利能源基础设施建设。围绕黄河流域与汉江生态经济带联动发展，加快建设一批骨干水源和引调水工程，为社会经济发展提供有力支撑和保障，持续推进汉江综合整治防洪二期提升工程、“数字汉江”信息化建设，全面提升抗旱减灾综合能力，加快抗旱应急水源工程建设，实施灌区续建配套和节水改造，推进老旧供水管网改造和水源地保护，提升城市供水安全保障水平；构建稳定的能源基础设施，实施骨干电源、坚强电网工程，加快配电网智能化升级改造，建设灵活可靠的智能电网，完善天然气市政管网建设，加强城镇天然气管网、门站、储气调峰设施和调压站等设施的建设改造，实现各县城供气骨干管网全覆盖。三是加强新型基础设施建设。不断深化与电信、移动、联通等运营商合作，抢抓5G技术发展机遇，有序推进通信基础设施建设，不断扩大通信网络覆盖范围，提升通信网络服务能力，力争到2025年实现全市城区及重点镇5G信号全覆盖；加快NB-IoT、IPv6等规模部署和光纤宽带网络优化升级，打造“5G+光网双千兆”示范城市。

2. 优化流域产业集聚与融合创新

嘉陵江流域以农业产业化经营模式为主，根据不同地域地段因地制宜探索新的经营模式，推动产业持续高效发展。一是推动产业融合发展。加快推进优势产业高端化、战略性新兴产业规模化、服务业现代化，以及产业数字化、数字产业化进程，提升产业链、供应链、创业链现代化水平，加快构建结构合理、链群完整、竞争力强的现代产业体系；大力发展产业融合新业态，积极推动农业与工业、服务业深度融合和制造业与服务业深度融合；打造多元化产业融合发展载体，发挥农业园区主载体、特色小镇聚集、工业企业纽带作用和旅游景区载体功能、临空经济产业园枢纽功能；建立产业融合推进机制，加强顶层设计，实行分类指导，努力探索产业融合发展模式。二是推动产业平台发展。积极参与和举办以“同饮嘉陵水，共圆小康梦”为主题的嘉陵江文化旅游节，持续推动陕甘川渝四省市联手打造嘉陵江文旅产业；积极融入嘉陵江旅游联盟，发挥嘉陵江流域各县地缘相近、人缘相亲的优势，为嘉陵江流域各县的转型、绿色发展提供良好的交流合作平台。

3. 加快推进新型城镇体系建设

聚焦城乡融合，不断提升新型城镇化水平。深入推进以人为核心的新型城镇化战略，优化空间布局、补短板强弱项、提升内涵底蕴，构建区域城乡协调发展新格局。一是加快城市更新。完成市县国土空间规划编制，严格规划刚性执行，注重留白留绿留天，彰显“汉风古韵”城市形象。继续实施“四改一拆一通一落地”三年行动计划和城中村改造，不断改善城市面貌。推行片区开发模式，加快汉台区东片区、滨江新区中央文体区、兴汉新区西片区开发，推动老城区功能疏解，建设一批产城融合、职住平衡、美丽宜居的片区综合体。统筹推进城市路网管网、防洪排涝、人防工程等基础设施建设，加快“四馆两中心”建设，抓好历史街区和古迹保护利用、“一江两岸”品质提升、口袋公园等项目建设，构筑城市骨架、畅通城市血脉、提升城市品格。二是强化精细管理。坚持建设与管理并重，完善城市治理体系，探索城市治理新模式，持续整治城市顽疾，不断提升精细化、智慧化管理水平。巩固国家卫生城市创建成果，深入开展爱国卫生运动，加快推进城乡环卫一体化。大力开展全国文明城市创建，支持建设新时代文明实践中心和融媒体中心，实施文明素养提升、人居环境改善、特色品牌塑造等行动，努力打造特色鲜明的现代化文明城市。三是做强县域经济。实施“一县一策”行动计划，落实支持县域经济高质量发展措施，鼓励各县区集中资源要素，发展壮大优势主导产业，培育县域特色产业集群。支持中心城区发挥科教密集、商誉汇集、文化富集优势，深化产城融合，打造市域内产业升级示范区、区域性现代商贸聚集区、全国性高端文旅目的地。支持平川县发挥区位优势，立足产业基础延链补链，壮大产业集群，引领一、二、三产业融合发展，打造汉江生态经济带。支持山区县发挥生态优势，发展绿色食药、生态旅游等产业，做优做特生态经济。实施美丽县城建设，统筹推进集镇基础设施改造提升，深入开展“美好环境与幸福生活共同缔造”活动，各县区至少建成一个城市更新示范片区，打造一批各具特色的工业强镇、农业大镇、旅游名镇、商贸重镇。

4. 协同推进流域生态保护治理

牢固树立“两山”理念，统筹推进污染治理和生态保护修复，处理好发展和保护的关系，促进区域协同发展。一是持续推进尾矿库“一库一策”整治工作。为切实提高嘉陵江流域尾矿库安全保障能力、风险监测能力和应急处置能力，全面落实国家三部委关于嘉陵江上游尾矿库治理总体要求，一体推进尾矿库条件准入、安全生产、环境治理等综合治理，嘉陵江流域尾矿库整治必须严格执行建设项目安全设施“三同时”管理各项规定，以高标准、严要求贯彻落实《陕西省嘉陵江上游尾矿库治理实施方案》，持续落实尾矿库坝体、防洪、排渗、监测、施工、周边环境和隐患处置等规定，确保安全生产。二是加强嘉陵江流域生态环境综合治理。维护嘉陵江水源供水工程，持续改善水环境，保护水资源，加强水生态修复，弘扬水文化，发展水经济，推进水利工程社会效益、生态效益和经济效益的有机统一，民生水利和生态文明建设协调统一发展。同时，嘉陵江水质现状总体较好，但区域污染负荷逐年增大，城镇生活污染处理率低、农业面源污染依然严重。加快实施以防洪工程、水土保持、污水处理、生态环境改善和“引嘉济汉”为主的嘉陵江综合治理，推动嘉陵江流域协同治理和绿色发展。

5. 加强流域交流和开放协作

积极抢抓长江经济带、新时代西部大开发、革命老区振兴发展等国家重大战略和共建“一带一路”机制，利用成渝地区双城经济圈建设、黄河流域生态保护和高质量发展等重大机遇，与沿嘉陵江沿线城市一道，共抓大保护、共享大资源、共创大品牌、共谋大发展。一是促进与嘉陵江流域沿线地区交流合作。健全与嘉陵江沿线各地交流合作的机制，筑牢协同发展的共识，擘画融合发展的蓝图，携手打造“嘉陵江绿色经济走廊”和“嘉陵江文化旅游产业带”，将嘉陵江的“绿水青山”变成沿线城市发展的“金山银山”，共同把嘉陵江打造成践行“两山”理念的示范带，全面开启嘉陵江联动发展的新征程，促进嘉陵江沿江各地经济社会跨越式发展。二是全方位扩大对外开放。顺应国家西部大开发战略，积极发挥陕西省嘉陵江源头的区域优势，加快融入成渝地区双城经济圈建设步伐，主动对接西部陆海新通道和“一带一路”大格局，加快与嘉陵江沿线地区合力建设西南经济大通道，拓展与东南亚、中亚等国际经贸往来，提升区域经济核心竞争力和持续发展力。凭借“一带一路”重要节点区位优势，逐步打造内陆地区新的经济增长点。

附录三

嘉陵江流域生态经济走廊（四川省）调研分析报告

嘉陵江中游全段流经四川省，涉及广元、南充、广安、绵阳、巴中、达州、遂宁等7个市，嘉陵江四川段穿越四川盆地腹地，地势平坦、土地肥沃、物产丰富，具备优秀江岸资源，是全流域具备较高开发潜力的区域，同时也是流域重要的生态保护屏障。本调研依据国家《长江经济带发展规划纲要》《关于新时代推进西部大开发形成新格局的指导意见》《成渝地区双城经济圈建设规划纲要》《黄河流域生态保护和高质量发展规划纲要》《西部陆海新通道总体规划》《"十四五"推进西部陆海新通道高质量建设实施方案》《川陕革命老区振兴发展规划（2016—2020）》《四川省国民经济和社会发展第十四个五年规划和二〇三五年远景目标纲要》以及各地市"十四五"规划、政府工作报告、统计年鉴和统计公报。

一、嘉陵江四川流域空间范围及"十四五"总体定位

（一）范围

嘉陵江流域四川段共涉及四川省7个地级市，区域面积约8.96万平方千米，第七次人口普查显示区域常住人口为2695万人，2022年实现地区生产总值1.38万亿元。核心区域广元市、南充市、广安市面积共3.51万平方千米，占嘉陵江流域四川段总面积的39.2%，常住人口1116万人，占嘉陵江流域四川段常住人口总数的41.4%，2022年实现地区生产总值5250亿元，占嘉陵江流域四川段地区生产总值的39.2%。绵阳市、巴中市、达州市、遂宁市为辐射区域，面积5.44万平方千米，常住人口1578万人，2022年实现地区生产总值8509亿元。截至2022年底，区域拥有广元经开区、广安经开区、绵阳经开区、遂宁经开区、绵阳高新区等国家级

开发平台，正在加快建设省级南充临江新区，与重庆共同建设川渝高竹新区、万达开川渝统筹发展示范区、合广长环重庆中心城区经济协同发展示范区、遂潼川渝毗邻地区一体化发展先行区等川渝合作功能平台。

（二）上位规划定位

《成渝地区双城经济圈建设规划纲要》明确提出成渝地区双城经济圈建设覆盖区域中的绵阳市、广安市、达州市、遂宁市4个地级市，双城经济圈整体定位为具有全国影响力的重要经济中心、具有全国影响力的科技创新中心、改革开放新高地、高品质生活宜居地。

《四川省国民经济和社会发展第十四个五年规划和二〇三五年远景目标纲要》《川东北经济区"十四五"振兴发展规划》《成都平原经济区"十四五"一体化发展规划》明确指出，广元市、南充市、广安市、巴中市、达州市等流域地市属于川东北经济区。区域整体定位为川渝陕甘结合部区域经济中心、东向北向出川综合交通枢纽、川陕革命老区振兴发展示范区，而绵阳市、遂宁市则属于成都平原经济区，区域整体定位为高质量发展活跃增长极、科技创新重要策源地、内陆改革开放示范区、大都市宜居生活典范区。

巴中市、广元市、达州市、南充市大部分地区为川陕革命老区，《川陕革命老区振兴发展规划（2016—2020）》明确将区域整体定位为丝绸之路经济带和长江经济带的重要通道、区域开发与精准扶贫协同推进示范区、清洁能源和特色农产品生产加工基地、红色文化传承区和生态旅游目的地以及秦巴山生态文明先行先试区。

（三）本级规划定位

各地"十四五"规划定位如下：广元提出建设川陕甘结合部现代化中心城市和四川北向东出桥头堡，积极参与嘉陵江绿色经济走廊建设，打造嘉陵江绿色转型发展示范区。南充提出建设成渝第二城、全省经济副中心以及成渝地区双城经济圈次极核，提出建设嘉陵江绿色生态经济带示范市，筑牢嘉陵江中游生态屏障。广安则提出建设重庆都市圈北部副中心和川东渝北区域综合交通枢纽。绵阳加快建设四川、成渝经济副中心和西部经济强市，提出打造涪江沿岸经济带，筑牢涪江上游生态安全屏障。巴中提出重点建设“三市两地一枢纽”，大力推进渠江流域生态廊道建设。达州定位为四川东出北上综合交通枢纽和川渝陕结合部区域中心城市，提出建设嘉陵江国家生态文明先行示范区。遂宁则定位为围绕成渝地区双城经济圈“一极两中心两地”，联动打造成渝的重要门户枢纽和成渝发展主轴的绿色经济强市。

二、广元市发展现状和比较优势

广元地处四川北部，川甘陕交界处，现辖4县3区，面积1.63万平方千米，2022年实现地区生产总值1139.78亿元，居四川省第16位，人口293万人。

（一）区位和资源条件

交通区位优势独特。广元是川陕甘毗邻地区的交通枢纽和物资集散中心，处于成都、西安、重庆、兰州四大西部城市腹心地带，是国家规划建设的全国性综合交通枢纽城市，宝成、西成、兰渝、广巴4条铁路和京昆、兰海、恩广、广平4条高速在境内交会，中欧班列渝新欧快铁、蓉欧快铁均经过广元，广元机场17条国内航线纵横成网，“千里嘉陵第一港”广元港是西北内陆地区进入长江最近的港口，千吨级轮船可直达重庆、上海等地，已初步建成连接西南西北、通江达海的综合立体交通枢纽。

附录专栏3–1　嘉陵江流域（广元段）航道基本情况

广元市航道通航里程568.6千米，嘉陵江广元段航道通航里程255千米，广元铁桥至涧溪口192千米为Ⅳ级航道。广元港已建成昭化、苍溪两个港区，可靠泊通行1000吨级船舶，广元港红岩作业区连接绵广高速进港公路已建成通车，规划建设广元港张家坝作业区进港公路（一级公路）13.5千米，规划建设广元港张家坝作业区进港铁路10千米，预计2024年开工建设。2020年开行了嘉陵江广元至重庆集装箱班轮，2021年相继打通了公铁水联运“疆煤入渝”“晋煤入川”新通道。嘉陵江流域适合水上运输货物约1000万吨，广元港作为辐射川东北和广大西北内陆地区的最近水运口岸，其水陆物资集散枢纽作用日益凸显。

历史文化底蕴厚重。广元是一座拥有4000多年悠久历史的古老城市，是巴蜀文明的重要发祥地之一，汇集蜀道文化、三国文化、名人文化、红色文化。广元是先秦古栈道和蜀道文化集中展现地、三国历史文化核心走廊、女皇武则天的出生地，是原川陕苏区核心区域、后期首府和红四方面军长征出发地①，抗战时期重要的后方基地和三线建设重点城市。“五丁开山”“张飞夜战马超”等典故传诵至今，川北薅草锣鼓、白花石刻等非遗项目匠心独运，李白、陆游等文人墨客在此留下《蜀道难》《剑门道中遇微雨》等千古名篇。

资源富集潜力巨大。探明可供工业采用的矿产30多种，优势矿种煤蕴藏量约6亿吨、天然气远景储量5亿立方米、天然沥青矿新探明储量超过1亿吨，石英砂储量约为3.1亿吨，是中国西部清洁能源利用基地。地热资源十分丰富，是首批中国温泉之乡。农业资源丰富，是世界红心猕猴桃原产地和全国最大标准化黄茶生产基地，认证有机产品数量居四川首位。嘉陵江、白龙江、南河碧波漪澜，是全国首批、四川唯一气候适应型城市建设试点市和嘉陵江上游重要生态屏障。拥有千佛崖、皇泽寺等4A级旅游景区21个，是四季康养之胜地。

（二）经济社会发展情况

发展战略明确清晰。广元大力实施“1345”发展战略，“1”指“一个总体定位”，即加快建设川陕甘结合部现代化中心城市；“3”指加速推进“三个转变”，即加速推进通道优势向经济优势转变、资源优势向产业优势

① 陈格.嘉陵江流域区域经济可持续发展创新路径探析［J］.农村经济与科技.2019（17）：51–54.

转变、环境优势向竞争优势转变；“4”指深入开展“四大行动”，即深入开展产业集聚提速行动、城市能级提升行动、民生保障提质行动、干部争先提能行动；“5”指聚力实现“五项目标”，即打造中国绿色铝都、建设大蜀道国际文化旅游目的地和康养度假胜地、建设脱贫地区特色产业高质量发展引领区、打造全国性综合交通枢纽和成渝地区北向重要门户枢纽、建设践行“绿水青山就是金山银山”理念典范城市。

特色优势工业产业加快发展。广元大力培育“1+3+3”工业优势主导产业集群，建设中国绿色铝都、中国绿色食品产业名城、中国西部（广元）绿色家居产业城、全国硅基新材料产业绿色发展基地、区域性清洁能源应用基地“一都两城两基地”①。2022年，规模以上工业总产值实现1443亿元，工业增加值实现332.85亿元，规模以上工业利润总额实现101.9亿元，工业化率达到29.2%，高于全省0.3个百分点。全市规模以上工业企业达607家。建成国家级经济技术开发区1个、省级经济开发区6个、市级工业集中发展区1个。一是铝基新材料千亿级产业集群加快打造。基本建成“绿色水电铝—铝精深加工—铝资源综合利用”产业链，广元经济技术开发区被评为“中国绿色铝都”，拥有中国西部（广元）铝锭贸易中心。截至2023年9月，广元铝基新材料产业规模以上企业42家，电解铝产能规模居全省第1位，约占全省的58%，铝精深加工能力达到180万吨。广元铝基新材料产业集群效应明显，产能规模、产品种类、技术装备均处于川陕甘前列，2022年铝产业实现产值341.99亿元。二是能源化工、食品饮料、硅基新材料3个500亿级产业集群加快打造。能源化工产业：已培育规模以上工业企业50家，天然气净化年产能突破60亿立方米，水电、风电总装机容量突破300万千瓦，2022年清洁能源产业实现产值141.1亿元。食品饮料产业：形成农特产品精深加工、饮料及饮用水、粮油及肉制品加工三大百亿级行业，实现产值325.93亿元，占全市工业总产值的22.6%，已培育广元娃哈哈、中粮油脂、君安天源等规模以上工业企业141家，苍溪猕猴桃食品、米仓山茶业等4家企业被评为农业产业化国家级重点龙头

---

① 张敏.广元产绿电铝现货交易近千吨［N］.四川日报，2023-07-07.

企业。硅基新材料产业：现有在产石英砂开采加工企业14家，产品涵盖玻璃器皿、灯饰玻璃、石英砂压裂支撑剂等，基本建成“石英砂开采—石英砂加工—高端玻璃制品”产业链，2022年硅基新材料产值16.19亿元。三是建材家居、机械电子、医药健康3个超百亿级产业集群加快打造。绿色家居产业：中国西部（广元）绿色家居产业城已成功培育以美好世家（四川）家居为代表的规模以上工业企业46家。2022年广元绿色家居产业实现产值39.3亿元。机械电子产业：已建成塔山湾军民结合产业园、长虹工业园、零八一工业园等专业园区，培育机械电子规模以上工业企业75家，开发出电子雷达整机、智能平板电视、航空复合材料结构件、微波器（组）件、汽车轮毂等规模化特色优势产品。生物医药产业：作为全国中药材主要产区之一，出产天麻、茯苓、川明参等各类中药材达000余种，已建成秦巴生物医药产业园、剑门兽药产业园2个，培育以豪运药业、康康医疗器械等为代表的规模以上工业企业24家，开发出各类生物医药产品350余种。2022年，广元生物医药产业产值41.3亿元。

现代服务业、优质特色农业加快发展。一是现代服务业持续壮大。逐步形成以文旅康养、现代商业贸易、现代物流、建筑建材为支柱的现代服务业产业体系，2022年服务业增加值占GDP比重达到42.1%，限额以上商贸流通企业累计达到615家，实现社会消费品零售总额474.6亿元。其中，2022年文旅康养产业实现营业收入21.16亿元，全市国家A级旅游景区总量、4A级以上旅游景区数量分别居全省第5位、第4位，旅游度假区数量居全省第2位，生态旅游示范区数量居全省第3位。二是优质特色农业现代化步伐加快。聚焦茶叶、猕猴桃、核桃、肉牛羊、土鸡等重点特色产业，建成规模化特色产业基地480万亩，建有全国最大的红心猕猴桃和黄茶基地。累计认定现代农业产业园区129个，其中国家现代农业产业园1个、省星级园区7个。农业主体不断壮大，培育农业企业1389家，其中国家级龙头企业4家、省级龙头企业43家。培育创建国家驰名商标8个、省著名商标22个、省名牌产品40个。持有农产品有机认证证书 291 个，居全省首位。

城镇空间布局持续优化。以中心城区为核心，中部河谷城镇发展带为纽带，京昆—蜀道、兰渝—嘉陵江、广巴达万、绵万通道四轴为发展轴的“一核一带四轴”市域城镇空间格局加速构建，划定城镇开发边界256.68平方千米。一是城镇综合承载能力明显增强。以中心城区、4个县城、2个特大镇和4个县域经济副中心为骨干，26个中心镇为支撑的现代城镇体系加速构建。2022年，广元常住人口城镇化率48.55%，比上年提高0.49个百分点。二是城镇规模逐步扩大。东部新城、北部新城与主城区一体发展，中心城区建成区面积57平方千米、增长17.5%，万缘新区全面建成，三江新区主骨架基本形成。青川县成为全省县城新型城镇化建设试点县，旺苍县争创为全省县域经济先进县。三是经济强镇加快培育。昭化区元坝镇和剑阁县普安镇成为“省级百强中心镇”，苍溪县元坝镇、旺苍县白水镇、剑阁县白龙镇、青川县竹园镇4个县域副中心加快建设。昭化区昭化镇城关村成功创建为天府旅游名村，剑阁县下寺镇双旗村等5个村成功创建为省级乡村旅游重点村。

三、南充市发展现状和比较优势

（一）自然地理优势

南充市位于四川省东北部、嘉陵江中游，面积1.25万平方千米。地形地貌以低山丘陵为主，高丘低山、中丘中谷、低丘带坝类型大体各占1/3，地势从北向南倾斜。北部低山区海拔一般为500~800米，南部丘陵区海拔256~500米，地貌由高丘逐渐变为低丘或低丘平坝。全市属中亚热带湿润季风气候，气温相对较低，春早、夏长、秋短、冬暖，年平均气温在17.1℃左右，降水丰富，雨季较长，暴雨较多。地表水和地下水资源丰富，年产水量约41.91亿立方米，嘉陵江为流经市域的最大河流，境内干流长301千米，嘉陵江与其左岸较大的支流东河、构溪河和右岸较大的支流西河、白溪河构成了南充丰裕的水系[①]。拥有西南最大的人工水库升钟水库，总库容13.39亿立方米。地下水多分布在境内嘉陵江的干支流两岸。境内可开发水能资源量111.3万千瓦，已建成蓬安马回、南部红岩

① 刘颖明.基于DPSIR模型的旅游生态安全评价［D］.桂林：桂林理工大学，2021.

子、阆中金银台、高坪青居、仪陇新政、蓬安金溪、小龙门、阆中沙溪、高坪凤仪9个航电枢纽。

（二）历史文化旅游资源情况

南充历史悠久，是一座拥有2200多年建城历史的历史文化名城，因地处古充国南部而得名。是三国文化和春节文化的发祥地，民风淳朴，民俗优雅，孕育了辞赋家司马相如、史学家陈寿、天文历法巨匠落下闳等历史名人，南充是红色将帅故里，川陕革命根据地的重要组成部分①。三国文化、丝绸文化、红色文化和嘉陵江文化交融生辉，南充大木偶、南充灯戏、南充剪纸、南充皮影等享誉中外，素有“果城”“绸都”之称。南充嘉陵江旅游资源禀赋独特，仅合川—阆中沿江一带就有16个4A级以上旅游景区，嘉陵江一江清水，两岸风光秀美，是嘉陵江流经距离最长、高品质资源最集聚的精华段，形成了“嘉陵第一江山”“嘉陵第一曲流”“嘉陵第一桑梓”等独特景观，是南充文旅发展的主体区和黄金纽带。文化旅游品牌有：天府旅游名县2个、天府旅游名镇2个、天府旅游名村3个、省级全域旅游示范区3个，国家A级旅游景区40个，5A级旅游景区2个，分别是阆中古城和朱德故里。其中，沿嘉陵江的景区有阆中古城、嘉陵第一桑梓、相如古城、中法农业科技园等。经普查，全市共有文化资源21.4万项、旅游资源1.06万项。目前，全市正重点培育绸都旅游、阆中古城旅游、嘉陵江旅游三大旅游品牌，重点开发文化旅游、生态体育旅游、工业旅游、乡村旅游等四大旅游产品，打造千年绸都与历史古城精品线路、生态旅游与运动度假线路、红色文化精品线路。

（三）交通区位优势

南充是重要交通枢纽，地处西安、成都、重庆“西三角”腹心地带，距成都200余千米、距重庆150余千米、距西安600余千米。交通优势逐步显现，铁路网络四通八达，达成铁路、兰渝铁路在境内“十字”交会，成达万、汉巴南“双铁路”建设加快推进，铁路通车里程居全省第4位②。

---

① 肖怡然，等.嘉陵江流域南充段文化旅游资源开发研究［J］.现代营销.2021（1）：118-119.

② 张小星，等.蓄势待发看南充［N］.四川经济日报，2020-01-03.

截至2022年底，全市公路总里程31136千米，居全省第2位，公路路网密度达到247.08千米/百平方千米，居全省第4位。全市建成高速公路12条，里程574千米，居全省第2位，营达、遂西、绵西等高速公路建成通车，实现了与毗邻6市高速互通和市内“县县通高速”。建有国省干线13条，通车里程达1858千米。其中嘉陵江旅游风景道（南充段）共计约224千米，以二级及以上公路为主，部分路段为四级公路，基本形成了300千米嘉陵江沿江旅游公路走廊。目前正以嘉陵江山水文化为主题、沿岸骨干公路为经络，加快600千米沿嘉陵江两岸旅游环线快速通道建设，形成与G318等全国热门旅游线路有效连接。高坪机场开通北京、上海、广州等航线20条，年旅客吞吐量突破100万人次，阆中机场启动建设。水运条件良好，全市通航水域有嘉陵江和7座通航水库、8条通航支小河流，通航水域1428.5千米，可通航水运里程居全省第1位。嘉陵江航道达到Ⅳ级通航标准，常年可通行500吨级船舶、1000吨级船队，丰水期可通行1000吨级船舶，已开启“南充港—北碚港”省际货运班轮。全市拥有港口企业8家，船舶修造企业8家，各类船舶5000多艘，注册船员5258人，船舶和船员数量均居全省第1位。已建成南充港都京作业区集装箱码头、南充旅游码头、化工园区专用码头、河西作业区大件运输码头，码头功能较为完善。2022年底，南充市客运量192万人次，货物运输量757.87万吨，货物周转量2.8亿吨千米，港口货物吞吐量达到918万吨。

（四）城镇体系建设情况

南充是区域中心城市和川东北地区政治、经济、文化中心，是成渝地区双城经济圈的北部中心城市、共建“一带一路”通道沿线重要节点城市、川东北城市群重要节点城市、中国优秀旅游城市、南遂广城镇密集区中心城市、中国特色魅力城市200强之一，是四川省委明确培育的省域经济副中心城市和支持建设的嘉陵江绿色生态经济带示范市。历为郡、州、府、路、道、署之治所，新中国成立初为省级建制机构“川北行署”所在地，1993年，撤销南充地区，设置地级南充市。现辖顺庆、高坪、嘉陵3区，营山、西充、南部、蓬安、仪陇5县以及1个县级市（阆中市），242

个乡镇(街道),3004个村(社区)。截至2022年底,全市户籍人口708.56万人,常住人口554.9万人,是四川第二人口大市,其中60岁及以上人口145.78万人,占常住人口的26%;65岁及以上人口116万人,占常住人口的20.9%。中心城区建成区面积拓展到172平方千米,常住人口增长到162万人,城镇化率达51.2%。其中,市内的阆中、南部是较大的县市,城镇人口较多,城区分别达到29万人、31万人。

(五)经济社会发展水平

南充是四川省经济大市,川东北地区经济、物流、商贸和金融中心,国家重要商品粮和农副产品生产基地、国家文化和旅游消费试点城市。2022年,南充市地区生产总值达到2685.45亿元,连续14年居全省第5位,社会消费品零售总额1484.36亿元。全年人均地区生产总值48343元。

一是优势产业发展迅速。三次产业结构比为18.7∶37.7∶43.6,形成了汽配、油气化工、丝纺服装、现代物流、现代农业等优势产业,新能源、新材料、电子信息、生物制药等潜力产业快速发展。其中汽配产业形成了以轻中型载货汽车、客车、改装车等整车为龙头,以发动机、车桥、热交换器、车身及覆盖件、钢圈等关键零部件为配套的汽车产业体系①,拥有规模以上企业208家,从业人员近6万人,拥有吉利四川商用车、中专汽车、天龙特种车和东嘉汽车4家商用车及专用车整车制造企业,具有年产10万台商用车整车生产能力。油气化工产业规模以上企业40家,在建油气化工项目5个,全部建成达产后可新增年产值550亿元。食品饮料产业拥有规模以上企业157家,形成了肉制品加工、粮油精深加工、酒饮、果蔬、调味品等五大产业板块,拥有中国驰名商标9件。丝纺服装企业拥有规模以上企业74家,初步形成了集原料基地、生产加工、销售出口、旅游开发于一体的产业体系。电子信息产业有规模以上企业23家,三环电子获得第七批制造业单项冠军企业,中科九微、和泰光纤获得国家专精特新“小巨人”称号。高端装备制造拥有以九天真空、中科九微、科华石油等为代表的规模以上企业11家。生物医药产业拥有规模以上企业21家。

① 黎婷.南充市政府在现代物流产业发展中的作用研究[D].成都:西南交通大学,2021.

二是产业平台丰富、要素市场活跃。金融、保险、人才、劳务等要素市场活跃，拥有川东北地区最大的粮油、生猪、蚕丝和小商品批发市场，拥有南充经开区、阆中经开区、西充经开区、营山经开区、南部经开区、蓬安工业园区、仪陇经开区、嘉陵区工业集中区、南充现代物流园、南充航空港经开区以及南充高新区等重要省级产业发展平台。2020年获批设立省级南充临江新区，中国（四川）自贸区南充协同改革先行区、保税物流中心（B型）等开放平台逐步健全。2023年1—6月，全市外贸进出口总额49.81亿元，居全省第9位。航空口岸、铁路口岸和整车进口口岸等被列入《四川省口岸发展三年行动计划（2023—2025年）》。跨境电商综试区公共服务平台上线营运，跨境电商产业园一期项目入驻跨境电商生态链企业18家。

三是社会事业发展优势突出。南充是区域科教中心，现有各类学校1636所、在校学生103万人，其中高校10所、省级示范性高中16所、国省重点中职学校8所，教育规模总量居全省第2位。拥有三甲医院6家、三级医院18家。拥有省市级院士（专家）工作站8个、省部级重点实验室3个、省级工程技术研究中心2个，各类专业技术人员11.5万人，是国家知识产权试点市、全国创新驱动助力工程示范市。

（六）生态环境优势

全市拥有嘉陵江最柔美的身段、川中最秀美的丘陵、巴蜀最宜居的环境，是国家园林城市、全国清洁能源示范城市。现有森林资源面积5204.47平方千米，森林蓄积2680.65万立方米，森林覆盖率41.7%，高出全省1.5个百分点。动植物种类繁多，共有植物近2000种，其中药用植物700余种（全国重点药用植物300多种）。全市共有自然保护地21个，其中国家湿地公园5个、国家森林公园4个、省级森林公园1个、市级森林公园2个、省级地质公园1个、风景名胜区5个、自然保护区3个。累计培育建成现代林业产业基地798平方千米，林业产值达到225.7亿元。境内嘉陵江干流流域面积约9000平方千米、长约301千米，嘉陵江干流水质稳定保持在地表水Ⅱ类标准，12个国省考核断面水质优良比例连续4年达

100%，62个小流域断面水质达标率达96.8%。制定嘉陵江、东河、西河、流江河和思凤溪等5条流域面积1000平方千米以上河流岸线开发和利用规划，实现“一条红线”管控河道空间，“一部规划”规范开发行为。嘉陵江绿色生态走廊建设稳步推进，目前完成任务166平方千米，进度达92.2%。打造了阆中构溪河、南部满福岛、仪陇秀水长滩、蓬安相如湖、高坪凤仪湾、印象嘉陵江上中坝、缤纷水岸、黄金江岸等滨江城市会客厅和滨江（河）公园（湿地）27处，再现了嘉陵江三百里风光的美丽画卷。

四、广安市发展现状和比较优势

（一）自然地理概况

广安面积6339平方千米，地处华蓥山中段，位于川东红色丘陵与平行岭谷之间，地势东高西低，中西部为丘陵区。地表起伏不大，沟谷纵横分割。海拔185~1700米，地貌包括浅丘带坝、低山深丘、中丘中谷和平行岭谷低中山4种类型。全市气候温和、四季宜农，自然资源丰富，煤、石灰石、杂卤石和钾盐、天然气等矿产资源丰富，拥有桫椤、水杉2种国家一级保护珍稀植物，灰腹角雉等国家一级保护鸟类。境内嘉陵江、渠江曲折回环，大小江河、溪流700余条，分属嘉陵江水系、渠江水系和川江水系。

（二）历史文化旅游资源情况

广安历史悠久，可追溯到春秋战国时期的巴国领地，是巴蜀历代政权重要粮仓，自北宋年间取“广土安辑”之意设广安军，“广安”之名沿袭至今。广安是改革开放和现代化建设的总设计师邓小平同志的家乡，孕育了“红岩魂”，形成了独具特色的红色旅游资源，成为全国12个“重点红色旅游区”和30条红色旅游精品线路之一，是四川红色旅游的龙头和全国红色旅游的重要目的地。拥有“伟人故里”“滨江之城”“川东门户”“红色旅游胜地”4张名片，市内有国家5A级旅游景区邓小平故里等风景名胜。全市有A级旅游景区30个、省级旅游度假区2个、省级生态旅游示范区1个。邓小平故里5A级旅游景区见证了邓小平同志青年时期的成长与奋斗。宝箴塞、邻水天意谷、华蓥山旅游景区、五华山旅游景区、神龙山巴人石头城、武胜白坪—飞龙乡村振兴示范区等6个景区为国家4A级旅游景区，宝光寺是西南地区规模较大的佛教寺庙。广安拥有盐皮蛋、麻辣烫、岳池米线等特色美食，是重要的旅游消费品。

（三）交通区位优势

广安是四川3个省际交界的次级交通枢纽和12个区域性次级交通枢纽之一，是川东出川入渝的重要门户，是川东北地区乃至西北地区南下的重要通道，也是全国“五纵七横”交通干线上的重要节点，全市已纳入重庆都市圈规划建设。广安紧邻重庆中心城区，与渝北、北碚等中心城区接壤，交通非常便捷，距重庆江北国际机场110千米，仅1小时的车程，距果园港约125千米。距周边其他大城市也较近，距南充高坪机场80千米，约40分钟车程，距成都天府机场280千米，约2.5小时车程。公路网络发达，2022年，全市公路通车总里程达1.6万千米，境内沪蓉高速、达渝高速、渝广高速、遂广高速等四通八达，国道210、国道212、国道305、国道318贯穿全境。境内已通车运营襄渝铁路、兰渝铁路2条，拥有客运火车站5个，其中广安站是川东片区重要的物资、客源集散地，可直达重庆、西安、武汉、郑州、北京、乌鲁木齐、广州、太原等地。广安水运便捷，嘉陵江广安段的广安港区、华蓥港区、岳池港区和武胜港区组成了广安港口群，是嘉陵江沿岸的重要港口。

（四）城镇体系建设情况

广安是全国唯一全域纳入跨省域都市圈的地级市，是重庆都市圈北部副中心。1993年，南充地区广安县、武胜县、岳池县，达县地区邻水县以及省辖华蓥市（县级市）合并，设立广安地区；1998年7月，撤地设市。目前，全市辖广安、前锋2个区，邻水、武胜、岳池3个县，代管华蓥1个县级市。川渝高竹新区作为实体发展单元率先启动建设，是全国唯一的跨省际省级新区。2022年，全市户籍人口449.5万人，60岁及以上人口占24.80%，65岁及以上人口占19.57%。常住人口323.8万人，各大区县城区、城镇居住的人口146.7万人，城镇化率45.32%，主城区建成面积达

65.78平方千米，常住人口达39.03万人。渠江穿城而过，嘉陵江干流流经武胜、岳池等地。其中，嘉陵江武胜段是流经县域中里程最长的一段。

（五）经济社会发展水平

广安是四川东向开放门户，全省首个国家级承接产业转移示范区，也是全国唯一全域纳入跨省域都市圈的地级市，拥有国家级广安经开区、省级广安高新区等6个产业园区平台，广安（深圳）产业园成为支撑川粤合作的重大平台，成都·广安“双飞地”生物医药产业园成为全省“干支联动”先行实践。拥有全国综合性物流基地高兴货场，开行广安港—重庆港集装箱班轮。2022年，全市地区生产总值1425.0亿元，三次产业结构调整为17.3：31.2：51.5；人均地区生产总值43901元，地方一般公共预算收入95.3亿元，金融机构各项存款余额2668.4亿元。100个省市重点项目固定资产投资444.13亿元。全市形成装备制造、电子信息、能源化工、生物医药、食品饮料、先进材料、轻工服装等七大现代产业，2022年广安市规模以上工业企业营业收入达1244.9亿元。2022年，全市民营经济增加值达816.3亿元，社会消费品零售总额达617.4亿元，其中，城镇、乡村零售额分别为418.4亿元、199亿元。全市城镇居民人均可支配收入为43078元。2022年，外贸进出口总额38.2亿元，同比增长60.1%；外商直接投资到位资金（FDI）3550万美元，同比增长9%。

（六）生态环境状况

广安生态环境优良，2022年森林覆盖率为31.67%，森林总面积20.1万平方米，拥有自然保护区1个。全市建成国省控空气和水质自动监测站分别有12座、17座，城镇生活污水处理厂（站）109座，处理能力达42.3万吨/日。2022年，全市17个国省市考核断面水质全部达到考核要求，城市集中式饮用水水源地水质达标率达100%，基本消除劣Ⅴ类水体，嘉陵江、渠江干流稳定在Ⅱ类水质。主城区优良天数比率达91%，连续4年达到国家空气质量二级标准。环境空气质量综合指数排全省第14位、全国168个重点城市第79位。全市无重度污染耕地，轻中度污染耕地仅占全市耕地面积的0.53%。固废危废处置逐步规范，工业固体废物综合处置利用率在90%以上。广安绿色发展成效显著，新能源汽车、绿色新材料、新一代信息技术等绿色低碳优势产业加快发展，成功创建国家级绿色工厂3家、省级绿色园区4家、省级绿色工厂14家。2022年，规模以上绿色化工企业达31家，实现年产值143.3亿元。

（七）广安市武胜县发展基本情况

武胜县位于川东嘉陵江中下游，隶属四川广安市，面积966平方千米，辖23个乡镇，276个村、48个社区，2022年户籍人口79.37万人，有回、藏、蒙、维等35个少数民族，是嘉陵江流域第二大回族居民聚居地。2022年，全县实现地区生产总值273.8亿元，同比增长2.0%。

交通区位独特。武胜地处重庆、广安、遂宁、南充交会轴心，位于成渝地区双城经济圈腹心地带和重庆“一小时都市圈”，具有进城入圈的“桥头堡”优势。“千里嘉陵武胜最长”，嘉陵江自北向南流经县境117千米。武胜是渝新欧国际铁路大通道由重庆入川的第一站，也是嘉陵江出川的最后一站。兰渝铁路、兰海高速、遂广高速纵贯全境，半小时到广安、南充、遂宁、潼南、合川，1小时至重庆，2小时达成都，4小时抵西安、贵阳。嘉陵江黄金水道通江达海，千吨级船舶可直通上海。

武胜资源丰富。武胜石油、天然气、盐卤等储量丰富，石油储量1600万吨、天然气储量4000亿立方米、盐卤储量8.1亿立方米。嘉陵江出川断面稳定保持Ⅱ类水质，县内建有水电站2座，水能资源约42万千瓦。武胜也是全国重要的粮油生产基地，果蔬、生猪为武胜县两大主导产业，蚕桑、水产为两大特色产业，2022年全县粮食播种面积521平方千米，出栏生猪91.1万头，建成武胜大雅柑基地133.33平方千米，稻渔综合种养基地13.33平方千米，优质桑蚕基地20平方千米。

工业根基坚实。积极主动融入重庆制造业产业分工体系，装备制造、节能环保及新材料、农产品加工、清洁能源四大主导产业加快发展，2022年工业增加值64.3亿元，占GDP的比重为23.5%，规模以上工业企业99家。装备制造产业发展稳定，以四川银钢、雷联机械为代表的汽摩装备产业，以鑫光铁塔、得丰电气为代表的电力装备产业，以海泰医药等为代表的医药设备产业均已初具规模。洁能环保产业主要发展节能产品、资源循环利用和环保装备，新材料产业主要发展新能源材料、新型汽车材料、新型有色金属合金材料及新型建设材料，已形成以生琳科技、金易管业、普莱斯德等为代表的龙头骨干企业。清洁能源产业现有东西关、铜子壕2座中型水电站和12座小型水电站，总装机容量32.5万千瓦，正在开发的油气井33口，年开采天然气10亿立方米。食品加工产业围绕“重庆火锅武胜造”目标，发展以火锅调味料、火锅食材为主的农产品加工产业，建设“川渝独有、全国一流”的中国麻辣火锅产业园，以毛哥食品、雪花啤酒、安泰丝绸为龙头的现代农产品加工业已初具规模。

五、辐射区（绵阳、巴中、达州、遂宁）四市基本情况

（一）自然地理概况

绵阳、巴中、达州、遂宁四市中，除遂宁外，其他三市多处于盆周丘陵山区。绵阳地势北高南低，悬殊较大，地貌由山地向丘陵过渡。西北部以中山、低中山为主，降水丰富，多成为河流发源地，到西南则以丘陵、平坝为主，河渠纵横，水网密布，东南部主要是深丘与低山，涪江干流及其支流密布成网，流经全市。巴中属典型的盆周山区，地势北高南低，由北向南倾斜，丘陵、平坝面积约为1243平方千米，占巴中总面积的10%；山地占90%，自然资源富集。水网密布，河流均呈南北流向，树枝状分布，大小河流共有1100多条，除南江县北部的焦家河属嘉陵江一级支流外，其余均属渠江水系巴河流域。达州地处盆周丘陵的大巴山区，地势东北高、西南低，明月山、铜锣山、华蓥山将全市分割为山区、丘陵、平坝3个部分，山地占达州总面积的70.7%，丘陵占28.1%，平坝占1.2%。境内水网密布，主要发源于大巴山，由北而南呈树枝状分布，主要的河流有渠江、州河等，多属渠江水系。遂宁属四川盆地中部低山丘陵地区，丘陵约占遂宁总面积的70%，河谷、台阶地占25%，低山占5%。遂宁中小河流众多，涪江是主要的河流，涪江支流呈树枝状分布，境内流域面积5127.4平方千米，占遂宁面积的96.29%。

（二）历史文化旅游资源优势

绵阳、巴中、达州、遂宁四市是嘉陵江流域重要城市，众多嘉陵江支流流经四市，历史悠久，文化灿烂。绵阳自公元前201年汉置涪县始，历来为州郡治所，已有2200多年建城史，是四川历史文化名城，嫘祖文化、大禹文化、三国蜀汉文化、李白文化、文昌文化等历史传统文化底蕴深厚，羌族文化、白马藏族文化等民族文化特色鲜明。遂宁于1985年建市，素有“东川巨邑”“川中重镇”“文贤之邦”之称，孕育了众多历史名人，是中国观音文化之乡。达州曾是4000多年前古巴人繁衍生息的沃土，媲美三星堆的罗家坝巴人文化遗址，见证了远古巴人文明的辉煌历史，历为州、郡、府、县所在地，至今已有1900多年的建城史。达州是川陕革命根据地的重要组成部分，享有“巴人故里、红色达州、中国气都”之称。巴中是巴人的故乡、巴文化的中心，5000年前古巴人在此繁衍生息，拥有1900多年的置县史，孕育了“忠勇信义”的巴人精神，红色文化彪炳史册。

（三）交通区位优势

绵阳、巴中、达州、遂宁四市区位独特、交通便利。绵阳位于成都、重庆、西安“西三角”腹心地带，是“一带一路”和长江经济带结合部和连接线上的重要支点城市，境内建有宝成铁路、西成客专，成绵、绵广、绵遂等高速公路以及拥有59条航线的绵阳南郊机场，全市初步形成内畅外联的立体交通网。遂宁是四川交通枢纽城市，遂宁距离成渝两个中心城市均为128千米，是成渝之间重要的节点城市和次级综合交通枢纽，已建成铁路“3向7线”237千米，高速公路“1环6线”290千米，东西南北四向高速连接网络基本畅通，是全川除成都之外，交通最发达的区域城市。达州是全国179个公路运输主枢纽城市之一和四川省12个区域性次级枢纽城市之一，是国家布局规划的二级物流中心城市、西部重要的物流枢纽城市，也是四川通江达海的东通道。巴中地处中国秦岭—淮河南北分界线以南，是联结“一带一路”、成渝地区双城经济圈与关天经济区的重要枢纽节点，处在重庆、成都、西安三大都市几何中心点上，全市基本形成了4条铁路、10条高速公路以及1个机场的综合交通网络，区域交通枢纽地位日益凸显。

（四）城镇体系发展

绵阳辖5县3区1市，代管四川省政府科学城办事处，现有街道办事处13个、乡镇153个，面积2.02万平方千米，常住人口486.85万人。绵阳城市规模不断壮大，“一城双心、组团协调”①城市发展新格局加速构建，中心城区建成面积189.2平方千米、常住人口161.5万人，全市常住人口城镇化率达55.5%。遂宁辖2区2县1市，以及国家级经济技术开发区、河东新区、高新区三个园区，面积5326平方千米，常住人口281.7万人。全市推进“一核三片、四区协同”②发展战略，中心城区经济发展极核能级快速提升，遂宁经开区迈入主营业务收入“千亿园区”俱乐部。达州辖4县2区1市，面积1.66万平方千米，中心城区建成“双130”城市，“七大新区”加快开发，“双300”大城市框架加快构建，5个县城扩容提质，百镇建设各显特色，全市常住人口538.5万人，城镇化率达到48.2%。巴中辖南江、通江、平昌三县，巴州、恩阳两区和巴中、平昌两个省级经开区，幅员1.23万平方千米。近年来，巴中市中心城区品质提升，县域经济特色发展，乡村振兴加快推进，2022年，巴中常住人口为265.8万人，常住人口城镇化率达47.34%。

（五）经济发展水平

近年来，四市经济发展较快，经济水平大幅提升。2022年，绵阳地区生产总值达3626.9亿元，三次产业结构比为10.5∶41.8∶47.7。电子信息、汽车产业等六大重点工业产业蓬勃发展，科技服务业、现代物流等九大服务业重点产业快速发展，优质粮油、畜禽水产等六大农业重点产业

---

① “一城”指绵阳中心城区，“双心”指老城综合服务中心和城市新中心，“组团协调”指东部游仙组团、南部经开组团、西部安州组团和高新组团、北部青义龙门组团和石马东林组团、中部园艺组团等5个组团协调发展。

② “一核”指中心城区经济发展极核，“三片”指射洪、蓬溪、大英三大经济片区，四区协同指中心城区经济发展极核与射洪、蓬溪、大英经济片区创新协同，促进“四区”优势互补、错位发展、同频共振。

稳步发展。现有“四上”企业3073家、高新技术企业446家、4亿元以上大中型骨干企业138家、上市挂牌企业28家[①]。长虹控股、九洲集团分别名列“中国电子信息百强企业”第6位、第42位。2022年，遂宁地区生产总值达1614.5亿元，人均地区生产总值达到58137元，电子信息、机械装备、食品饮料为三大主导产业。“5+2+1”现代产业体系加快构建，三次产业结构比优化至13.7：47.9：38.4。被授予“中国锂业之都”“中国肉类罐头之都”称号，获批陆港型国家物流枢纽、国家基础电子元器件高新技术产业化基地、国家外贸转型升级基地。2022年，巴中地区生产总值达765.01亿元，其中第一产业增加值192.08亿元、第二产业增加值196.85亿元、第三产业增加值376.08亿元。产业结构优化升级，三次产业结构比优化至25.1：25.7：49.2，四大特色农业、四大新型工业、四大现代服务业集聚壮大，食品饮料、生物医药、新能源新材料等产业加快发展。2022年，达州地区生产总值达2502.7亿元，已形成以能源、化工、冶金、建材、机电、食品、医药、纺织、商贸、物流等为主体的产业体系。

（六）生态环境资源优势

近年来，四市生态环境质量持续改善。绵阳进入空气质量达标城市行列，城区空气质量优良天数率保持在90%左右。全面推行河湖长制，国、省控考核断面优良水体比例、县级及以上城市集中式饮用水水源地水质达标率均为100%。土壤环境质量总体稳定。盐亭、北川成功创建国家生态文明建设示范县，持续开展“大规模绿化绵州行动”，森林覆盖率达56.13%，森林蓄积量达9796万立方米。遂宁生态环境持续向好，空气质量连续7年实现改善，国、省考核断面水质全面达标。中心城区人均公园绿地面积达15.2平方米，成功创建全国文明城市、中国十佳宜居城市等城市名片，成为全省首批公园城市建设试点市。达州深入实施“绿化达州行动”，2022年森林覆盖率达到45.58%，森林蓄积量达4606万立方米，城市空气质量优良天数率达94%，地表水达到或好于Ⅲ类水体比例常年保持在100%。巴中环境保护力度不断加强，生

① 王艺涵.四川省M市城市闲置土地盘活利用问题及对策研究［D］.成都：四川大学，2021.

态质量稳步提升，森林覆盖率达63.2%，森林蓄积量达6672.1万立方米，城市空气质量优良天数率达96.4%，获评国家森林城市、中国气候养生之都。

六、存在的主要问题

（一）流域资源环境约束日益凸显

流域大部分位于山区丘陵，土地资源较为稀缺，生态保护任务繁重，“三区三线”划定使建设用地受到一定约束。工业化与生态环境保护存在矛盾，现代工业发展对用能、环境容量等需求大、要求高。部分生态环境保护标准比国家标准更高，如嘉陵江生态保护条例规定二级支流不能建设化工园区，制约了许多资源富集地区、能源丰富地区的产业发展。

（二）重大基础设施布局不足

交通基础设施建设薄弱，兰渝铁路运能饱和、客货混运，制约物流大通道作用的发挥，主要轴线通道兰渝高铁走向尚不确定，广巴达万铁路扩能改造项目尚未启动，广元盘龙机场、南充高坪机场等改扩建、广安机场建设尚未启动。沿线地市首位度不高、中心性不强，难以集聚优质资源，中高端消费大量外流，广元、南充人口净流出趋势明显。对外开放平台功能较弱，保税物流中心尚处于规划之中，广元国际铁路港、南充综保区等开放功能还不健全，沿线尚未建成国家物流枢纽承载城市。

（三）沿线产业发展基础薄弱

嘉陵江流域四川各地市经济总量偏小，基本在2000亿元左右，与成渝地区双城经济圈双核相比差距较大。产业整体处于价值链中低端，工业增加值占GDP比重低于全国全省平均水平，数字产业、战略性新兴产业比重远低于全国全省平均水平。与重庆、成都等城市相比，沿线城市承接产业转移能力不强、竞争力弱。产业链还不够完善，具有优势的文旅产业链条还不完整。国家级开发区较少，特别是南充还缺乏国家级开发区，产业承载能力不强，亩均产出效益不高，面临国土空间容量低、能耗总量和强度“双控”等制约。资源优势还未能转变为发展优势，石英砂、电解铝等产品还不能输出。

（四）水运发展面临诸多问题

嘉陵江四川段梯级船闸之间的调度、衔接还不顺畅，嘉陵江航道等级低（Ⅳ级航道），航道通而不畅和船舶过闸难的“肠梗阻”现象一定程度上还存在。与下游的重庆还缺乏水电航调度统筹协调机制，枯水期的下泄流量主要服从电网调度，洪水期的下泄流量主要服从防洪调度，均对通航的合理需求考虑不够，导致水电航之间的矛盾突出并难以协调。公铁水多式联运体系未形成，适合嘉陵江、长江干支运输的船型还不成熟，运力储备还不充分，交通物流融合发展程度也不足，集疏运“最后一公里”未打通。嘉陵江夜航通信能力有待提升。

七、融入嘉陵江生态经济走廊建设的思路与举措

（一）总体思路

嘉陵江四川段是全流域面积最广、干支流流经最长的区域，从嘉陵江流域发展的实际出发，以推动嘉陵江流域资源共享、环保共治、协同联动、互联互通为抓手，打破“一亩三分地”的行政区思维定式，打开一体化发展战略视野，打通互动协同“经络血脉”，共建长江上游重要生态屏障。强化流域合作顶层设计和制度建设，推进流域跨区域统筹协调，加强流域水环境联防联控一体化，推进生态共治共享，加强流域基础设施互联互通，构建一体化发展的良好载体，协同构建现代化经济体系，打造流域一体化绿色发展示范区，加快培育新的经济增长点、形成发展新动能。推动成渝地区双城经济圈进一步联动西北地区和西南地区，密切与“一带一路”、长江经济带、西部陆海新通道沿线各地的经济联系。

（二）重点任务举措

1. 推动沿线各地深度融入成渝地区双城经济圈建设

一是打造一批成渝地区向北向东重要门户枢纽。高标准建设广元国际

铁路港，打造西南煤炭调拨储运中心，高水平举办中国物流产业发展大会，打造具有货物贸易、集散分拨、仓储配运、临港加工等功能的区域性物流枢纽，积极争创国家物流枢纽承载城市。加快南充现代物流园区扩大开放，打造川东北物流中转枢纽。加快广安交通枢纽建设，规划建设大型货运枢纽站场。二是打造成渝地区能源和粮食安全保障基地。充分发挥交通区位优势和农业资源优势，推动建设成渝地区能源粮食安全保障基地，进一步畅通西部地区“北煤南运”“北粮南运”大通道和成渝地区北向能源、粮食资源输入通道。三是打造成渝地区产业协作配套基地。稳步提升嘉陵江流域各地在成渝地区产业链供应链上的战略位势，强化沿线城市在机械电子、食品饮料、绿色家居、铝基材料等产业上的协作配套。推进联动开发精品旅游线路，共建巴蜀文化旅游走廊，加快嘉陵江风景道建设，打造成渝地区旅游休闲、生态康养基地。四是积极拓展多领域合作。推动流域各地广泛开展与成渝两个中心城市在科教文卫等领域的合作，重点推动城市交流互访、园区协同共建、功能板块联动，建立健全与“成渝”双核互动机制，积极争取共享成渝地区双城经济圈政策。共同推进沿线重点城市、各级城镇、产业园区联动发展，促进成渝地区双城经济圈北翼振兴。

2. 合力推进嘉陵江水运高质量发展

一是加强港口联动发展。推动广元、南充、达州等地加强与重庆果园港在港区运营、多式联运、全程物流等方面全面合作，利用长江、嘉陵江等航运优势合力构建铁水、水水联运通道，降低全流域物流成本，协同推动“无水港”建设拓展。二是不断完善联合调度机制。全面实现联合调度规范、高效、常态化运行，积极妥善处理水调、电调、航调的行业诉求及各方利益，从根本上解决船舶过闸难、通行难的问题。三是推动流域沿线城市深化合作交流。积极推动沿江水运企业合作，积极探索三港联动、航线互通和运输模式创新，以短途带动长途，充分发挥低成本、低碳等优势，形成集群优势，畅通集疏运体系。四是加大人才引进与培养力度。建设一支高素质专业化的水运人才队伍，切实解决嘉陵江船员招聘难、留人难的问题。五是探索水运与文旅融合发展。充分利用嘉陵江沿线丰富的旅游资源和水运资源，挖掘好结合点、选好切入点，打造水上旅游精品线路，积极助力水上交通+文旅新消费。

3. 合力推进流域基础设施互联互通

一是加强陆路交通基础设施建设。加快渝西高铁建设步伐，推动广巴达万铁路广巴段扩能改造，积极争取兰渝高铁、西成高铁新线路规划，增强客货运能保障。积极谋划嘉陵江沿线南充、阆中、广元等地至重庆的城际铁路，渠江沿线渝广城际、达渝城际、重庆至巴中铁路等线路，提升流域城际交通便捷性。加快京昆高速、兰海高速、绵苍巴高速等扩容改造。加快建成阆中机场，规划广安机场建设，谋划一批重点区市县的通用机场建设。加快形成支撑区域功能、产业、城镇发展的复合交通廊道。二是加强流域水利设施和港航设施建设。加强水系航道疏浚，推动梯级港航枢纽建设，协同推进重庆井口生态枢纽等重大项目谋划，协同推进嘉陵江（重庆至南充段）、涪江（遂宁至潼南段）和渠江（达州至重庆段）全面提升为三级以上航道，推动广安港、南充港等沿江港区向枢纽港提升改造，畅通嘉陵江水运系统，拓展西北地区进入长江黄金水道、融入成渝地区发展的战略性运输通道，共建长江上游航运中心。三是积极推动通航建筑物提能升级。加强库尾等天然航道的持续整治提升，不断完善航道设施，尽快实现全江夜航。对已建好的阻航、碍航和通航建筑物进行充分论证，在充分挖潜的情况下，加快老旧船闸和亭子口升船机的改造扩能，切实消除嘉陵江水运的“肠梗阻”和“断头路”现象。

4. 加强流域生态经济整体谋划

一是加强流域发展政策协同。强化顶层设计，协同制定嘉陵江流域生态经济发展规划，以干流和重要骨干交通为纽带，高水平规划引导流域各类要素资源科学配置，高质量推动“全产业链”协同布局，推进水网、路网、绿网、产业网、旅游网“五网合一”建设，推动流域合作向区域合作深化，突出重庆主城都市区核心引领作用，承接成渝地区双城经济圈和关中平原城市群辐射带动功能，围绕“双碳”目标推动城市绿色转型和接续成长，积极培育高效畅联的流域增长轴带，逐步形成点、线、面、体紧密联结的区域发展格局。二是促进流域跨区域管理的统筹协调。完善跨行政区域水环境政策法规标准体系以及分级分区管控体系，健全由流域各级各部门广泛参与的议事协调联席会议制度。理顺流域和行政区域在流域统筹规划、水生态管理、基础设施建设、经济协同发展等方面的事权划分。协同探索合作设立流域发展银行等金融机构，创新发展绿色信贷、绿色基金，增强跨区域的流域发展资金保障。

5. 合力推动流域产业布局优化与协同创新

一是协同推动产业结构转型升级。立足充分发挥嘉陵江流域生态和资源优势，把“生态+”“+生态”理念融入产业发展全过程，打造对西部地区和全国高质量发展更具支撑力的嘉陵江绿色产业走廊。协同加强对嘉陵江流域生态保护和产业高质量发展的顶层设计和政策指导，推动编制嘉陵江流域产业协同发展及科技创新专项发展规划。统筹沿线各城市创新能力提升，合理协调整合创新资源，提升嘉陵江流域创新水平，构建政府协同合作、企业主体深度参与、社会组织发挥积极作用的跨区域合作机制。二是协同推动流域文旅资源开发共享。协同加强嘉陵江流域文旅资源普查，研究制定流域文化旅游发展规划，依托巴山秀水、红色旅游、巴蜀文化、古城古镇等资源，协同推动流域文化旅游产业带建设，协同拓展巴蜀文化旅游走廊。协同出台流域文化旅游精品线路建设方案，加强重点旅游线路串联策划，协同共建流域文旅产业带，增强文旅供给力和吸引力。协同探索创办流域文旅博览会，创建嘉陵江流域文旅走廊联盟，加强流域文艺创作、流域文化遗产保护利用与活态传承，强化流域文化联合宣传。

6. 协同推进流域生态共治共享

一是协同加强跨界流域水系空间管控。加强河流生态脆弱区、水源涵养地保护，强化用水总量、用水效率、限制纳污“三条红线”控制。整合各地水利、环保等系统资源，完善流域水环境联防联控大数据平台，推动水环境质量和污染源同步监测、交叉采测，加强跨界河流上下游数据共享。二是健全流域生态补偿机制。横向上，推动建立以受益主体付费为主的流域生态补偿机制，健全流域生态损害赔偿制度，共建生态要素交易平台，推动水生态权益交易试点。纵向上，共同争取财政生态转移支付的政策倾斜，积极建立流域生态补偿基金，加强流域重点生态功能区特别是上游落后地区的生态补偿。

附件四

嘉陵江流域生态经济走廊（重庆市）调研分析报告

嘉陵江是长江的主要支流，古称“渝水”，是重庆简称“渝”的由来。加快推动重庆融入嘉陵江流域生态经济走廊建设，有利于构建“一带一路”与长江经济带、西部陆海新通道的综合枢纽，打造连接西北和西南的综合性物流大通道和经济联动主轴，进一步拓展重庆都市圈发展空间和市场腹地，筑牢长江上游生态安全屏障。报告从区域及各部分战略定位出发，在分析区位交通、资源条件、经济实力、产业基础、开放水平等方面发展现状和比较优势基础上，研究提出制约重庆融入嘉陵江流域发展面临的主要问题，并提出融入嘉陵江流域生态经济走廊的思路举措，为后续研究的深入开展提供前期研究支撑。

主要参考资料包括：一是国家出台的规划意见。主要包括《中华人民共和国国民经济和社会发展第十四个五年规划和2035年远景目标纲要》《成渝地区双城经济圈建设规划纲要》《中共中央 国务院关于新时代推进西部大开发形成新格局的指导意见》《西部陆海新通道总体规划》《成渝地区双城经济圈水安全保障规划》《成渝地区双城经济圈综合交通运输发展规划》等。二是重庆市及相关区已出台规划意见。主要包括《重庆市国民经济和社会发展第十四个五年规划和二〇三五年远景目标纲要》以及合川区、北碚区、渝北区、江北区、渝中区、沙坪坝区、潼南区、铜梁区、璧山区等各区的“十四五”规划。三是相关统计资料。主要包括《重庆市地方志》《重庆市统计年鉴》《2022年重庆市国民经济和社会发展统计公报》《重庆市人民政府工作报告（2023年）》《重庆市统计局2022年12月综合月度数据》。

一、嘉陵江流域重庆空间范围及“十四五”总体定位

（一）嘉陵江流域重庆空间范围

嘉陵江在重庆市境内起于合川区钱塘镇、止于渝中区朝天门，全长150余千米，主要支流有渠江、涪江、黑水滩河、后河、璧北河、龙凤溪、马鞍溪、明家溪等。嘉陵江主要流经合川区、北碚区、沙坪坝区、渝北区、江北区、渝中区，辐射潼南区、铜梁区和璧山区，覆盖面积超9000平方千米。2022年，合川区、北碚区、沙坪坝区、渝北区、江北区、渝中区、潼南区、铜梁区和璧山区地区生产总值合计超过1万亿元，达到10523亿元，占主城都市区的47.1%；常住人口达946.9万人，占主城都市区的44.61%；城镇化率达83.78%，较主城都市区平均水平高约4个百分点。2022年嘉陵江流域重庆市各区基本情况见附录表4-1。

附录表 4-1　2022 年嘉陵江流域重庆市各区基本情况

地区	面积（平方千米）	地区生产总值（亿元）	常住人口（万人）	城镇化率（%）
合川区	2343	1000.28	123.4	65
北碚区	755	742.01	84	87.57
沙坪坝区	395.8	1106.73	148.56	97.1
渝北区	1452	2297.11	225.42	90
江北区	213	1602.76	94.54	99.4
渝中区	23.71	1560.91	57.77	100
潼南区	1583	558.51	68.11	60.51
铜梁区	1343	733.63	68.8	63.92
璧山区	915	920.95	76.3	72.75

（二）“十四五”时期上位规划对其定位和考虑

国家“十四五”规划纲要提出，以国家重点生态功能区、国家级自然保护地等为重点，实施重要生态系统保护和修复重大工程，加快推进长江重点生态区等生态屏障建设，加强长江等大江大河和重要湖泊湿地生态保

护治理[①]。加大重点生态功能区转移支付力度，鼓励流域上下游通过资金补偿、产业扶持等多种形式开展横向生态补偿。推动长江等重要流域建立全流域生态补偿机制。建立生态产品价值实现机制，在长江流域等开展试点。

《成渝地区双城经济圈建设规划纲要》在基础设施互联互通方面提出，建设南充至潼南等高速公路，推动毗邻地区互联互通。健全以长江干线为主通道、重要支流为骨架的航道网络，优化干支流水库群联合调度，研究优化长江上游分段通航标准，加快长江上游航道整治和梯级渠化，全面畅通嘉陵江等，开通往返主要港口的“水上穿梭巴士”和铁水联运班列。在整合优化重大产业平台方面提出，鼓励合川创建国家高新技术产业开发区，推动渝北—广安建设跨省市毗邻地区产业合作园区。在生态环境联保共治方面提出，构建以长江、嘉陵江为主体，其他支流、湖泊、水库、渠系为支撑的绿色生态廊道[②]，实施森林生态系统休养生息，共筑长江上游重要生态屏障。建立跨流域跨区域横向生态保护补偿机制，加大国家和省级生态保护补偿资金对长江上游生态屏障建设的支持力度。统一环保标准，推进跨界水体环境治理、大气污染联防联控，开展跨区域联合环境执法，共同预防和处置突发环境事件[③]。

《重庆“十四五”规划纲要》明确提出，推动渝北、广安共建高竹新区，支持合川、广安等地打造环重庆主城都市区经济协同发展示范区。加强璧山与中心城区在交通、市政、产业、公共服务等方面一体规划布局，疏解承接中心城区功能，率先实现与中心城区同城化发展。支持合川打造战略支点城市，建设区域交通枢纽、商贸物流中心和公共服务中心。发挥铜梁、潼南联动成渝、联结城乡的纽带作用，加快建设桥头堡城市，增强人口和要素资源吸引力，做大城市规模，加快形成双城经济圈中部崛起的

① 中华人民共和国国民经济和社会发展第十四个五年规划和2035年远景目标纲要［N］.人民日报，2021-03-13.

② 成渝地区双城经济圈建设规划纲要［N］.人民日报，2021-10-21.

③ 成渝地区双城经济圈建设规划纲要［N］.人民日报，2021-10-21.

重要支撑[①]。

（三）区县自身的发展思路和定位

合川："十四五"期间，围绕加快建设"双百"区域中心城市，加快融合发展、增强综合实力，打造多元化融合发展示范区、网络安全产业和先进制造业基地、综合性物流基地、区域性公共服务中心、具有国际影响力的历史文化名城、成渝"后花园"[②]，重庆中心城区辐射带动周边的战略支点作用充分发挥。积极融入巴蜀文化旅游走廊，深化嘉陵江文化旅游产业联盟合作，联合广安、南充、遂宁、潼南、铜梁等地区，组建巴蜀文化旅游区域联盟，联合开发合川—武胜—阆中嘉陵江水上游、华蓥山康养度假区等旅游项目，着力打造成渝地区双城经济圈重要的文旅节点城市[③]。加强与三江上下游城市绿色发展协作，与南充、广安、广元共建嘉陵江流域转型发展示范区，与铜梁、潼南及遂宁、绵阳共建涪江流域绿色发展示范带（区）。

北碚："十四五"期间，着力打造生态人文名城、科技创新高地、高新产业基地、民营经济示范地、休闲度假目的地，加快建设社会主义现代化北碚，在承接落实"三个作用"、深入推动成渝地区双城经济圈建设、支撑全市建成高质量发展高品质生活新范例中体现新担当、展现新作为[④]。加强与沙坪坝、璧山的产业互补融合，共建联合实验室和产业技术创新联盟，打造北连嘉陵江、南接长江的"两江科学谷"。以嘉陵江为纽带，推动水土、蔡家片区与礼嘉、悦来等片区联动发展，协同建设国际化、绿色化、智能化、人文化的美丽智慧湾区。加快建设嘉陵江高等级航道，吸引南充、遂宁、广安等上游地区的物资通过嘉陵江水运畅通入渝、

---

① 重庆市人民政府. 重庆市国民经济和社会发展第十四个五年规划和二〇三五年远景目标纲要［EB/OL］.［2021-03-01］http://wap.cq.gov.cn/zwgk/zfxxgkml/lwlb/cqzxd/zcwj/202105/t20210506-9245987.html.

② 为实现人民对美好生活的向往不懈努力［N］. 重庆日报，2021-07-13.

③ 重庆市合川区人民政府. 合川区国民经济和社会发展第十四个五年规划和二〇三五年远景目标纲要［EB/OL］..［2021-03-18］. http://www.hc.gov.cn/xxgk/qzfwj/ghxx/gmjjhshfzgh/202103/t20210318_9011120_wap.html.

④ 重庆市北碚区人民政府. 北碚区国民经济和社会发展第十四个五年规划和二〇三五年远景目标纲要［EB/OL］.［2021-03-22］. http://www.beibei.gov.cn/zwgk_239/fdzdgknr/ghjh/gmjjhfzgh/202103/t20210322_9021482.html.

通江达海，打造嘉陵江美丽生态航道。

沙坪坝："十四五"期间，努力建设成为引领重庆高质量发展的"科创智核"、承载"一带一路"倡议的"开放高地"、传承巴渝历史文脉的"文化名城"、彰显重庆山水魅力的"美丽都市"。全面融入科学城体系，打造西部科创走廊和东部嘉陵江科技创新带。深化与两江新区发展对接，协同推进嘉陵江智慧湾区建设。聚焦嘉陵江岸线品质整体提升，建成36千米"清水绿岸"，联动长嘉汇大景区、广阳岛"长江风景眼"，打造集中展示"山水之城·美丽之地"的城市新名片[①]。

渝北："十四五"期间，要紧扣全市建成高质量发展高品质生活新范例目标，全面建设现代产业集聚区、协同创新引领区、内陆开放先行区、城乡融合示范区。全面落实《成渝地区双城经济圈建设规划纲要》，加快川渝高竹新区建设，积极探索经济区与行政区适度分离改革，打造跨区域乡村振兴示范样板。推动中心城区非核心功能向周边城市（镇）疏解，在四川广安等有条件的地方打造功能疏解承载地，形成渝北区的卫星城镇集群。加快推进渝广交通一体化先行区建设，实现机场1小时交通有效覆盖广安等毗邻城市。聚焦汽车、智能终端等优势产业，强化与江北、北碚等毗邻地区产业链整合，打造区域性产业集群。建立跨区域生态保护、生态补偿、生态共建、联合执法等机制，协同推进华蓥山、铜锣山等跨界山体保护和御临河、大洪河、大湾河等跨界河流水生态保护。推进川渝高竹新区工业大气、污水处理协同监管，探索建立生态系统生产总值（GEP）核算运行体系。加快与邻水等地联合打造基本公共服务跨区域合作先行示范区。

江北："十四五"期间，要以建成高质量发展高品质生活新范例为统领，在承接落实"三个作用"上展现更大作为、作出更大贡献，基本建成全市"两高"示范区和成渝地区双城经济圈建设示范区[②]。以长江、嘉陵

① 重庆市沙坪坝区人民政府. 沙坪坝国民经济和社会发展第十四个五年规划和二〇三五年远景目标纲要［EB/OL］.［2021-04-11］. http://cqspb.gov.cn/zwgk_235/zfxxgkpt/zcwj0617/bm0617/202111/t20211119_9995611.html.

② 重庆市江北区人民政府. 江北区国民经济和社会发展第十四个五年规划和二〇三五年远景目标纲要［EB/OL］.［2021-04-28］. http://www.cqjb.gov.cn/zwgk_190/zfxxgkml/ghjh/gmjjhshfzgh/202105/t20210510_9575481.html.

江为主轴，江北整体向南和对岸渝中、南岸、沙坪坝联动发展；整体向北联结、联系、联动，从交通、功能、形态、气质、品质等方面，体现江北的门户、枢纽、引领作用。

渝中："十四五"期间，要加速集聚现代服务、文化展示、国际交往、城市会客等高端功能，基本建成重庆现代服务业引领区、历史文化展示区、国际交往窗口区、美好城市示范区，加快打造国际化、绿色化、智能化、人文化现代城区，争创新时代高质量发展高品质生活新范例的典范①。协同推进长江、嘉陵江高等级航道建设，打造长江上游邮轮旅游集成服务基地。

璧山："十四五"期间，以重庆建成高质量发展高品质生活新范例为统领，全力打造落实新发展理念的示范区先行区、高新技术产业集群生成示范区、城乡融合发展示范区、大健康产业集聚区、航空门户枢纽、"双碳"社会先导区，最大化发挥主城都市区"迎客厅"的引领、集聚、创新、示范等多样化作用，努力在成渝地区双城经济圈建设、重庆发挥"三个作用"中展现新担当、实现新作为②。

铜梁："十四五"期间，聚焦"桥头堡"城市定位，"融城"与"融边"双向发力，立足主城都市区，全面对接重庆中心城区一体化发展；面向成渝地区，积极参与川南渝西融合发展试验区建设，加快深化"铜遂绵""铜资简"合作，唱好"双城记"，共建经济圈，打造成渝地区双城经济圈高质量发展新的动力源。坚持从全局谋一域、以一域服务全局，统筹发展和安全，扎实推进实业立区、创新强区、开放兴区、生态优区，全力打造先进制造示范区、创新生态示范区、城乡融合示范区、营商环境示范区，奋力把铜梁建设成为成渝地区双城经济圈高质量发展先行区、国际大都市后花园③。

---

① 重庆市渝北区人民政府. 渝北区国民经济和社会发展第十四个五年规划和二〇三五年远景目标纲要［EB/OL］.［2021-04-12］.http://www.ybq.gov.cn/bm/qfzggw/zwgk_70831/fdzdgknr_70834/ghxx1/202104/t20210412_9145188.html.

② 重庆市璧山区人民政府. 璧山区国民经济和社会发展第十四个五年规划和二〇三五年远景目标纲要［EB/OL］.［2021-06-23］.http://www.bishan.gov.cn/zwgk_241/fdzdgknr/ghxx/gmjjhshfzgh/202106/t20210623_9420812.html.

③ 协同发展 当好连接城乡联动毗邻的"桥头堡"［N］. 重庆日报，2020-05-17.

潼南："十四五"期间，统筹发展和安全，做大做强做优以工业为主体的实体经济，做大做强做绿现代农业，做大做强做美宜居城市，做大做强做活旅游产业，加快建设现代化经济体系，推进治理体系和治理能力现代化，建设"两城""两都""两区""两基地"，形成潼南独特优势和核心竞争力，实现经济行稳致远、社会安定和谐，确保社会主义现代化建设新征程开好局、起好步①。

嘉陵江流域重庆市各区功能定位见附录表4–2。

附录表4–2　嘉陵江流域重庆市各区功能定位

地区	功能定位
合川区	多元化融合发展示范区、网络安全产业和先进制造业基地、综合性物流基地、区域性公共服务中心、具有国际影响力的历史文化名城、成渝"后花园"
北碚区	生态人文名城、科技创新高地、高新产业基地、民营经济示范地、休闲度假目的地
沙坪坝区	引领重庆高质量发展的"科创智核"、承载"一带一路"倡议的"开放高地"、传承巴渝历史文脉的"文化名城"、彰显重庆山水魅力的"美丽都市"
渝北区	现代产业集聚区、协同创新引领区、内陆开放先行区、城乡融合示范区
江北区	重庆"两高"示范区和成渝地区双城经济圈建设示范区
渝中区	重庆现代服务业引领区、历史文化展示区、国际交往窗口区、美好城市示范区
璧山区	落实新发展理念的示范区先行区、高新技术产业集群生成示范区、城乡融合发展示范区、大健康产业集聚区、航空门户枢纽、"双碳"社会先导区
铜梁区	先进制造示范区、创新生态示范区、城乡融合示范区、营商环境示范区
潼南区	"两城"是指产城景融合发展"双百城市"、成渝地区双城经济圈枢纽城市；"两都"是指国际柠檬之都、中国西部绿色菜都；"两区"是指国家城乡融合发展试验区、涪江休闲旅游度假区；"两基地"是指天然气综合利用及精细化工产业基地、高新技术产业基地

二、发展现状和比较优势

重庆发源于长江上游与嘉陵江流域的汇合处，隋朝时嘉陵江称"渝水"，隋文帝杨坚于583年在现在的重庆设置渝州，是重庆简称"渝"的由来。嘉陵江流经区域水土资源匹配度高，自古以来就是人口密集地，在水运时代成为重要的人流、物流集散地，为重庆城市的兴起与繁盛奠定了

① 重庆市潼南区人民政府. 潼南区国民经济和社会发展第十四个五年规划和二〇三五年远景目标纲要［EB/OL］.［2021–06–23］. http://www.cqtn.gov.cn/zwgk_184/zfxxgkml/ghjh/gmshgh/202106/t20210623_9419549.html.

重要基础。

（一）历史进程

历史上，嘉陵江流域的开发建设对重庆的形成和发展具有重要意义，嘉陵江水运的兴衰是区域流域经济发展的重要指示剂。嘉陵江水运是重庆城市及其沿江城镇兴起的重要源头。嘉陵江和长江在朝天门汇合，重庆人对长江及嘉陵江的开发和利用，有着悠久的历史，因江面船运的兴起和繁荣，在重庆市区沿江一带形成若干河街，江边市场、棚户区兴盛起来，是重庆城市最早的雏形，是重庆最早的聚集地之一，形成了著名的渝中半岛，也是重庆开埠的起源，被视为“重庆母城”。沿嘉陵江干流及其支流形成的磁器口、安居、涞滩等古镇，是西南地区重要的人口集中地，同时也是历史上重要的商贸货物集散地。抗战时期，重庆东路长江水运阻断，物资和人员往来受到极大阻碍，四川境内从广元至重庆交通不便，后实施嘉陵江险滩治理及疏导工程，以嘉陵江为基础开辟了川陕水陆联运路线，在20世纪40年代前期，成为重庆重要的物资运输渠道，年运量最高达100万吨，为民族和区域发展作出突出贡献。20世纪50年代后，随着陆路运输的兴起，宝成铁路建设过程中的废石废渣被抛入江中，抬高了嘉陵江江床，加之江水骤减，嘉陵江上游、中游的运输航线基本中断，嘉陵江下游的合川至重庆段，则只有以旅游观光为名的少量航运，其余江段航运基本沉寂。经过梯级渠化建设，2019年嘉陵江川渝段实现全江通航。嘉陵江是国家批准的18条高等级航道之一，也是我国最早实施全江梯级渠化开发建设的航道[①]。经过近30年的综合治理、配套工程建设，嘉陵江川渝段，从广元出发，经南充、广安至重庆的水上大通道重新实现全江畅通，全年可通行500吨级船舶，丰水期可通过1000吨级船舶，成为川渝通江达海的一条“水上高速路”。

近年来，除了对嘉陵江航道整治的合作外，嘉陵江流域重庆各区主要在流域生态保护、文化旅游产业带建设等方面不断加强协作。重庆境内开展三期嘉陵江航道整治工程。从2006年重庆启动嘉陵江航道整治工程，

① “广安港—重庆港”集装箱班轮开航［N］. 重庆商报. 2021-02-04.

对上起嘉陵江草街航电枢纽，下至长江河口约68千米的航道，分三期进行整治，至2014年陆续消除井口至河口段、土湾段、草街至北碚段、石门段的航道瓶颈，航道由五级提升至三级，1000吨级船舶可从合川直达朝天门，汇入长江航道。重庆市嘉陵江流域与四川省加强流域生态共建环境共保。2019年以来，合川区与嘉陵江四川境内的广安市、南充市、广元市等开展合作，加强嘉陵江流域生态环境保护工作，与广安市签订《生态共建环境共保协议》，与南充市签订《生态环境联防联控协议》，促进实现合作内容逐条事项化、合作项目逐个清单化、合作事项和项目节点化，扎实推进嘉陵江生态共建环境共保，争取把嘉陵江建成践行“两山”理念示范带。重庆与嘉陵江流域的四川、陕西、甘肃携手打造“嘉陵江文化旅游产业带”。2018年8月6日，重庆市合川区发起成立嘉陵江国际旅游文化产业联盟，嘉陵江流域渝川陕甘四地30多个市、区、县响应参与，携手打造嘉陵江文化旅游产业带、嘉陵江绿色经济走廊，促进沿江优势旅游资源整合开发，共创优质文旅品牌，协同打造嘉陵江沿线精品文旅线路，策划特色文旅产品，共同投资拍摄大型纪录片《嘉陵江》，共同推选“嘉陵江十大旅游地理坐标”，共同培育嘉陵江文旅大IP，不断带动引领嘉陵江的文化旅游产业提档升级。

（二）区位和资源条件分析

嘉陵江合川至朝天门段，区位优越，区域内自然资源禀赋优良，开发建设条件好，是西南地区人类开发利用较早的区域。

地势平坦开阔，气候温暖湿润。嘉陵江重庆区域处于嘉陵江中下游地区，河流横切盆地东部平行岭谷，周边地区丘陵起伏，谷地间地势平坦，呈东北—西南纵列，沿岸峡、沱、碚、滩相间，主要为平行岭谷，河流冲刷而成的沙地、河岸阶地为耕种提供了最佳土壤。区域内铜锣山、中梁山、缙云山、云雾山、巴岳山等山体呈东北—西南走向分布，嘉陵江主要支流涪江、渠江在重庆市合川区汇入干流，为居民生活及农业灌溉提供充足用水，为流域内城镇的兴起和发展提供了必要条件。嘉陵江重庆区域属于亚热带季风性湿润气候，冬暖夏热，四季分明，无霜期长、雨量充沛，宜居性较好。

区位优势明显，交通通达便捷。嘉陵江流域重庆区域是重庆主城都市区发展的重要支撑，是成渝地区双城经济圈建设的重要节点，拥有两江新区、重庆高新区、中国（重庆）自由贸易试验区、西部（重庆）科学城等重要发展板块。区域内交通便捷，公铁水空交通体系完善，是西部地区重要的综合交通枢纽。拥有重庆市4F级机场江北国际机场，重庆新机场、货运机场也正在谋划中。拥有重庆火车北站、重庆站，成渝、襄渝、兰渝、遂渝等铁路增强了区域与北向、西向的联系。区域内高速公路网络日益完善，渝邻、渝广、南渝、渝遂等高速公路呈放射状分布，重庆内环、二环、三环高速促进横向联系。嘉陵江黄金水道纵贯整个区域，在渝中区汇入长江，区域内拥有长江上游最大的外贸集装箱枢纽港寸滩港。

自然资源丰富，矿产资源多样。嘉陵江重庆区域水资源和水能资源较为丰富，嘉陵江流域重庆段年径流量为400~500毫米，拥有利泽、草街、井口、涪江4个梯级水电站，电站装机容量超过700兆瓦。区域矿物资源丰富，有煤、天然气、硫铁矿、砂金、含钾凝灰岩、石灰岩、石英砂、陶瓷土、耐火黏土等。动植物资源多样，植被属亚热带湿润常绿阔叶林区，拥有锦鸡、鲟鱼、水獭等国家重点保护动物。

文化底蕴厚重，旅游资源丰富。嘉陵江流域重庆区域包含的重庆主城五区是重庆作为国家历史文化名城的重要承载空间，具有巴渝历史、红色、抗战、工业、现代都市等各类深厚文化积淀。合川区历史文化底蕴厚重，因钓鱼城保卫战改变欧亚战场格局而闻名，被誉为“东方麦加城，上帝折鞭处”。铜梁古文化遗址出土的旧石器制品，把巴渝文明史上推至两万多年前，进一步证明了长江流域与黄河流域一样，同为孕育中华民族的摇篮。潼南是革命先驱杨闇公、第四任国家主席杨尚昆的故乡，有世界第一室内饰金大佛、西南地区保存最完好的清代民居建筑群。截至2022年底，嘉陵江流域重庆的9个区，拥有64处A级旅游景区，其中4A级旅游景区39处，拥有红色旅游、文博院馆、特色街区、水域景观、城市公园、主题娱乐、科技教育、古村古镇、乡村田园、地质地貌、森林草原等各类旅游资源。

嘉陵江流域重庆境内A级旅游景区名录见附录表4-3。

附录表 4–3 嘉陵江流域重庆境内 A 级旅游景区名录

地区	4A 级旅游景区	3A 级旅游景区	2A 级旅游景区
渝中区	大鹅岭旅游景区、红岩革命纪念馆、洪崖洞民俗风貌区、湖广会馆、人民大礼堂及人民广场、重庆市规划展览馆、长江索道景区、中国民主党派历史陈列馆景区、中国三峡博物馆	渝中嘉西村—怡园景区	重庆大韩民国临时政府旧址陈列馆、重庆宋庆龄旧居陈列馆
江北区	重庆保税体验旅游景区、观音桥商圈都市旅游区、重庆科技馆、鎏嘉码头景区、江北区鸿恩寺公园、铁山坪森林公园	重庆绿色星球科普乐园景区	—
沙坪坝区	磁器口古镇、歌乐山烈士陵园、歌乐山森林公园、融汇温泉小镇	海石公园、沙坪坝虎峰山景区、沙坪坝抗战名人旧居	—
渝北区	欢乐谷景区、际华园景区、两江国际影视城、统景温泉风景区、重庆园博园	宝林博物馆、重庆市鳄鱼中心、放牛坪景区、龙兴古镇景区、印盒李花生态旅游区	重庆竹林公园
北碚区	北碚金刀峡景区、北泉风景区、缙云山景区、自然博物馆	静观花木生态旅游区、西山坪苓茏苑	—
合川区	钓鱼城景区、涞滩古镇	合川文峰街、合川友缘山庄	—
潼南区	陈抟故里景区、潼南大佛寺、双江古镇景区、杨闇公故里景区	—	—
铜梁区	安居古城、黄桷门奇彩梦园、玄天湖景区	荷和原乡、铜梁博物馆、铜梁桂花博览园	邱少云烈士纪念馆、西部农林大世界
璧山区	观音塘湿地公园、秀湖景区	东岳体育公园景区	露德堂景区、三担湖公园

人力资源充足，科技资源汇聚。2022年，嘉陵江流域重庆范围内常住总人口达到946.9万人，接近重庆市常住总人口的30%，超过该区域户籍人口约130万人，属于人口净流入区域。2022年该区域城镇人口达到793.33万人，与2015年相比增加超过130万人，增长态势显著，为区域社会经济发展提供了充足的人力资源。嘉陵江流域重庆范围包括重庆主城5个区，西部（重庆）科学城、重庆高新区、两江协同创新区等开发平台，国家儿童健康与疾病临床医学研究中心、国家应用数学中心等科技研发平台，中国科学院大学重庆学院、重庆大学、西南大学等一批国内外知名高校、科研院所，华数机器人、猪八戒、重庆京东方、重庆声光电等一批创新型企业均聚集在此。

（三）经济社会发展

嘉陵江下游的重庆区域为重庆主城都市区范围，是城镇开发、产业发展、人口集聚、生态保护重要承载空间，在嘉陵江流域发展中处于龙头地位。

经济实现快速增长，发展潜力巨大。嘉陵江重庆区域流经重庆主城5个区和主城新区的4个区，是全流域经济水平最高的地区，2022年区域地区生产总值达到10523亿元，在嘉陵江流域经济总量中占比超过40%，与2015年相比，年均增长率超过9%，增长速度较快。以常住人口算，人均地区生产总值达到11113元。经济密度在流域内名列前茅，其中渝中区经济密度达65.83亿元/平方千米，位居全国中心城区前列。2022年，重庆嘉陵江流域三次产业结构比为3.5∶33∶63.5，第三产业占据主导地位，第二产业处于合理区间，经济高质量发展态势不断显现，发展潜力巨大。

产业体系完整，新经济新业态新模式日益壮大。嘉陵江流域重庆区域产业门类齐全，构建起汽车、电子产业双轮驱动，装备制造、医药健康、新材料、消费品等支柱产业多点支撑的现代工业体系，区域内数字经济、现代服务业、战略性新兴产业发展壮大。以重庆市主城区为引领，区域服务业内部结构不断优化，新兴金融、国际物流及城乡配送、电子商务及跨境结算等新兴服务业正加快培育。区域文化旅游产业方兴未艾，是重庆建设国际消费中心城市的重要承载空间，以重庆主城区为主体的现代都市游、休闲观光游、文创游等人气火爆，多次进入节假日旅游目的地前列，成为“网红”旅游城市，北碚、沙坪坝、渝北、合川、铜梁等都成为热门乡村旅游地。

嘉陵江流域重庆境内各区主导产业名录见附录表4–4。

附录表4–4　嘉陵江流域重庆境内各区主导产业名录

地区	主导产业
渝中区	现代金融、高端商贸、文化创意等
江北区	商贸、现代金融、新能源汽车及智能汽车、电子电器
沙坪坝区	电子信息、汽车、通用设备、生物医药等
渝北区	汽车制造、电子设备制造、创新金融

续表

地区	主导产业
北碚区	电子信息、汽摩、装备制造、材料、仪器仪表、医药
合川区	汽车、医药健康、新材料、玻璃、农产品加工、乡村旅游
潼南区	智能制造、化工新材料、特色消费品、节能环保、绿色建筑建材、现代农业
铜梁区	电子信息、装备制造、大健康
璧山区	智能制造、化工新材料、特色消费品、柠檬产业

平台密集分布，是内陆开发开放前沿阵地。嘉陵江流域重庆区域内要素集聚，开发开放平台、创新平台、发展平台等密集分布。嘉陵江流域重庆区域是中新（重庆）战略性互联互通示范项目、西部陆海新通道、中欧班列等对外开放通道的重要承载空间，是加强我国西部地区融入全球发展格局的助推器。拥有两江新区、重庆高新区、重庆经开区、西部（重庆）科学城、重庆自贸试验区等引领区域发展的核心区域，两路果园港综合保税区、西永综合保税区等海关特殊监管区域，沙坪坝工业园区、同兴工业园区、空港工业园区等重庆市级工业园区。

基础设施体系相对完善，新型城镇化快速推进。区域内交通、能源、水利等基础设施较为完善，成为促进城市发展的重要基础支撑。教育、医疗卫生、文化、体育、养老等公共服务设施建设均较为领先，是高质量发展宜居地的重要组成部分。2015—2022年，区域常住人口城镇化率从75.98%增至83.78%，城镇化推进已经达到较高水平，依然以较快速度继续推进，年均增长超过1.1个百分点，城镇化程度较高。

三、主要问题

近年来，重庆参与嘉陵江流域协作发展的意愿不断增强，与上中游在生态共建共保、航道建设等方面的合作持续深入，但在经济发展、产业协作等领域的合作处于起步阶段，在充分提升航道运力、增强辐射带动能力、构建区域协作机制等方面还需不断加强。

（一）航道运力未得到充分释放

嘉陵江水运为重庆发展及与陕西、川东联系作出了重大贡献，但随着陆路运输时代的兴起，嘉陵江航运萎缩。近年来，经过梯级渠化建设，实现川渝段通航，全年可通行500吨级船舶，丰水期可通行1000吨级船舶，但由于铁水、江海联运尚未有效组织，水运运输时间较长，便捷性不足，难以满足现代社会高效运输需求，运输需求不旺，采用嘉陵江航运进行人员和货物往来的规模依然不大。

（二）流域产业协作带动辐射能力不强

作为嘉陵江流域下游地区，重庆区域经济社会发展增长快，展现出强劲势头，具有流域发展龙头的地位，但重庆区域发展整体尚处于要素集聚发展期，极核能级偏低，资金、技术、人才和产业向中上游地区转移的意愿不强，对流域中上游辐射、带动作用还不够强，辐射功能尚待提升，产业协作零散、小规模，深度协作不足，流域内制造业、旅游产业、物流业等领域合作亟待加速。

（三）区域开放合作机制尚未建立

嘉陵江流域自然生态环境、经济发展水平差异较大，对比汉江生态经济带等长江其他重要支流发展战略，缺乏全流域范围内开放合作、生态保护的机制与平台，流域区位优势、资源潜力没有得到充分发挥。现阶段，流域的合作主要由政府推动，在产业发展领域整体合作内力驱动不足，协作机制、合作政策尚在探索阶段，除政府外的合作主体参与积极性不高，企业参与力度不够。

四、融入嘉陵江流域绿色经济走廊发展的思路举措

（一）发展思路

深入贯彻落实习近平生态文明思想，坚持“两点”定位和“两地”“两高”目标，发挥“三个作用”和推动成渝地区双城经济圈建设等重要指示要求，立足新发展阶段，完整、准确、全面贯彻新发展理念，积极融入新发展格局，紧扣生态保护与修复、生态价值提升和生态优势转化三大重点，突出生态优先、绿色发展，以点带面求突破，加强与沿线城市

联动发展，全面加强嘉陵江流域生态建设和环境保护，培育发展流域经济、绿色经济、开放型经济，探索构建更大范围区域一体的产业链、创新链、价值链，完善跨区域、绿色便捷、智能安全的现代化基础设施体系和公共服务网络，推动流域一体化发展体制机制创新，实现绿色经济、高品质生活、可持续发展有机统一，走出一条内河流域生态文明与经济社会发展相得益彰的新路径，为成渝地区双城经济圈一体化绿色高质量发展提供示范。

（二）任务举措

立足区域合作、流域共建，以生态环境共治、综合交通体系共建、绿色产业体系共构、城镇体系共生、开放体系共筑、人文交流共绘为着力点，积极融入嘉陵江生态经济走廊建设，着力打造嘉陵江流域绿色低碳发展先行区、内河流域一体化发展示范区、人与自然和谐共生新典范。

高度重视，着力提高构建嘉陵江生态经济走廊价值认识。一是提高认识水平。要把嘉陵江流域生态经济走廊建设与长江经济带、西部大开发、西部陆海新通道、成渝地区双城经济圈等国家重大战略和“一带一路”倡议结合起来，通过强化省际合作，争取在国家层面统筹推动实施。二是加大宣传力度。借助网络媒体、自媒体、纸质媒体等，以纪录片、宣传片等形式，广泛宣传嘉陵江流域文化交流传承和发展成果，努力形成全社会共同关注嘉陵江流域发展的思想氛围。

推动形成央地联动、区域协同的组织推动机制。一是争取国家支持。共同争取将嘉陵江生态经济走廊建设纳入国家新时代西部大开发、长江经济带等重大区域发展战略的研究和规划。联合争取在国家层面编制和出台《嘉陵江流域经济带发展规划》，支持共建嘉陵江流域承接产业转移示范区、内陆开放型经济试验区，培育发展物流经济、通道经济、枢纽经济。二是构建四省市常态化合作交流机制。重庆牵头，联合川陕甘，建立嘉陵江流域城市或区域合作组织，搭建深化区域合作平台，完善跨区域合作机制，共同研究重大合作事项，协商解决重大问题，在基础设施互联、合作平台共建、公共服务共享、政策协同制定、项目统筹推进等方面形成紧密互补的一体化发展新机制。

加快以水运为特色的综合交通走廊建设。一是推动重大交通项目建设。推动兰渝高铁尽快开工建设，充分置换兰渝铁路货运能力，提升嘉陵江流域至新疆阿拉山口、霍尔果斯口岸主要通道运输能力，辐射兰州、西安、宝鸡、天水、乌鲁木齐等城市，进一步拓展嘉陵江腹地范围，为西北地区提供通江达海的出海口。二是建立健全多式联运集疏运体系。争取国家多式联运示范工程项目，推动物流、通关、检验检疫等互联互通。推动果园港与南充港、广安港、遂宁港等联动发展，联合开展嘉陵江航道整治。支持重庆机场集团与成都铁路集团、重庆交运集团合作，共建多式联运服务平台，设计和推广一票通产品，为嘉陵江流域沿线地区旅客提供高效便捷的一站式服务。三是联合推动新型基础设施建设。坚持重大项目牵引带动，联合布局5G、新能源汽车充电桩、数据中心、工业互联网等新型基础设施，建设区域性数据中心、智能制造基础平台，为嘉陵江流域经济社会高质量发展注入新动能。

协同打造特色突出、分工明确的现代产业体系。一是推动流域产业合理分工、协同布局。加强四省市产业发展规划对接，统筹承接国际及沿海发达地区产业的转移，细化承接产业目录，优化重点项目布局，促进产业链上下游协作配套，构建优势互补、协同发展的产业体系。二是协力打造次级流域产业生态化样本。深度运用新技术改造提升传统工业，积极培育引进低碳循环特点鲜明的新产业、新业态，大力推行清洁生产、循环经济，壮大绿色产业体系，打造产业生态化样本。三是壮大文旅、绿色农业特色产业集群。协同开发利用流域生态资源，挖潜嘉陵江自然风光和巴蜀、秦陇等历史文化资源，打造人文旅游走廊，共塑嘉陵江世界级新兴旅游目的地。依托蔬菜、柠檬、中药材等优质农业资源，共育西部地区现代高效特色农业带。四是构建以重庆为引领的内河制造集群。突出电子信息、装备制造、新能源、消费品等门类，推动发达地区先进制造业相关配套环节向嘉陵江沿线城市链式转移，带动流域产业基础高级化、产业链现代化，打造西部地区内河绿色制造新兴支撑带。

谋划构建城镇绿色发展走廊。一是围绕“双碳”目标推动流域城市发展绿色转型。把“绿色+”融入城市发展，促进城市集约发展。强化土地集约高效利用，推动人口和产业梯度有序向大中城市集聚，加快城市经济社会各领域结构调整升级，构筑绿色产业、绿色能源、绿色交通等城市体系。二是在承接两端国家级城市群辐射带动中实现城市战略接续成长。融入双城经济圈、关中平原城市群城镇分工体系和产业链、要素链、创新链、开放链，提升城镇发展能级，成为渐进式破解“胡焕庸线”、建设“美丽中国中脊带”的重要承载区域，成为“两横三纵”中包昆通道的重要组成部分。三是突出重庆主城都市区对嘉陵江流域城镇化的核心带动引领作用。强化重庆国家中心城市引领作用，推动主城都市区产业配套、非核心城市功能向嘉陵江沿线城市进行战略性腹地式拓展延伸，在“核心—腹地”“辐射—承接”中带动上游欠发达地区绿色高质量发展，形成上下游分工协作发展格局。

谋划构建生态协同治理走廊。一是推动流域生态共保共治。以国家森林公园、自然保护区等为重点，推进生态环境修复、生态系统重建、生物多样性保护、生态文明聚落建设，联合申报嘉陵江国家公园，塑造人与自然和谐共处的现代文明嘉陵风光画卷，打造绿色生态走廊，建设长江、黄河两大文明的交融区。二是建设生态产业化与特色化发展示范区。发展碧道经济、康养旅游、乡村旅游等特色经济，打造集生态、休闲、旅游等功能于一体的绿色走廊，成为以生态文化引领特色发展的新典范。三是创新生态共保共建机制。联合申报国家生态文明试验区，建立嘉陵江流域生态补偿机制，争取推动生态转移支付改革试点。建立嘉陵江流域生态产权交易平台和市场，推进碳排放权、水权、林权、矿业权等资源使用权跨省跨市交易，探索联合推出生态保护专项债券。

着力深化各领域人文交流。一是强化智库层面交流。积极推动四省市智库、高等院校等学术机构，围绕嘉陵江流域的文化、生态、产业、城镇等重点领域，加强学术交流，联合开展系列课题研究，策划系列嘉陵江学术年会、发展论坛和重点研究成果集中发布等活动。二是强化社会交往。鼓励和推动四省市各类社会团体、新闻媒体、艺术团体、企业组织等机构深化交流合作，广泛开展各类交往交流活动，进一步夯实嘉陵江流域建设生态经济走廊的社会基础。

参考文献

CONSTANTAN R，1991. Economics，the science and management of Sustainability［M］. New York：Columbia University Press.

FANG C，LIU H，LI G，2016. International progress and evaluation on interactive coupling effects between urbanization and the eco-environment［J］. Journal of Geographical Sciences，26（8）：1081-1116.

KUZNETS，SIMON，1966.Modern economic growth：rrate，structure，and spread［M］. New Haven：Yale University Press.

LI D，LIANG D，LI T，et al.，2024.Ecological-economic coordination in the Yellow River basin：spatial and temporal evolution and driving mechanisms［J］. Environment，Development and Sustainability，26（2）：3819-3848.

SKOULIKARIS C，ZAFIRAKOU A，2019.River basin management plans as a tool for sustainable transboundary river basins' management［J］. Environmental Science and Pollution Research，26（15）：14835-14848.

WEI Y H，FANCCINDY，2000.Regional inequality in China：a case study of Jiangsu Province［J］. Professional Geography，52（3）：455-469.

ZHANG Z，LI H，CAO Y，2022.Research on the coordinated development of economic development and ecological environment of nine provinces（regions）in the Yellow River Basin［J］. Sustainability，14（20）：13102.

ZHAO T L，HU M M，LI M，et al.，2020.Identification and countermeasures of limiting factors of regional sustainable development：a case study in the Pearl River Delta of China［J］. Environment，Development and Sustainability，22：4209-4224.

安文杰，胡旭健，苗蔚，等，2022.1960—2016年嘉陵江流域极端降水时空变化特征研究［J］.水利水电技术（中英文），53（12）：13.

白永平，2000.陇南长江流域经济发展和生态重建战略研究［J］.长江流域资源与环境，9（2）：189-195.

陈超，廖和平，2011.山地区生态承载力计算及提升对策研究——以重庆市渝北区为例［J］.环境科学与管理，36（1）：6.

陈湘满，2000.美国田纳西河流域开发及其对我国流域经济发展的启示［J］.世界地理研究，9（2）：6.

陈国阶，1993.长江流域经济发展优势与区域差异［J］.地理科学，13（4）：8.

陈爱宣，2007.长三角区域旅游合作的障碍与对策［J］.经济纵横，（9）：35-37.

陈寅雅，2013.我国西江流域经济开发及体制改革研究［D］.武汉：武汉大学.

曹洪华，2016.生态文明视角下流域生态—经济系统耦合模式研究［M］.北京：科学出版社.

邓宏兵，2000.长江流域空间经济系统的特征研究［J］.长江流域资源与环境（3）：277-282.

邓明敏，2019.嘉陵江流域经济发展与空间结构研究［D］.重庆：重庆大学，2024.

戴全厚，刘国彬，刘明义，等，2005.小流域生态经济系统可持续发展评价——以东北低山丘陵区黑牛河小流域为例［J］.地理学报，60（2）：10.

方创琳，鲍超，2004.黑河流域水—生态—经济发展耦合模型及应用［J］.地理学报，59（5）：10.

方创琳，崔学刚，梁龙武，2019.城镇化与生态环境耦合圈理论及耦合器调控［J］.地理学报，74（12）：2529-2546.

冯天兵，2020.广元市工程地质环境对城市规划影响研究［D］.成都：西南交通大学.

高登，2021.“万达开”川渝统筹发展示范区经济一体化研究［D］.重庆：中共重庆市委党校.

何伟，卢奕同，2022.流域生态经济研究综述及展望［J］.生态经济，

38（11）：56-63.

韩鑫，2023-08-30.推动交通与旅游“融”出新天地［N］.人民日报（18）.

郝宪印，张念明，2023.新时代我国区域发展战略的演化脉络与推进路径［J］.管理世界，39（1）：56-68.

贺觉渊，2022-05-07.加快发展大城市周边县城积极培育专业功能县城［N］.证券时报（A02）.

侯鹏，赵佳俊，任晓琦，2022.国内外河湖流域生态环境治理经验及其启示［J］.中国发展，22（5）：79-84.

胡宝清，2005.区域生态经济学理论、方法与实践［M］.北京：中国环境科学出版社.

胡碧玉，2005.流域经济论［D］.成都：四川大学.

黄娟，2018.协调发展理念下长江经济带绿色发展思考——借鉴莱茵河流域绿色协调发展经验［J］.企业经济（2）：6.

金波，2021.省际环境污染联防联控治理行政协议履行机制研究［D］.长沙：中南林业科技大学.

金凤君，马丽，许堞，2020.黄河流域产业发展对生态环境的胁迫诊断与优化路径识别［J］.资源科学（1）：127-136.

李敏纳，2008.国内流域经济研究述评［J］.湖北社会科学（7）：4.

刘晨光，李二玲，覃成林，2012.中国城乡协调发展空间格局与演化研究［J］.人文地理，27（2）：6.

陆大道，2018.长江大保护与长江经济带的可持续发展——关于落实习总书记重要指示，实现长江经济带可持续发展的认识与建议［J］.地理学报，73（10）：1829-1836.

梁朋，2021.持续优化我国营商环境不断提升发展竞争力［J］.中国党政干部论坛（3）：78-79.

龙丹梅，2023-08-28.聚势赋能强支撑建设现代化郊区新城［N］.重庆日报（001）.

马传栋，1995.资源生态经济学［M］.济南：山东人民出版社.

毛爱华，2023.贯彻落实党的二十大精神甘南生态再上新台阶［J］.发展(1)：28-32.

覃成林，张华，毛超，2011.区域经济协调发展：概念辨析、判断标准与评价方法［J］.经济体制改革(4)：5.

任保平，杜宇翔，2021.黄河流域经济增长—产业发展—生态环境的耦合协同关系［J］.中国人口·资源与环境(2)：119-129.

师卫钊，何毅，邵祎婷，2023.嘉陵江上游径流变化及其影响因素归因分析［J］.水土保持学报，37(3)：124-131.

宋敏，蔡婧瑜，任保平，2023.新时代中国流域经济的理论体系与研究展望［J］.中国软科学(3)：96-107.

孙永福，易小光，等，2020.重庆融入“一带一路”发展战略研究［M］.北京：中国经济出版社.

王会奇，刘洪来，齐玉录，2022.黄河战略下构建冀鲁豫大三角一体化发展格局的路径探析［J］.山东社会科学(9)：108-114.

吴浩云，陆志华，2021.太湖流域治水实践回顾与思考［J］.水利学报，52(3)：14.

习近平，2023.加快建设农业强国推进农业农村现代化［J］.求是(6)：6-19.

徐忠麟，龙淑琴，2023.我国流域生态环境协同治理机制探索［J］.治理现代化研究，39(2)：81-87.

姚石，刘盼，位贺杰，2023.粮食安全视域下黄河流域农业生态经济耦合协调发展及驱动机制研究［J］.中国农业资源与区划，44(8)：10-20.

叶文斌，陈耀年，胡文斌，等，2021.甘肃省陇南市药用动物资源调查与评价［J］.井冈山大学学报：自然科学版，42(3)：8.

易小光，丁瑶，等，2023.长江经济带上游地区高质量发展及产业空间布局优化研究［M］.北京：中国经济出版社.

易小光，丁瑶，等，2019.新时期重庆区域发展战略与路径研究［M］.北京：中国经济出版社.

易小光，2020-04-20.努力发挥重庆在推进“一带一路”中的带动作用［N］.重庆日报(4).

游士兵，任静儒，彭东方，2014.长江航运与流域经济互动影响研究［J］.区域经济评论(4)：7.

余东华，2022.黄河流域产业生态化与生态产业化的战略方向和主要路径［J］.山东师范大学学报(社会科学版)，67(1)：128-138.

余永琦，余艳锋，彭柳林，等，2022.长江流域农业生态经济系统耦合协调关系评价及其差异化分析［J］.中国农业资源与区划，43(12)：235-247.

袁红英，2022.加快建设人与自然和谐共生的现代化［J］.城市与环境研究(4)：12-17.

张厚美，2022.共建共保共治筑牢长江上游生态屏障［J］.资源与人居环境(1)：65-67.

张学斌，石培基，罗君，2010.嘉陵江流域经济差异变动的空间分析［J］.地理与地理信息科学(4)：73-77+85.

张彤，2006.论流域经济发展［D］.成都：四川大学.

周杜辉，2011.渭河流域经济空间分异及其优化对策研究［D］.西安：西北大学.

中共中央，国务院，2021-10-09.黄河流域生态保护和高质量发展规划纲要［N］.人民日报.